박상표 평전

지은이 임은경

서울대학교 농대를 졸업한 후 대다수 사람들을 무의식적인 소비의 노예로 만드는 산업화된 시스템에 문제의식을 가지고 활동하며 글을 써 왔다. 인터넷 신문 《민중의소리》 기자, 월간지 《말》 국제부장, 주간지 《농정신문》 객원기자, 대구MBC 라디오 「여론현장」 객원기자, (사)슬로푸드문화원 국제협력팀장으로 일했으며, 현재 계간지 《선구자》(김상진기념사업회 발행) 편집장 및 취재 기자로 활동하고 있다.

박상표 평전

ⓒ 공존, 2016, 대한민국

2016년 1월 19일 1판 1쇄 펴냄

지은이_임은경
기　획_바른사회를 지향하는 청년수의사회
펴낸이_권기호
펴낸곳_공존
출판 등록_2006년 11월 27일(제313-2006-249호)
주소_(04157)서울시 마포구 마포대로 63-8 삼창빌딩 1403호
전화_02-702-7025, 팩스_02-702-7035
이메일_info@gongjon.co.kr, 홈페이지_www.gongjon.com

ISBN 979-11-955265-2-9 03990

박상표 평전

부조리에 대항한 시민과학자

임은경 지음

공존

물은 흘러 바다로 돌아가지만

달은 져도 하늘을 떠나지 않는다.

선암사 고승 상월새봉(霜月璽篈)

이 평전은 고(故) 박상표 '국민 건강을 위한 수의사 연대' 정책국
장의 삶의 기록이다.

나는 그를 "박 국장님"이라고 불렀다. 서로 나이를 따지지 않았
다. 벗이자 동지였다.

그와의 인연은 2005년에 '식품안전기본법' 입법을 연구하는 자
리에서 시작했다. 나는 그의 이름을 익히 알고 있었다. 그가 쓴 서울
골목골목이나 식민지 시대 생활사 글을 인터넷에서 재미있게 읽었
다. 마치 당시의 역사와 생활 현장에 직접 가 있는 것처럼 생생하고
아기자기하게 쓴 글이 문학도가 아닌 수의사의 것이라니!

그와 시작한 식품 안전 공부는 새로운 배움이었다. 가축을 기르면서 과다하게 항생제를 놓고, 그래서 육식을 통해 항생제에 대한 내성을 사람이 갖게 되는 위험을 알게 되었다. 생소한 동물 복지를 강조하는 그와 곧 가까워졌다. 그리고 그가 세상을 떠난 2014년까지 식품 안전은 서로를 하나로 이어주는 두텁고 단단한 끈이 되었다.

그는 동물과 사람을 사랑하는 과학자였다. 그가 일하는 곳은 동물병원의 진료실이었다. 그러나 그 공간 안에 자신의 영혼을 가두지 않았다. 그는 동물과 인간의 밀접한 연결과 조화를 추구했다. 그가 2013년에 『가축이 행복해야 인간이 건강하다』는 책을 쓴 것은 우연이 아니다.

그가 동물과 사람을 사랑하는 방법은 우직하고 강렬했다. 타협하지 않았다. 그래서 나는 하마터면 그와 절교할 뻔했다. 아니 정확히 말하면 나는 절교를 당해도 어쩔 수 없는 짓을 했다.

2008년 이명박 정부의 미국산 쇠고기 검역 기준에 대해 국민적 항의가 폭발한 어느 날이었다. 나는 그가 막 인터넷 신문 《프레시안》에 쓴 글을 반갑게 읽었다. 대학 교수가 정부 논리 방어에 동원되는 것을 비판하는 내용이었다. 공감했다.

그런데 그의 글에서 한 개의 문장이 눈에 띄었다. 기억을 애써 되살리면, "전문가의 양심을 팔았다"는 표현이었다. 나는 행여나 그에게 법적으로 번거로운 일이 생길까 염려했다. 이 문장을 글에서 빼자고 그에게 전화를 걸었다. 그런데 도무지 전화 연결이 되지 않았다.

결국 나는 직접《프레시안》에 전화를 해서, 이 문장을 지금 빼자고 말했다. 인터넷의 특성상 널리 퍼지기 전에 빼야 한다고 역설했다. 물론《프레시안》측은 박 국장의 동의 없이 글을 바꾸는 데에 반대했다. 그러나 난 고집을 부렸다. 그리고 내가 책임을 지겠다고 우겼다. 결국 박 국장의 동의 없이 인터넷 글을 바꾸어 버렸다.

왜 나는 그렇게 무례하고 경우 없는 일을 했을까? 방송국 PD들이 기소를 당하는 어지러운 세상에서 박 국장이 번거로운 법적 절차에 시간과 집중을 빼앗길까 봐 걱정이 되어 그랬을 것이다.

그날 나는 자초지종을 들은 박 국장에게 '앞으로는, 다시는, 절대로 그러지 않겠다'는 다짐을 하고서야 용서받을 수 있었다.

부끄럽다. 과학자가 진리를 외면하고 학자의 양심을 판 행위를 하였으면 분노하고 지적하는 편이 정당하다. 그런데도 난 변호사라는 직업적 시야에 갇혀, 박 국장의 문제 제기를 원천 차단해 버렸다. 그의 가슴속 깊은 곳의 분노와 진리를 묻어 버린 것이다.

그는 진리와 자유가 동물과 사람을 사랑하는 방법이라고 생각했던 것 같다. 그리고 사랑을 억압하는 고정관념과 권위에 순종하지 않고 용기 있게 맞섰다.

나는 박 국장의 대표적인 이바지로 2013년의 「담배 회사 내부 문건 속 한국인 과학자 분석」(공동 저자: 박상표·최규진·조홍준)이라는 기념비적 논문을 강조하고 싶다. 한국의 폐쇄적인 학맥 구조에서는 탄생하기 어려운 이 논문을 위해 그는 미국 캘리포니아 대학교 샌프란시스코 캠퍼스가 운영하고 있는 담배 도서관에서 2,044건의 문서를 찾아냈다.

다국적 담배 회사이 금연 운동에 대응하기 위해 국내 과학자들을 어떻게 선발하고 지원했는지를 밝혔다. 담배 회사들이 실은 자신들이 준 돈으로 실시된 연구 결과를 객관적이고 과학적인 것처럼 위장하여 '중립적인 제3자의 연구'로 활용하는 구조를 폭로하였다. 이 논문은 2013년 12월 10일《한겨레21》등 국내 언론의 주목을 받았다. 그는 이 논문의 끝에 이렇게 썼다.

"이 연구를 계기로 기업의 연구 지원과 이해상충에 대한 국내 학계의 활발한 논의가 이루어지길 기대한다."

정제된 이 문장을 읽을 때마다, 그가 얽히고설킨 학계의 닫힌 내부 구조에 자유와 진리의 바람을 얼마나 불어넣고 싶었는지 느낀다.

박 국장은 2014년 1월 17일에, 내게 띄우는 이 세상에서의 마지막 전자우편이 되어 버린 글을 보내왔다. 그 주제도 식품 안전이었다. 이처럼 그는 내게 한결같은 사람이었다.

이 세상에서 내게 보낸 마지막 편지에서, 그는 MBC 「PD수첩」을 기소한 정병두 검사가 대법관 후보로 추천된 사건을 말하면서 분노했다.

언론의 자유는 민주주의를 떠받치는 기둥이다. 그런데도 정병두 검사와 검찰은 2009년에 조능희, 송일준, 김보슬, 이춘근 MBC PD

와 김은희 작가를 방송 내용을 이유로 기소했다.

PD와 작가는 방송에서 이명박 정부에게 미국산 쇠고기에 대한 검역 주권을 요구했었다. 그러나 정 검사는 PD와 작가를 형사 법정의 피고인으로 만들어 버렸다. 법원은 2011년에 PD와 작가에게 무죄를 선고했다.

나는 증언할 수 있다. 「PD수첩」이 탄압을 헤쳐 나올 수 있기까지는 박 국장의 역할이 결정적이었다. PD와 작가에게 2년 동안 진행된 형사 재판은 매우 고통스러웠다. 그들은 국가와 싸워야 했다. 농림부와 검찰은 조직과 예산을 동원하여 집요하고도 조직적으로 피고인들을 압박했다. 하루하루가 힘든 시기에 박 국장은 형사 재판 대책 회의를 진행했다. 낮에는 동물병원에서 일하고 밤에는 보건단체연합의 우석균 의사와 변혜진 국장 등과 함께 방송국에서 재판 회의를 했다. 그가 수집한 과학적 자료들은 경이로웠다.

그는 처음부터, 이명박 정부가 미국에서 광우병이 발생해도 쇠고기 수입을 금지할 수 없도록 졸속 합의해 준 2008년의 촛불 저항에서도 선두에 섰었다. 사람들은 그를 "촛불 의인"이라고 불렀다. 결국 이명박 정부는 촛불에 쫓겨 한반도 대운하 포기를 선언했다.

그는 세상을 떠났다. 그는 이명박 정부의 한반도 대운하 망상을 촛불 시민과 함께 막고 떠났다.

나는 이 평전에서 그가 마지막으로 내게 전한 법치주의에 대한 열망을 그를 대신해서 전하고 싶다.

법원의 무죄 판결에서 알 수 있듯이 검찰의 「PD수첩」 기소는 언론의 자유를 억압했다. 그런데도 대법원의 대법관 후보 추천위원회는 책임자인 정 검사를 대법관 후보의 한 명으로 추천했다. 이것이 과연 민주주의 국가의 대법원 위원회인가? 박 국장은 마지막 편지에서 법치주의 타락에 분노했다.

법이 사람의 인권을 보장하는 것이 법치주의이다. 그곳에서는 언론의 자유를 억압한 자는 대법관 후보조차 될 수 없다. 국민의 안전과 생명을 가벼이 여기는 자는 대통령이 될 수 없다. 법 앞에 평등하고 법이 인권을 보장하는 곳에서는 남과 북이 적대하지 않는다.

이 평전은 박 국장이 준 사랑의 기록이다. 이명박 대운하를 막은, 박 국장과 자랑스런 촛불 시민에게 이 책을 바친다.

2016년 1월

수륜아시아법률사무소 변호사

송기호

의롭고 진실한 삶을 기리며

박상표 '국민 건강을 위한 수의사 연대' 정책국장을 처음 만난 것은 내가 인터넷 신문 《민중의소리》 기자로 일하던 2006년 초였다. '보건의료단체연합'의 기자 회견이 광화문 정부종합청사나 시청 앞쯤에서 있던 날이었을 것이다. 오전 열한 시쯤 열리는 기자회견이 끝나고, 참석자들과 기자들이 어울려 다 같이 점심을 먹으러 갔다.

그때 체구가 작은 젊은 남자 하나가 나에게 다가와 주섬주섬 무슨 자료를 내밀었다. 두께가 얇지 않은 서류철에는 국·영문 자료가 이것저것 섞여 있었다. 미국산 쇠고기의 광우병 위험성? 변형 크로

이츠펠트-야코프병(vCJD)이라고? 당시는 한미 FTA 협상을 앞두고 제일 큰 통상 피해가 예상되는 농민 단체 등이 정부를 비판하는 성명을 발표하던 시점이었으나, 미국산 쇠고기 문제는 아직 수면 위로 떠오르기 전이었다. 자신을 '국민 건강을 위한 수의사 연대' 편집국장이라고 소개한 그는 "정부가 국민들을 속이려 한다"며 "미국산 쇠고기는 광우병 위험성에서 안전하지 않다", "소의 치아로 나이를 감별하는 것은 아주 잘못된 것이다"는 등의 이야기를 했다.

약간 더듬는 듯한 세련되지 않은 말투 때문인지, 어쩐지 수줍음을 타는 것처럼 보이던 순박한 인상. 하지만 안경 너머로 나를 바라보는 그의 눈빛은 더없이 정직해 보였고, 순수한 열의에 차 있었다. 그는 그 자료 뭉치를 들고 기자들을 찾아다니며 언론이 그 문제에 관심을 가져줄 것을 호소하고 있었다.

그때 내 귀가 열려 있었다면 미국산 쇠고기로부터 국민의 건강과 우리나라의 검역 주권을 지키기 위한 초기 대응에 언론의 사명을 다할 수 있었을지도 모른다. 그러나 나는 그렇게 하지 못했다. 돌이켜보면 부끄럽기 짝이 없는 순간이다. 언론이란 게 원래 이슈를 쫓아다니는 것이 생리다. 그때 그 시점에 가장 사회적으로 뜨는 사건, 기사화했을 때 사람들이 관심을 가질 만한 이야깃거리. 게다가 매일 기사 두 건을 쓰고 정보 수집 차 늦게까지 사람을 만나야 하는 피곤한 일상에, 그때는 정말 다른 주제에 진지한 관심을 가질 여유가 없었다.

나뿐 아니라 다른 언론사 기자들도 비슷했던 것 같다. 박상표 국장은 이후 여러 매체에 칼럼을 기고하는 등 직접 글을 쓰면서 미국산 쇠고기의 광우병 위험성을 알리기 시작했다. 그는 특히 "소의 치아 감별로 30개월 미만의 소만 구별해낼 수 있다. 30개월 미만 소는 광우병에서 안전하다"는 정부의 논리를 수의사의 관점에서 조목조목 반박하며, 국민의 건강권보다 미국의 축산업자들과 국내 자동차 대기업들의 이익을 우선하는 한국 정부를 통렬히 비판했다.

그는 천생 학자였다. 조금이라도 사실과 다르거나 왜곡된 내용이다 싶으면 꼼꼼하게 반박 자료를 찾아내어 검증했다. 검증의 범위는 국내 자료에 제한되지 않았다. 일본, 영국, 스웨덴, 미국,……. '자료 검색이 취미'인 데다 사안에 대한 열정까지 가진 그가 찾지 못하는 내용이란 없었다. 이에 반박할 논리가 없는 정부는 국민을 설득하지 못했고, 민심의 이반은 마침내 2008년 촛불 시위로 타올랐다.

그 뒤로 그를 여러 곳에서 만났다. 한미 FTA와 미국산 쇠고기 수입과 관련된 기자 회견, 토론회, 집회 현장에는 어김없이 그가 있었다. 생협(생활협동조합) 등 소비자 단체의 모임이 있으면 열 일 제쳐두고 달려가는 것이 그였다. 소비자가 깨어나야 식품 안전 제도가 바뀐다는 생각 때문이었다. 과학 지식을 잘 모르는 생협 회원들이 같은 내용을 재차 질문해도, 그는 한 번도 짜증내지 않고 일일이 대답해 주었다.

그는 사회적 활동을 통해 알게 된 기자와 활동가 등 지인들에게 거의 매일 이메일을 보냈다. 광우병, 구제역, 신종플루, GMO(유전자 변형농산물)과 식품 안전에 관한 자료들에 수의사로서 과학적인 의견을 붙인 것이었다. 미국 농무부는 물론이고 전 세계의 인터넷 사이트들을 뒤지면서 온갖 자료를 찾아내고, 분석하고, 논증했다. 그렇게 쌓인 자료의 양은 실로 엄청났다. 그는 앉아서 공부하고 글만 쓰는 '책상물림'이 아니었다. 한미 FTA 이슈가 뜨거웠던 2006년부터 2008년까지 전국 방방곡곡을 돌며 강연을 하고 언론 인터뷰를 하고 글을 기고하느라 하루도 쉴 새가 없었고, 시청 앞 광장이 100만의 촛불로 뒤덮인 2008년 여름에는 누구보다 앞장서서 대정부 투쟁 방향에 대해 역설하고 무대에 올라 발언을 했다. '광우병국민대책회의' 등에서 그와 함께했던 활동가들은 "박상표가 없었으면 사실상 그런 일을 해낼 수 없었을 것"이라고 입을 모았다.

취재 현장에서 만나 이야기를 나누던 중 그가 수의학 못지않게 역사와 고적 답사에도 깊은 조예가 있다는 것을 알게 되었다. 근현대사, 고지도, 사찰, 우리나라 방방곡곡의 역사와 문화 등 인문·지리 분야에서 모르는 것이 없었다. 나는 그에게 '근현대사 이야기' 칼럼을 몇 달 동안 지면에 연재하도록 주선하기도 했다.

그가 안타깝게 세상을 떠난 후 평전을 쓰기 위한 자료를 취재하면서, 그의 인문학 연구가 약하고 평범한 사람들에 대한 깊은 애정과 이해에서 나온 것이라는 사실을 알게 되었다. 화려한 왕궁과 조형미가 뛰어난 사찰을 답사하면서도 그는 노역에 동원되었던 그 시대 백성들의 땀과 눈물을 떠올렸고, 그러한 자신의 생각을 글로 남겼다. 전태일 동상이 세워지는 모습을 보면서 '미싱'의 역사를, 한국에 천주교 추기경이 탄생하던 날 추기경과 교황의 역사를 찾아서 풀어낸 글들은 흥미진진하면서도 깊이 생각할 거리를 던져준다.

동물병원을 운영하는 동시에 답사 모임, 시민 단체, 나중에는 광우병과 한미 FTA와 관련된 온갖 일들까지 쉬지 않고 바쁘게 챙기며 다니던 와중에도 박상표는 엄청나게 많은 글을 썼고, 그중 상당수는 지금도 인터넷 검색으로 찾아볼 수 있다.

박상표를 '답사'하는 지난 일 년여 동안 읽은 그의 글들을 통해 생전에 만나서 대화하던 때보다 훨씬 더 많이 그를 알게 되었다. 박상표는 수의사이자 시민과학자로서 한미 FTA와 광우병 정국의 활동으로 세상에 알려져 있지만, 이 책을 읽는 독자들은 그 이상으로 넓고 깊었던 그의 인문학자로서의 모습도 알아주기를 바라는 마음에서 그 부분에도 성의를 기울여 썼다.

알면 알수록 한 인간으로서 박상표만큼 흥미로운 사람이 없었다. 평소에는 주변 사람들을 누구보다 잘 챙기고 스스럼없이 농담을 건네는 따뜻한 동료였다가도, 본인 생각에 조금이라도 옳지 않으면 결벽증이라는 소리를 들을 정도로 절대 그냥 넘기지 못했던 사람. 그를 잘 모르는 사람들은 이런 모습에 종종 오해를 하기도 했다. 나는 그를 보면서, 지구를 지키는 영웅 로봇 태권브이와 감수성 예민한 문학 소년이 동시에 떠올랐다. 그가 탐구하던 과거의 역사 속이든 현재의 대한민국이든, 그는 언제나 약하고 평범한 사람들의 삶에 깊은 애정과 연민을 가졌고, 자신이 가진 능력으로 그들을 지키려고 최선을 다했다. 살아 있었다면 그는 지금도 틀림없이 불굴의 의지를 가지고 그 일을 하고 있었을 것이다.

평전은 누군가의 삶을 객관적으로 기록하는 글이면서, 동시에 한 인간을 깊이 있게 탐구하는 글이기도 하다. 타인의 삶의 흔적을 따라가 보는 일은 재미도 있었지만, 그 못지않게 나를 돌아보는 배움의 시간이기도 했다. 그 사람의 삶과 고민과 기쁨과 아픔이 사실은 내가 내 삶에서 겪는 그것과 다르지 않았기 때문이다.

이 평전을 읽고 박상표라는 인물에 대해 관심과 흥미를 갖게 된 독자가 있다면 그가 쓴 글들도 찾아서 읽어보기 바란다. 지금은 폐 간된 인터넷 신문 《코리아포커스》에 연재되었던 「박상표의 역사 속으로」나 참여연대 시절에 썼던 글들을 찾아보면 좋을 것이다. 평전과 별도로 박상표 유고집이 출간될 예정이지만, 주로 수의사·과학자로서 활동한 시절의 글들이 대부분이라 그의 인문학자적 면모를 이해하기에는 한계가 있다.

2012년 봄에 대학 동문들이 만든 등산 모임에서 몇 번 그를 만났다. 전보다 다소 해쓱해진 그는 "최근에 몸이 많이 안 좋아졌다"며, 운동의 필요성을 느껴서 나왔다고 했다. 당시는 저서 『가축이 행복해야 인간이 건강하다』를 막 탈고하고 출판사로 넘긴 시점이어서 그 이야기를 많이 했다. 한 해 전 아프리카 세계사회포럼에 참석하고 돌아오는 비행기 안에서 책을 구상했다는 이야기, 그 뒤에 글을 어떻게 썼는지 등등. 돌이 갓 지난 어린 딸을 등에 업고 나타나 육아와 산행을 병행하는 의지를 보여주기도 했는데, 그날도 제일 앞장서서 정상에 올라 사람들을 놀라게 했다.

이 책은 서울대학교 수의대 동문 모임인 '바른 사회를 지향하는 청년 수의사회(청수)'의 의뢰로 쓰게 되었다. 그와 청년 시절을 함께했던 친구들은 그의 삶을 기록으로 남기고 싶어 했다. '청수'에서는 이 평전을 출간하는 데 많은 관심과 도움을 준 청수 회원들과 박상표후원회 그리고 순천고등학교 제36회 동문회에 감사의 뜻을 전했다. 아울러 『논어』이인(里仁)편에 나오는 구절을 따 "의로우면 따르는 사람이 있어 외롭지 않다"(義不孤必有隣, 원문은 德不孤必有隣)고 하면서, 그의 의로운 삶을 기리는 이웃들이 있어 이 평전이 만들어지게 되었다고 했다.

사회적 이슈의 전면에서 그와 뜻을 함께했던 사회 단체 동료들은 너무도 깊은 슬픔에 빠진 나머지, 내가 그들과 마주앉아 그에 대한 이야기를 듣기까지는 상당한 기다림이 필요했다. 떠난 사람은 이미 모든 것을 벗어 버렸으므로, 누군가의 죽음이란 온전히 남은 자들의 몫이다. 남은 이들에게 그토록 애석하고 소중한 사람이었다면, 그것만으로도 그는 참 복된 삶을 살다 간 것이 아닐까.

그의 삶을 기록하는 것은 분명 의미가 있는 일이었다. 한 사람의 삶에 오롯이 집중했던 지난 일 년여의 여정, 이 보람 하나로 버텼다.

글을 쓰는 힘든 정신노동에 가장 든든한 위로가 되어준 나의 소중한 가족 종혁 씨에게 깊은 고마움을 전한다.

2016년 1월

임은경

차
례

새벽 다섯 시 반에 눈을 떴다. 평소 같으면 단잠에 푹 빠져 있을 시각. 창밖은 아직 어두컴컴했다. 일곱 시까지 고속터미널에 가려면 서둘러야 했다. 서울에서 여수는 고속버스로 네 시간 반 거리. 정오에 여수터미널 근처에서 박상표의 동생 박상현을 만나기로 했다.

이부자리에 쩍 들러붙은 몸을 겨우 일으켜 대충 준비하고 집을 나섰다. 이렇게 이른 시각에 밖에 나와 본 것이 얼마 만인가. 아침 공기가 정말 상쾌했다! 간밤의 푸르스름한 기운이 희미하게 남은 거리 어디선가 까치의 힘찬 울음소리가 들려왔다. 오가는 차도 별로 없는 찻길을 건너 다소 쌀쌀하지만 호젓한 아침을 만끽하며 지하철역까지 걸었다. 움직이니 몸에 활기가 돌았다. 이른 기상의 피로는 어느새 사라지고, 먼 곳으로 떠난다는 기대감이 가슴에 차올랐다. 떠나는 길은 언제나 이렇게 설렌다.

떠남과 여행을 누구보다 좋아한 이가 바로 박상표다. 이른 아침 남한강변의 폐사지(廢寺址, 과거에 절이 있었던 자리)나 강원도의 산자락, 아니면 철원의 옛 노동당사로 향하던 그의 발걸음도 이와 비슷했으리라. 답사 모임에서 여럿이 떠날 때는 인솔을 맡았고, 마음을 터놓고 지내던 친한 선배와 단둘이 떠날 때도 있었지만, 호젓이 혼자 떠날 때도 많았다. 어디론가 떠나는 것이 무작정 좋았던 그는 대학생 시절인 스물서너 살부터 혼자서 답사를 다니기 시작했다.

1994년에 PC 통신 하이텔(HiTEL) '고적 답사 동호회' 활동을 시작하면서부터는 뜻을 같이하는 사람들과 본격적으로 전문적인 답사를 다녔다. 이력서의 '특기'란에 '문화유산 답사 안내'라고 적을 만큼 답사는 그의 인생과 떼려야 뗄 수 없는 일이었다.

하이텔 '고적 답사 동호회' 활동을 하면서 다른 회원들과 함께 펴낸 책 『고적 답사 이야기』(1996)에 실린 글 「폐사지에서 꾸는 꿈」에서 그는 '길과 떠남의 미학'에 대해 이야기한다.

'떠남'은 항상 가슴이 설렌다. 처음의 떨림, 두 번째의 감동, 세 번째의 아름다움. 그래서 나는 오늘도 어디론가 떠날 채비를 하고 있다. 수백, 수천 년을 묵묵히 제자리를 지켜 온 자연과 울고 웃고 어울리면서 유구한 역사와 묵언의 대화를 나누기 위해 나는 떠나고 또 떠나리라.

(……)

오늘도 집을 나선다. 집을 나서면 길이 있다. 버스를 타고 지하철 역 앞에서 내린다. 그래도 길은 끝나지 않는다. 남한강을 따라서 꽁 꽁 언 채로 빨랫줄에 널려 있는 빨래처럼 뻣뻣하게 옛날 자리를 지 키고 있는 폐사지로 떠난다. 길은 폐사지까지 이어져 있다. 그곳에 서 또 다른 새로운 길이 시작된다.

그의 말대로 땅이 닿는 곳이라면 어디까지고 길은 끝없이 이어 진다. 그 위로 단출하게 배낭 하나 메고 걸어가는 방랑객. 어디로 이 어질지 모르는, 어디로든 갈 수 있는 그 길 위에 선 기분은 얼마나 담담하고 홀가분했을까. 그는 답사 여행 중에서도 혼자서 떠나는 답사를 특히 좋아했다. 철저히 혼자가 될 때 비로소 '풍경의 침묵' 속에서 자연과 더불어 묵언의 대화를 나눌 수 있으니까.

그곳에는 일상 속에 존재하는 사람 사이의 거대한 벽도, 그 벽을 숨기기 위해 서로 쓸데없는 이야기를 늘어놓는 장광설도 없었다. 답사를 좋아하는 자신의 기질에 대해 그가 '욕망과 광기'라는 표현 을 썼던 것처럼, 그것은 어쩌면 방랑벽이었는지도 모른다.

그 덕분에 나도 떠났다. 박상표를 답사하는 여행을.

여수(麗水)에서 만난 여수(麗竪)

여수의 물빛을 품은 조용하고 똑똑한 아이

약속 시간보다 좀 일찍 여수에 도착했다. 박상현은 아직 집에 있었다. 서울에서 전화를 했을 때도 그랬지만, 형과 이별한 지 얼마 되지 않아 아직 인터뷰에 응하는 것을 조심스러워하는 눈치였다.

터미널에서 나와 거리를 둘러보며 천천히 걸었다. 주택가 쪽으로 길을 건너서 몇 발짝 걷다가, 큰길가에 문을 연 작은 식당에 들어가 점심을 먹었다. 황태국에 딸려 나온 밑반찬들이 입에 착착 감겼다. 얼리지 않은 생고기를 쓴 제육볶음, 콩알만 한 작은 게와 잔멸치를 매콤 달콤하게 볶은 마른반찬, 아직 온기가 남은 아삭 담백한 콩나물 무침, 그리고 여수 특산물인 갓김치. 모두 주인 아주머니가 직접 만든 것들이라고 했다.

식사를 마치고 터미널 앞에서 박상현을 만났다. 생가와 다니던 학교들을 가보고 싶다고 미리 부탁했더니 고맙게도 차를 가지고 나와 주었다. 깨끗한 소형 SUV를 몰고 나온 박상현은 여수에서 작은 사업체를 운영하고 있었다.

키는 형보다 좀 더 컸지만, 외까풀 눈이며 이목구비가 형이랑 많이 닮았다. 수줍은 듯 어색한 미소 위로 박상표의 얼굴이 겹쳐졌다.

"먼 길 오시느라 고생하셨겠네요. 식사는 하셨나요?"

남도식 억양은 좀 더 강했지만, 목소리만 들으면 두 사람을 구별하기 힘들 것 같았다. 처음 서울에서 전화를 걸었을 때 목소리를 듣고 깜짝 놀랐을 정도다.

박상표는 2남 1녀 중 장남인데, 바로 아래 동생인 박상현과는 한 살 터울이고, 막내인 박상희는 박상현보다 두 살 아래다.

박상표가 다닌 초등·중학교와 어린 시절 살던 집이 모두 가까운 거리에 있어서 바로 차를 타고 가보기로 했다. 터미널이 있는 오림동에서 차로 10분 거리인 봉산동 방향으로 향했다.

박상표는 여수시 남산동에서 태어나 집 근처의 봉산초등학교를 다녔다. 중학교는 집에서 조금 더 떨어진 구봉중학교를 다녔다. 두 학교 모두 돌산대교 근처 바닷가 동네들에 있다. 나중에 지도를 보니 갓김치로 유명한 돌산도와 마주보는 그 바닷가 부근은 주택이 빽빽하게 밀집한 곳이었다.

차는 정남쪽 바다를 향해 달렸다. 좌우에 시가지가 펼쳐졌지만 고층 건물은 눈에 띄지 않았다. 우리나라 지방 도시들이 다 그렇지만, 여수 역시 인구 유입이 줄어드는 추세다. 통계상 인구가 30만 명이 넘지 않는다.

멀리서 찾아온 방문객에게 안내를 해야겠다 싶었는지 박상현이 입을 열었다. 담담하고 차분한 말투였다.

"여수는 옛날에 전라좌수영이 있었던 곳이에요. 바로 옆 돌산은 우리나라에서 일곱 번째로 큰 섬이죠. 어업이 발달해서 양식업이 성했고, 이런 얘긴 좀 그렇지만, 1970년대까지는 밀수로도 유명했어요. 여수항을 통해서요. 배를 가진 선주도 많았고 부자도 많았지만 지금은 다 없어지고 쇠락한 도시가 됐죠."

이 설명을 들으니 아주 어렸을 때 부모님과 함께 여수에 놀러온 기억이 났다. 어린이날이었는데, 오동도를 구경하려고 온 가족이 나선 길이었다. 깜깜한 새벽에 전주역에서 여수행 완행열차를 탔고 점심때가 되기 전에 여수역에 도착했다. 여수역은 전라선의 종착역이었다. 지금은 전주에서 여수까지 KTX로 한 시간 반밖에 걸리지 않는다.

워낙 어렸을 때라 다른 것은 거의 다 잊었는데, 육지와 오동도를 연결하는 긴 방파제 길을 따라 바다가 온통 반짝반짝 빛났던 것은 또렷이 생각났다. 오월의 눈부신 햇빛 탓이었다. 그 방파제 길 위를 걷는데 왼쪽도 바다, 오른쪽도 바다, 온 바다가 햇빛으로 가득한 것만 같았다. 이 이야기를 하자 박상현의 얼굴에 희미하게 웃음기가 돌았다.

"지금은 새 여수항이 생겼는데, 원래는 오동도에 항구가 있었어요. 일제강점기에 일본인들이 거기 많이 살았죠. 군산처럼 전쟁 때 물자 이동이 편리했으니까요. 그래서 그 근방에 일본식으로 지어진 집들이 많아요. 여수와 오동도를 연결하는 길도 그때 생긴 거고요. 일본이 토목·건축이 일찍 발달했잖아요."

'물이 좋다'는 뜻의 여수(麗水)는 한때 물고기가 풍부하게 잡히는 어장을 끼고 있었지만, 이제는 사실상 그 어장이 사라졌다. 바닷물의 수온 변화 때문이다. 한때 국내 최대의 쥐포 생산지였던 여수는 아열대성 어류인 쥐치가 더 이상 잡히지 않게 되면서 경기도 나빠졌다.

현재 여수의 산업 시설이라곤 북쪽에 자리한 석유화학 공단 말고는 특별한 것이 없다. 게다가 이 공단은 국가 산업 단지라서 일 년에 몇 백억씩 내는 세금이 지방세가 아닌 국세다. 시 재정에는 별 도움이 되지 않는다. 더 심각한 문제는 환경오염이다. 공단에서 내뿜는 매연은 여수 시민들의 건강을 위협한다. 2009년 여수의 갑상샘암 발병률은 인구 10만 명당 83.1명으로, 인구 10만 명당 14.8명인 전국 평균에 비해 심각하게 높았다.

"생산은 없는데 물가는 높은 전형적인 소비 도시가 바로 여수예요. 저는 코스닥에 상장됐던 회사를 다녔는데 회사가 3, 4년 전에 문을 닫아서 지금은 개인 사업을 하고 있어요. 산업용 필터를 제조·판매하고 환경 컨설팅도 하지요. 하지만 사업이 썩 잘 되지는 않아서 순천으로 이사를 나갈까 가끔 생각해요. 여수에서 살기가 팍팍해서요. 순천은 인심이 좀 여유롭고 느긋한 곳이거든요. 지리적으로 주변 도시들에 둘러싸여 있어서 물류의 중심이기도 하고요. 길도 그렇게 나 있어서 여기서 어디를 나가려면 꼭 순천을 거쳐서 가야 해요."

순천은 남도 지방의 오랜 중심지였다. 박상표가 졸업한 순천고등학교는 지금도 전국에서 알아주는 명문고다.

여수 하면 여수엑스포, 그리고 최근 유행한 노래 「여수 밤바다」가 떠오른다. 왠지 가슴 설레는 낭만적인 이미지다. 하지만 실상은 그렇지가 않다. 여수 사람에게 여수는 메마르고 살기 힘든 곳이다. 환경의 변화와 1970~80년대 중공업 우선 정책이 이곳을 그렇게 만들었다. 화학공단이 없고 앞바다에서 쥐치가 무더기로 잡히던 시절, 깨끗한 공기를 마시며 살던 여수 사람들의 삶은 지금보다 행복했으리라. 스물두 개나 됐다는 쥐포 가공 공장은 쉴 새 없이 돌아갔을 테고 바쁘게 움직이는 사람들의 활기로 가득했을 것이다. 박상표의 어머니도 한때 쥐포 가공 공장에서 일한 적이 있었다. 하지만 이제 모두 옛날 이야기가 됐다.

봉산초등학교가 가까워지자 이내 짜고 비릿한 바다 냄새가 밀려왔다. 앞에 언덕 지형의 남산공원이 가로막고 있어서 아직 바다는 보이지 않았다. 산을 깎아서 터를 냈는지 교문에서부터 한참 걸어 올라가야 하는 꽤 가파른 오르막길 위에 교사(校舍)가 서 있었다. 그 길을 다 올라가자 다닥다닥 지붕을 맞댄 조그마한 집들이 빼곡히 들어찬 산 아래 동네가 내려다보였다. 박상표가 태어나서 자란 남산동이었다. 돌산대교를 중심으로 좌우 해안을 따라 남산동을 비롯해 대교동, 국동, 월호동, 중앙동, 한려동 등 주택이 밀집한 제법 규모가 큰 동네들이 인접해 있었다. 여수 구(舊)시가지였다. '바닷가 경기'가 좋았던 옛날을 말해주는 듯했다.

봉산초등학교는 이 지역의 인구가 한창 늘어나던 1975년에 새로 지어진 학교로, 1969년생인 박상표는 이곳의 1회 졸업생이다. 박상표가 이 학교에 다니던 시절에는 탁구부가 전국 대회에서 상을 받을 정도로 이름이 있었다. 박상표는 초등학교 때 전교 1등을 도맡다시피 했고 6학년 때는 학생회장을 했다.

"형은 어렸을 적부터 '수재'라는 소리를 듣고 자랐어요."

박상현의 말이다. 박상표는 중학교에 다닐 때는 연대장을 했다. 군대식 교육을 시켰던 박정희 정권 시절에는 학생회장을 연대장이라고 불렀다. 박상현의 안내로 이어서 방문한 구봉중학교는 집과의 거리가 초등학교보다 좀 더 멀었다. 걸어다니기에 먼 거리여서 버스를 타고 등하교를 했을 것으로 보였다. 이 학교도 주변보다 다소 높은 구릉에 위치해 있어서 운동장에 올라서자 푸른 바다가 내려다보였다. 군데군데 작은 섬들이 시야를 가로막은 연안이라 탁 트인 모습은 아니었다. 띄엄띄엄 고깃배들이 떠 있고, 부둣가에는 대규모 냉장 창고 시설도 보이는 전형적인 항구의 풍경. 박상표는 날마다 저 바다를 바라보며 무슨 생각을 했을까.

어린 시절 찍은 사진에서 그는 초롱초롱한 눈으로 정면을 응시하고 있다. 반바지에 운동화와 타이즈를 신은 전형적인 그 시대 어린이의 차림이다. 윤기 있는 반곱슬에 귀여운 얼굴이지만 야무지게 다문 입술과 응시하는 듯한 눈빛에서 강한 의지가 느껴진다. 좀 더 자란 뒤 까까머리 중학생인 박상표의 밝은 얼굴에선 소년다운 장난기도 엿보인다.

박상표가 태어나서 어린 시절을 보낸 남산동은 양손에 짐을 들고 한 사람이 겨우 지나다닐 정도로 좁고 꼬불꼬불한 골목길이 끝없이 이어진 산 아래 동네였다. 석면 슬레이트나 플라스틱 지붕들이 서로 다닥다닥 붙은 좁은 길을 따라 올라가니 박상표가 태어난 생가가 있었다. 시멘트벽으로 둘러싸여 있어서 안은 전혀 보이지 않았고, 알루미늄 섀시로 된 작은 출입문이 대문을 대신하고 있었다. 원래는 초가집이었는데 나중에 재건축됐다. 박상표가 초등학교 3학년일 때 온 가족이 아파트로 이사를 갔다가 5학년 때 같은 자리에 집을 지어 다시 이사를 왔다. 집을 새로 지은 지 일 년 만에 태풍이 몰아쳐서 집 뒤의 옹벽이 무너졌고, 온 식구가 대피하는 소동이

초등학교 1학년 봄 소풍. 오른쪽이 박상표이고 왼쪽은 '그냥' 따라간 동생 상현.

벌어졌다. 그해에 다시 다른 동네로 이사를 갔고 이것이 남산동과의 마지막이었다.

언덕 위에서 내려다본 남산동은 집들이 빼곡한 제법 큰 동네였다. 2층 이상인 건물은 별로 없었고 대부분 낡을 대로 낡은 단층집과 판잣집들이었다. 한때 여수의 중심지였던 바닷가 동네에 이제는 떠나지 못한 사람들만 남아 있었다. 구봉중학교 앞 20층이 넘는 고층 아파트는 절반 이상이 텅 비어 있었다. 건설사의 연이은 부도로 짓다 말다 하면서 완공까지 10년가량이나 걸렸다. 여수엑스포가 눈앞에 닥치자 시의 행정 지원을 받아 겨우 완공했는데, 그러고 나니 입주할 사람이 없어 다시 문제가 됐다. 여수의 '상류층'은 대부분 화학공단의 생산직 노동자들인데, 이들은 내륙 쪽 신도시에 거주하고 있다.

박상표의 가족들도 지금은 도심에 가까운 여수종합버스터미널 부근에 살고 있다. 현재 박상표의 부모가 살고 있는 집도, 박상현이 가족과 함께 살고 있는 아파트도 모두 터미널 근처에 있다.

"아버지의 고향은 전남 곡성이에요. 아버지 쪽 집안사람들은 지금도 대부분 곡성에 살고 있죠. 아버지는 공부를 잘하셨는지 순천고로 유학을 가셨어요. 군대를 다녀온 뒤에는 잠시 사립 고등학교 체육 교사로 근무하신 적도 있어요. 이후에는 동사무소에서 평생 공무원 생활을 하다가 정년 퇴직하셨고요. 저희 가족은 아버지의 조부모님, 그러니까 저의 증조부모님을 모시고 살았어요. 아까 그

중학교 수학여행. 1982년 5월.

생가에서 증조부님이 한약방을 하셨지요. 할아버지는 일찍 돌아가셔서 안 계셨고요. 아버지는 여수에 살면서 순천 황전면 회룡리 출신인 어머니를 중매로 만나 결혼하셨어요."

박상표는 1944년생인 아버지 박기수와 1950년생인 어머니 양춘덕 사이에서 1969년 1월 23일에 태어났다. 이 날짜가 양력인지라 음력으로 1968년생인 박상표는 원숭이띠다. 생일 때문에 학교도 한 해 일찍 들어간 그는 어디 가서 자신을 소개할 때 늘 '68년 원숭이띠'라고 말하곤 했다. 이후 1970년 12월에 남동생 상현이, 1972년 3월에 여동생 상희가 태어났다. (두 동생은 현재 모두 여수에 살고 있다. 박상희는 스물여섯에 사업가와 결혼해서 세 딸을 두고 있고, 2003년에 결혼한 박상현은 두 아이의 아빠다.)

아버지는 삼남매를 낳고 나서 이들의 할머니인 생모를 다시 만났다. 할머니는 재혼해서 아들, 딸을 낳아 키우고 있었다. 아버지는 그들을 데리고 와서 아직 어린 의붓동생들을 학교에 보냈다. 박상표에게 삼촌인 아버지의 의붓남동생은 현재 여수대학교(옛 수산대학교)에서 실습선 선장으로 근무하고 있다. 증조부는 치매를 오랫동안 앓다가 박상표가 대여섯 살일 때 작고했고, 증조모는 친척들이 있는 곡성에 내려가서 살다가 박상현이 중학교에 다닐 때 세상을 떠났다.

일곱 남매의 장남인 아버지는 명절에 온 가족을 데리고 친척들이 있는 곡성에 가곤 했다. 그때는 교통이 지금처럼 좋지 않아 여수에서 곡성까지 가는 데 서너 시간이나 걸렸다. 버스를 타고 기차역에 가서 완행열차로 갈아타고 곡성역에서 내려 다시 읍내 버스로 갈아타고 또 몇 십 분이나 비포장도로를 달려가야 했다. 멀미가 심했던 데다 그때는 금연 규정이 없어 기차나 버스 안이 늘 담배 연기로 가득해 괴롭기 그지없었다. 어린 아들들이 힘들어 하니까 나중에는 그냥 아버지 혼자 갈 때가 많았다.

삼남매가 좀 크고 나서는 명절에 아버지와 어머니만 곡성에 갔다. 그러면 셋이서 어머니가 해놓은 밥을 알아서 챙겨먹고 공부를 하거나 친구들이랑 놀곤 했다.

"두 분은 일 안 시키고 심부름 안 시키는 부모였어요. 중·고등학교 가면서부터는 공부하라고 하시며 데리고 다니지 않으셨고요. 외갓집인 회룡은 거리가 가까워서 그래도 자주 다닌 편이었어요. 그 동네는 제주도에서 건너온 양씨들의 집성촌이에요. 동네 사람들이 모두 친척지간인 곳이죠. 외할아버지하고 외할머니 두 분 다 제주도에서 건너와서 순천에 자리 잡고 결혼하신 거죠. 거기서 농사짓고 애도 낳고."

"경제적으로 넉넉하지는 않았지만 부모님 두 분 다 자상한 성격에 대체로 평화롭고 행복한 가정이었다"고 박상현은 말했다. 아버지는 어느 정도 권위적이고 가부장적인 그 시대의 보통 아버지였다. 박상현은 아버지에 대한 기억이 나쁘지 않았다. 성격이 불같은데가 있어서 아주 가끔 아이들을 야단치긴 했지만, 주로 밖에서 술을 한 잔 하고 들어왔을 때나, 집에 왔는데 아이들이 인사를 안 하고 텔레비전만 보고 있을 때 그랬다. 하지만 외롭게 자라서 그런지 늘 가족에게 잘하려고 노력했다. 어머니는 화를 거의 내지 않는 소 같은 성격이었다. 쇠고집이 세다는 말처럼, 정말 아니다 싶은 일에는 주장을 굽히지 않기도 했지만 그럴 때 말고는 모난 모습을 보인 적이 없었다.

어머니의 형제자매는 위로 언니가 하나, 아래로 남동생이 넷 있었는데, 그중 나이가 가장 많은 남동생이 2009년 용산 참사 때 사망한 양회성이다. 박상표의 외삼촌 양회성은 영등포, 여의도, 용산 등지에 터를 잡고 장사를 했었다. 그는 결혼 후 음식점에 요리사로 취직해서 일하다가 돈을 모아 가게를 차렸다. 처음에는 여의도에서 일식집을 운영하다가 용산으로 자리를 옮겼다. 박상표는 어릴 적에 서울 외삼촌댁에 놀러가기도 했다.

박상현은 "외삼촌이 돌아가시고 난 뒤 형이 유가족 모임에 다니면서 일을 도왔다"고 했다. 외숙모의 말에 따르면 "상표는 순천향대병원에 와서 대책위원회랑 같이 어떻게 대응할 것인지 논의"하기도 했다.

용산 참사가 일어난 2009년 초는, 광우병 관련 보도로 세상을 떠들썩하게 만들었던 MBC 「PD수첩」에 대한 정부의 소송과 재판에 대응하느라 박상표가 한창 바쁜 때였다. 그래도 박상표는 인도주의실천의사협의회(인의협) 같은 시민사회 단체들이 용산 참사에 대한 진상 조사를 벌이던 당시, 양회성의 시신 부검을 참관했다. 안진걸 '참여민주 사회와 인권을 위한 시민 연대(이하 '참여연대')' 협동사무처장은 "박상표 씨는 '시신의 손가락, 발가락이 꺾여 있었으며, 단순히 화재에 의한 사망이 아니라 안에서 심한 폭행이 있었던 것 같다'고 진술해 인의협 측의 합리적 의심에 근거를 제시해 주었다"고 말했다.

박상표의 외숙모는 조카의 이런 도움을 지금도 고마워하고 있다. 양회성 부부는 용산 참사 전후 키우던 애완견과의 감동적인 사연을 담은 『용산개 방실이』라는 만화책으로도 유명해졌는데, 박상표는 그 책의 한 페이지에 개를 돌봐주는 수의사로 등장한다.

"제가 어디든 가면 저기 TV에 나오는 박상표가 우리 조카라고 꼭 이야기하곤 했죠. 상표가 동물병원을 하니까 개가 아프면 거기 갖다 맡기곤 했고요."

외숙모의 말이다. 어린 시절의 박상표에 대해서는 남아 있는 자료가 많지 않다. 사진과 가족의 증언 정도가 전부다. 책 읽기와 시 쓰기를 좋아했다는 것으로 보아 어린 시절과 청소년기에 적잖은 글이나 일기를 썼을 것 같지만, 지금 고향집에 남아 있는 것이 없다. 다행히 이십대 이후에 쓴 글과 기록들은 여기저기서 많이 찾아볼 수 있다. 그 글들로 미루어 짐작하건대, 어린 시절의 박상표는 감수성이 예민하고 생각이 깊은 소년이었을 것이다.

"형은 그냥 조용하고 얌전한 아이였던 걸로 기억해요. 공부를 잘

했으니까 주변의 사랑과 인정을 받는 편이었죠. 당연히 선생님들도 예뻐하고, 공부를 잘하면 친구들이 괴롭히지도 않잖아요. 착한 모범생 스타일이었어요. 다만 어릴 때부터 좋은 건 좋고 싫은 건 싫다고 분명하게 말했죠. 옳지 않다고 생각하는 것은 절대 용납을 못해서 그것 때문에 싸운 적이 많아요. 자기 뜻이 있으면 절대 굽히지 않았고, 부모님도 될 수 있으면 형의 의견을 듣고 수용해 주는 편이었어요. 옛날 분들이니까 장자를 우대하기도 했고요. 대개 형제끼리 많이 다투는데, 우리는 한 살 차이여서 더 많이 싸웠죠. 형도 동생에게 양보하거나 의젓하게 굴기에는 너무 어린 나이였으니까 그랬겠죠. 살림이 넉넉지 못하면 물건이든 먹을 거든 서로 차지하려고 싸우게 돼요. 물론 어렸을 때 이야기고 커서는 안 그랬죠. 많이 싸웠기 때문에 추억이 깊어지기도 했고요."

박상현은 형에 관한 일화 두 가지를 들려주었다. 하나는 형제가 대여섯 살이던 무렵의 일이다. 할머니를 여수로 모시고 와서 온 가족이 택시를 타고 오동도 구경을 갔다. 그때는 관광이란 게 따로 없었다. 친척이나 손님이 오면 무조건 오동도를 가곤 했다. 형제는 난생 처음 택시라는 것을 탔는데, 차 바닥에 카펫 같은 것이 깔려 있는 게 아닌가. 그래서 형제는 신발을 벗고 타야 하는 줄 알고 둘 다 신발을 길바닥에 얌전히 벗어 놓고 맨발로 택시에 올랐다. 차가 달리기 시작하자 슬슬 불안해진 형제는 신발을 벗어 놓고 왔다고 어른들에게 실토했다. 결국 택시를 돌려 처음 탔던 자리로 돌아갔는데,

다행히 신발이 그 자리에 그대로 있었단다.

다른 하나는 장롱 낮잠 사건이다. 박상표가 초등학교 6학년 아니면 중학교에 막 입학했을 무렵인데, 하루는 낮잠을 하필이면 장롱 안에 들어가서 잤다. 오후에 온 가족이 그를 찾아 나섰지만 어디에서도 보이지 않았다. 어머니는 아들이 실종이라도 된 것이 아닐까 불안해했고, 집안이 발칵 뒤집혔다. 네 시간 넘게 온 동네를 헤매 다니다가 저녁때가 되어 할 수 없이 집으로 돌아온 식구들은 장롱에서 기어나오는 박상표를 보고 아연실색할 수밖에 없었다. 평소에 전혀 하지 않던 행동이라 그때는 정말 형을 잃어버린 줄 알았다고 박상현은 회고했다.

어린 시절의 박상표가 활달하거나 외향적이지 않았던 것은 분명하다. 특유의 밝은 미소나 사람을 내할 때 보이는 친근감은 서울로 대학을 가서 넓은 세상을 경험하면서 나타났다.

고등학교 시절, 수레바퀴 아래서

박상표는 순천고등학교로 진학하면서 집을 떠나 자취 생활을 했다. 한 해 뒤에는 동생 상현도 순천의 효천고등학교에 입학해서 형제는 일 년 반 정도 함께 자취를 했다. 사실상 박상표는 이 시기에 집이라는 둥지를 떠났다. 고등학교 삼 년을 순천에서 보낸 후 서울에 있는 대학으로 진학했고, 방학이나 휴일에 잠깐씩 다녀간 것 말고는 고향집으로 돌아가 가족과 함께 산 적이 없었다.

형제는 어머니가 보내준 반찬에다 밥을 하고 국을 끓여 먹으며 자취를 함께했다. 가끔은 어머니가 찾아와 밥을 해주기도 했다. 형제의 공동 자취는 박상표가 고등학교 3학년이 된 해 봄에 박상현이 여수로 전학을 오면서 끝났다. 이후 박상표는 대학 입시를 마칠 때까지 혼자서 자취를 했다.

"각자 머리가 많이 굵었던 터라 싸우지는 않았어요. 둘 다 사춘기라서 그랬는지, 같이 살았지만 서로 뭘 하는지 그다지 상관하지 않고 지냈어요. 아침 일찍 학교에 갔다가 야간 자율 학습까지 끝내고 늦게 돌아오면 피곤하니까 잠자기 바빴지요. 형은 학원도 다니지 않고 과외도 받지 않고 학교 공부만 해서 대학을 갔어요. 예전에는 그게 가능했으니까요. 입시 위주의 학교 생활 때문에 특별히 힘들어한다고 느낀 적은 없었는데, 제가 형과 대화가 별로 없었으니까 깊은 속내가 어땠는지는 사실 잘 모르지요. 학교 공부 하면서도 책을 많이 읽던데, 시를 특히 좋아해서 시집을 많이 읽더라고요. 문학 작품들을 읽고 습작도 했는데 일기를 썼는지는 모르겠어요. 몸도 건강한 편이었어요. 나중에 건선 같은 피부병이 있다는 이야기를 들었는데, 어릴 적에는 그런 게 없었어요. 아마 나중에 서울에서 자취 생활을 오래하면서 좀 허름한 방, 곰팡이가 있는 습한 주거 환경에 살다가 생긴 것 같아요."

박상표의 고등학교 생활에 대해서는 친한 친구인 박혁이 잘 알

고등학교 3학년. 1986년 11월 23일.

았다. 박상표와 마찬가지로 순천고등학교를 졸업하고 1987년에 서울대학교 수의학과에 입학한 박혁은 박상표의 고등학교 동기이자 대학교 같은 과 동기이다. 박혁은 보성중학교를 졸업하고 순천고등학교를 다녔다. 박상표와 마찬가지로 고등학교 때부터 집을 떠나 객지 생활을 했다.

"고등학교 때부터 유학을 하는 아이들은 어린 나이에 홀로 객지에 살아서 정서적 어려움이나 다른 친구들과의 괴리감이 있어요. 저 역시 그런 감정을 느꼈는데 아마 상표도 그랬을 거예요. 여행이나 자유를 좋아하는 성격이라 순천고에서 많이 힘들었을 거예요. 순천고병(病)이라는 말이 있을 만큼, 오직 입시만을 위한 학교였거든요. 중학교 때까지 수석을 하던 아이들이 순천고에 오면 자신이 아무것도 아니라는 자괴감에 시달리기도 했지요."

전남 일대에서는 순천고만 나오면 먹고사는 데 지장이 없다는 이야기가 있다. 구구절절한 설명이 없어도, 이만 하면 순천고가 지역에서 어떤 학교로 통하는지 알 수 있다.

박상현은 대학 진학 당시 박상표가 겪었을지도 모르는 심리적 갈등이나 고민을 언급하기도 했다. 평소 기질이나 적성으로 보면 박상표는 문과 계열 학과로 진학하고 싶었을 가능성이 크다. 한문을 잘하고 좋아해서 3학년 때는 중국어반인 6반을 선택해서 문과생들과 함께 공부했다. 그런 그가 왜 수의학과를 선택했을까?

박상현의 설명에 따르면, "1980년대까지만 해도 학생의 희망이나 적성을 존중하기보다 대학 진학에 유리한 방향으로 학교와 선생님이 권유하는 경우가 많았다." 공부 잘하는 학생들에게 적성에 맞는 학과를 골라주기보다 무조건 명문대로 진학하도록 압력을 넣은 것이다. 이렇게 대학에 들어간 박상표는 진로 선택에 대한 아쉬움이 남았다. 그래서 1987년에 입학해 일 년을 다니고 난 뒤, 이듬해인 1988년에 2학년 과정에 등록하지 않고 다시 입시 공부를 하기도 했다. 그가 가고 싶어 한 학과는 서울대 미학과였다. 하지만 결과는 불합격. 그래서 할 수 없이 1989년에 수의학과 2학년으로 복학했다. 박상표가 대학 입시를 다시 치른 것은 박상현을 비롯한 가족들만 알았고, 친구나 동료들은 거의 몰랐다.

"형은 항상 공부를 하고 싶어 했어요."

박상현이 말한 형의 공부란 인문학이었다. 대학을 졸업한 후에도 미학과 대학원을 가고 싶어 했지만, 가정 형편 때문에 실행에 옮기지는 못했다. 동생은 그런 형이 안쓰러웠다.

"재능도 소질도 있었는데 환경 때문에 자기 꿈을 포기한 거니까 본인도 많이 아쉬웠을 거예요."

진로에 대한 박상표의 아쉬움은 훗날 하이텔 '고적 답사 동호회'와 참여연대 '우리땅' 같은 문화유산 답사 모임에서 활약하면서 어느 정도 만회되었을 것으로 보인다. 타고난 소질과 재능은 결국 제자리를 찾아가게 마련이다.

"형은 어렸을 때부터 책 읽는 것을 좋아하고 글 쓰는 것을 즐겼어요. 시 쓰는 것을 특히 좋아했죠."

박상표가 대학에 입학해서 제일 먼저 가입한 동아리는 '반도문
학회'다. 대학 동기들의 말로는 입학하기 전부터 동아리에 들어가
활동을 했다고 하니, 문학에 대한 그의 열정이 어느 정도였는지 짐
작할 수 있다.

대학 시절을 찬찬히 살펴보면 박상표는 수의학과 학생이라기보
다 반도문학회 회원에 더 가까웠고, 수의학이라는 학문보다는 오히
려 인문학을 더 열정적으로 탐구했다. 그리고 나아가 세상에 뛰어
들어 사회 현실을 온몸으로 배우고자 했다.

동생의 말을 빌리자면 그전에는 "선생님이 공부하라고 하면 공
부하고, 대학 가야 한다고 하면 대학 가고"했던 모범생 박상표는
대학 진학을 계기로 큰 변화를 겪었다. 여수, 순천이라는 지방 도시
들을 떠나 서울이라는 대도시로 갔을 뿐만 아니라, 말 잘 듣고 공부
만 열심히 하던 모범생에서 벗어나 다양한 활동을 하고 수많은 사
람을 만나고 모든 것을 스스로 결정하게 됐다. 이런 변화들을 겪으
면서 그는 조용하고 내성적인 소년에서 말도 잘하고 곧잘 웃기도
하는 사회인으로 성장해 갔다.

더구나 그가 대학에 입학한 1987년은 전두환 정권 말기였고, '6
월 민주 항쟁' 등으로 사회 개혁 열기가 뜨거운 시기였다. 반도문학
회에서 인문학을 공부하면서 사회 문제에 관심을 갖게 된 감수성
예민한 스무 살 청년의 정신과 영혼은 시대적 사건들에 적지 않은

영향을 받았다. 여수와 순천이 그의 육신을 낳고 길렀다면 서울은 그의 영혼을 자라게 한 새로운 배움터였다.

대
학
시
절,
내
이
름
은
"
레
테
르
"

1987년 3월에 서울대학교 수의학과에 입학하면서 박상표의 서
울 생활이 시작됐다. 하지만 첫날부터 교정에 꽉 찬 최루탄 냄새
때문에 입학식도 제대로 치르지 못할 지경이었다. 박상표의 대학
생활은 이처럼 격동하는 시대 상황을 온몸으로 맞으며 시작했다.
1987년은 1월의 박종철 고문 치사 사건을 시작으로 6월 항쟁, 12월
대선까지 일 년 내내 온 나라가 들썩인 해였다.

박상표가 대학에 입학했을 때는 이미 대학가에서 시위가 한창이
었다. 교정은 언제나 집회 현장이었고, 바닥에는 페퍼포그(pepper
fog)가 자욱했다. 최루탄과 사과탄(구형(球形) 최루탄) 그리고 바닥에

서 마구 요동치며 최루 가스를 퍼뜨리는 지랄탄(다연발 최루탄) 냄새
는 구토를 유발할 정도로 지독했다.

그해에 1학년으로 입학한 87학번은 처음부터 학교 공부라는 것
을 제대로 할 수가 없었다. 1학기 중간고사는 4·19 기념식을 한다
고 시험 거부에 들어갔고, 기말고사는 6월 항쟁 때문에 못 봤다. 이
런 상황에서 수업인들 제대로 진행될 리 없었다. 학교 측은 2학기가
시작되자마자 지난 학기에 건너뛴 1학기 기말고사를 치르겠다고
나섰지만, 학생들은 도서관 앞 아크로폴리스 광장에 1만여 명이 모
여서 시험 거부 농성을 했다. 학교 측이 시험을 강행하자 학생들은
강의실에서 책상을 빼 버리는 등 강경 대응했고, 모이기만 하면 수
업 거부나 시험 거부에 대해 토론하곤 했다.

여수 고향집에서 서울대 합격 소식을 들었을 때 박상표는 이런
상황을 상상이나 했을까? 꿈에 부풀어 서울에 올라왔지만 막상 눈
앞에서 벌어진 일들은 자신의 기대와 많이 달랐다. 스무 살 문학 청
년은 이것을 어떻게 받아들였을까?

반도문학회 87학번 동기인 이옥란은 "입학하고 나서 3월에 동아
리 모임에 갔는데 첫날 모임에 박상표가 있었다"며 그가 입학 전인
2월에 일찌감치 동아리를 찾아와 가입했다는 말을 들었다고 했다.
반도문학회 동기들은 하나같이 "박상표가 반도문학회 활동에 정말
성실했다"고 입을 모았다. 문학 이론이나 창작, 사회과학 등 다양한
주제의 세미나에 활발하게 참여했고, 매번 자료 준비나 과제를 빠

뜨리는 일이 없었다. 어린 시절부터 키워 온 문학에 대한 열정이 그를 그렇게 이끌었다. 박상표는 이후 수의대가 있는 수원으로 내려가기 전 2년 동안, 소속 학과보다는 거의 동아리에서 살다시피 했다. (서울대학교 수의과대학은 2003년에 서울 관악 캠퍼스로 이전했지만, 그전에도 교양 과목 수업을 주로 듣는 1학년 동안은 모든 신입생이 관악 캠퍼스에서 학교를 다녔다. 그는 1학년 일 년 동안 서울대학교 기숙사인 관악사에서 지냈다.)

반도문학회는 1971년에 서울대와 이화여대의 고등학교 동문 조인트(joint, 연합) 모임에서 출발했다. 그 시대 많은 대학 동아리들이 그랬듯이, 1980년대 들어 광주 민주 항쟁을 겪으면서 사회 문제에도 관심을 갖고 공부하는 동아리로 발전했다. 박상표가 입학한 1987년에는 한양대에도 등록되어 3개 학교가 함께하는 대학 연합 서클이 됐다. 반도문학회 동아리방은 마포구 망원동에 있었는데, 선배들이 보증금으로 모아준 돈 200만 원으로 단독주택의 차고를 하나 빌려 모임 장소로 이용했다. 이옥란의 말에 따르면, 1987년에는 회원으로 가입한 신입생이 유난히 많았다.

"처음 만났을 때의 모습이 아직도 눈에 선하네요. 첫인상이나 지금 떠오르는 모습이나 똑같아요. 세미나 할 때는 늘 꼼꼼하게 자료를 잘 읽어 왔고, 자기 논지를 펼 때는 열렬하게 자기 생각을 이야기했어요. 동아리에서는 사회과학 세미나와 문학 창작 세미나를 비롯해 미메시스, 브레히트 등을 주제로 문학 이론 세미나도 했는데 각 주제별로 책을 읽고 일주일에 한 번씩 모여 토론을 했죠. 상표는 미학에 관심이 많다고 했어요. "반도 문학"이라는 이름의 회지를 같이 만들고, 그걸 놓고 품평도 했어요. 그때는 지금처럼 인쇄하지 않고 일일이 철필로 쓴 다음 등사기로 밀어서 만들었죠."

박상표 못지않게 반도문학회 활동을 열심히 한 이옥란은 이화여대 출신으로 동아리 동문회장까지 지냈다. 그녀는 "유난히 거리에 나갈 일이 많았던" 1987년을 이렇게 회고했다.

"거의 매일같이 학교 앞 서점에 가방을 맡기고 거리에서 만났어요. 일주일에 두세 번은 망원동 동아리방에서 만나 세미나를 했고, 세미나가 없는 날은 서울역이나 명동에서 만났죠. 가투(街鬪, 거리 투쟁) 때는 1년 선후배 둘씩 짝을 지어 나갔어요. 1학년은 2학년 선배하고 같이 다녔어요. 가투에 참여했다가 몇 시에 학교 앞 어디에서 만나자고 약속한 뒤 흩어졌죠. 그래서 저녁때가 되면 술집에서 만나 서로의 무사함을 확인하고 헤어지곤 했어요. 이대 앞은 '솔가' 아니면 '목마름', 서울대 앞은 '태백산맥'에서 모였어요. 서울대 선배 셋은 같이 자취를 했는데 학교 근처 반지하방이 상당히 넓었어요. 어떤 날은 수십 명이 거기 몰려가서 밤새 술 마시고 쓰러져 잘 때도 있었어요. 그럴 때면 상표도 항상 거기에 있었죠."

서울이 낯설었던 박상표는 이 시기에 서울 지리를 제법 익혔다. 전경이 쫓아오면 피해서 도망가느라 골목골목 안 다녀본 데가 없었다. 명동에서 시위를 하면 회현동 남대문시장 안쪽으로 들어가서 이 골목 저 골목으로 도망을 다니곤 했다. 한번은 어느 약국 안으로 시위대 일부가 쫓겨 들어갔는데, 약사가 시위 학생들에게 호의적이었는지 전경이 따라 들어오기 전에 셔터를 내려줬다. 전경들이 쓴 새까만 '하이바(방석모)'가 눈앞까지 우르르 몰려왔는데 아슬아슬하게 셔터가 내려갔다. 또 대학로에서 시위하다가 서울대 병원 구내에서 해산한 적도 있는데, 전경 부대가 들이닥치는 바람에 정문으로 못 나가고 담을 넘어 골목골목으로 도망치기도 했다.

이렇게 숨 막히는 하루를 보내고 저녁이 되면 서점에 맡겨뒀던 가방을 찾아서 약속한 주점에 모여 끼니를 때우기에 허술한 안주를 놓고 술잔을 나눴다. 각자 돌아가며 그 날의 투쟁을 결산하는 발언을 했고 집에 갈 차비가 없어 그 자리에서 새벽을 맞기도 했다. 때로는 여관방을 잡아 다 같이 밤을 새며 토론하거나 선배의 자취방에 몰려가기도 했다.

반도문학회에서 공부하고 토론하며, 또 매일같이 학교 안팎에서 벌어지는 일들을 바라보며 박상표는 사회 문제와 민주주의에 대해 깊이 고민하고 적극적으로 행동하는 참여형 인간이 되어 갔다. 박상표처럼 서울대 기숙사에서 생활한 같은 과 동기 박혁은 박상표가 6월 항쟁 당시 명동성당에서 20일간 농성을 벌인 시위자들 중 하나였다고 말했다. 1987년 6월 항쟁은 한국 민주화 운동사에서 보기 드물게 성공적인 개혁을 이끌어낸 전 국민적인 투쟁이었다. 박혁은 "농성이 끝나고 성당에 마지막까지 남아 있던 300~400명을 경찰이 학교까지 차로 고이 모셔다 줬다"며 당시 사진을 보면 박상표의 얼굴이 있을지도 모르겠다고 했다.

　6월 항쟁의 거센 물결이 잦아들고 늦더위가 한창인 8월에 반도문학회는 전남 나주시 노안면으로 농활을 갔다. 서울대 동아리 연합에 끼어서 함께 간 것이었다. 박상표로선 대학에 입학해서 처음 떠난 농활이었다. 그 당시 농활은 한번 가면 일주일 이상이 기본이었으니 한적한 시골에서 친구들끼리 우정을 나누기에 좋은 기회였다. 겨울방학 때 격포 해수욕장 근처로 떠난 엠티(MT: Membership Training)도 젊은 가슴을 설레게 한 소중한 추억이었다. 당시 대학들에선 동아리 활동이 활발해 참여 인원도 많았다. 1학년 농활 때 박상표의 별명은 '레테르(letter) 박'이었다. 이름이 '상표'라서, 불어를 배운 어느 친구가 그런 별명을 붙여주었다. 이 별명이 마음에 들었던지 박상표는 이후 한동안 자신을 소개할 때 "내 이름은 레테르, 브랜드, 할 때 그 상표"라고 농담하기도 했다.

　이화여대 87학번으로 1학년 때 반도문학회 활동을 한 조규미는 박상표를 이렇게 기억했다.

　"상표는 진짜 대단한 친구였어요. 뭘 하든지 열심히 하고 깊이 고민하고……. 심지가 굳고 바른 친구라는 인상을 받았어요. 같이 농활을 갔을 때 열심히 한 사람을 투표로 뽑았는데 상표가 뽑혔어요. 그 상 이름이 '철순이 상'이었는데 지금 기억이 정확하지는 않지만 '철저하게 잘한다'는 의미였던 것 같아요. 농활은 피곤하고 힘들고 자기 극복을 많이 해야 하는 일인데, 다른 친구들도 다들 인정할 만큼 앞장서서 성실하게 한 거죠. 참 본받을 만한 친구였어요. 집회나 시위에도 열심히 참여했고, 사회과학 공부도 열심히 했어요. 뺀질거리지 않았다고 해야 하나. 아무튼 서울 아이들과 달리 순수한 느낌이 있었어요."

그해 여름 농활을 갔다 돌아오는 길에 반도문학회 동기들은 서울대 공대생인 유모(某)의 집에 들러 힘들었던 농활의 피로를 달랬다. 노래를 부르고 롤링페이퍼(rolling paper, 여럿이 돌아가며 간단한 글을 적은 종이)도 썼다. 거기서 조규미가 어떤 노래를 불렀는데 박상표는 그 노래가 마음에 들었는지 자꾸만 다시 불러보라고 했다. 말수 적고 내성적이어서 이성 친구를 사귀어 본 적이 없었던 박상표는 스무 살 대학생이 되어서야 처음으로 여학생 친구들과 어울리며 설레는 순간들을 경험했다.

그는 이화여대 동기들에게 2주에 한 번씩 나오는 서울대 학보를 꼬박꼬박 우편으로 부쳐주기도 했다. 그때는 다른 대학에 다니는 친구들에게 서로 자기 학교의 학보를 보내주곤 했다. 박상표는 학보와 함께 간단한 편지도 써서 동봉했는데, 거기에는 우리 사회의 현실과 민주주의에 대한 고민, 그리고 운동을 계속할 것인가 학생으로서 공부에 충실할 것인가 하는 스무 살 청년의 진지한 고민들도 빼곡히 적혀 있었다.

소년 박상표를 생각 깊은 청년으로 키워준 배움터인 서울대 반도문학회는 이제 남아 있지 않다. 동아리의 대학 연합은 이미 오래

전에 해체되어 각 학교별로 운영됐는데, 서울대와 한양대는 몇 해 전에 동아리 자체가 아예 없어졌다. 대학생들이 동아리나 사회 현실에 관심을 갖기에는 당장 눈앞의 생존 문제가 더 급한 21세기 무한 경쟁 사회가 만들어낸 안타까운 현상이다. 반도문학회는 이제 이화여대에만 남아 있다. 반도문학회 출신 문인들로는 소설가 정인택, 시인 방호성 등이 있다.

대학 입학, 반도문학회와의 만남, 격동하는 시대와의 조우. 1987년은 여러 가지로 박상표에게 의미 깊은 한 해였다. 그는 이 해의 마지막을 경찰서 유치장에서 보냈다. 12월 대통령 선거 당시 부정 선거 의혹으로 대학생들이 구로구청에서 2박 3일간 농성을 벌인 '구로구청 점거 농성'에 참여했던 것이다. 박상표는 영등포 경찰서로 연행되어 15일간 구류를 살았다.

경찰은 여수 고향집으로 연락했고, 이를 계기로 집에서도 박상표가 데모를 한다는 사실을 알게 됐다. 서울의 경찰서에서 아들을 대면한 부모는 화를 내거나 심하게 나무라지 않았다. 자칫 잘못하면 공무원인 아버지가 직장을 잃을 수도 있었지만, 이미 성인이 된 아들의 삶을 인정해 주었다.

그리고 최루탄에 맞아 화상을 심하게 입은 아들을 걱정했다. 최루탄은 사람을 피해서 쏴야 하는데, 박상표는 그것에 직접 맞아 팔과 얼굴, 목 부위의 피부가 벗겨질 정도로 심한 화상을 입었다.

박상표는 이후에도 학생운동을 하면서 집에다 일절 알리지 않았다. 집에서도 그가 하는 일에 크게 간섭하지 않았다. 동생은 형에 대해 "가족에게 자기 속내를 말하거나 고민을 나누는 성격이 아니었다"고 말했다. 어렸을 때부터 집안과 주변에서 수재로 통하며 사람들의 기대를 한 몸에 받고 살았기 때문에 고민이 있어도 쉽게 표현하지 못했던 것이다. 그리고 그 역시 장남에 대한 기대로부터 자유롭지 못한 한국 남자였다.

하지만 밖에서는 그런 마음의 짐을 벗어던지고 비교적 자유롭게 자기 신념대로 행동했다. 이후에도 학생운동을 계속한 것이나, 군대를 다녀온 후 1993년에 인천의 노동 현장에 들어가 노동자의 삶을 산 것을 봐도 그렇다. 공장 일을 불과 몇 달 만에 그만두긴 했지만, 과로로 몸을 다치는 바람에 중단하게 된 것이지 다른 이유 때문은 아니었다.

2학년에 접어든 1988년에 박상표는 앞서 말한 것처럼 휴학계를 내고 1년간 학업을 중단했다. 고향 집에는 대학 입시를 다시 치르기 위해 공부하는 것으로 이야기했지만, 친구들 이야기를 들어보면 시험 공부보다는 반도문학회 세미나 등 동아리 활동과 집회 및 시위 참가로 더 바빴다. 친구나 선배들을 통해 접하게 된 사회과학 서적도 많이 탐독했다. 주변인들의 말을 들어보면 그는 "한번 팠다 하면 깊이 파는 스타일"이라서 "본인이 궁금하면 닥치는 대로 공부를 했다."

당시 학생운동의 쟁점은 '학원 자유화' 투쟁이었다. 박상표가 속

2장

한 수의학과에서는 '농·수의대 캠퍼스 관악 이전'과 '수의대 6년 제 쟁취'가 주된 현안이었다. 이후 '농·수의대 캠퍼스 관악 이전'은 1995년에 결정되어 2002년에 완료됐고, 수의대 6년제는 1998년에 실현됐다.

'전방 입소 거부'도 주요 쟁점이었다. 당시 대학생들은 1, 2학년 내내 매주 두 시간씩 교련 수업을 받았다. 1학년은 문무대(경기도 성남에 있었던 학생 군사 학교)에서 4박 5일간, 2학년은 전방 입소를 해서 4박 5일간 군사 훈련을 받아야 했다. 이 군사 훈련을 이수하면 군 복무 기간을 그만큼 단축시켜 주었는데, 사실은 군사 훈련을 명목으로 학생운동을 탄압하려는 의도가 강했다. 서울대 총학생회를 중심으로 일부 대학생들은 전방 입소에 응해 전방에서 「반전반핵가」를 부르는 등 '현장 투쟁'을 벌이기도 했으나, 박상표는 전방 입소 거부 방침에 따라 전방 입소 훈련에 응하지 않았다.

박상표는 이듬해인 1989년에 2학년으로 복학했다. 3학기 연속 휴학계를 내면 군대에 가야 했기 때문이다. 본격적인 전공 수업이 시작되는 2학년부터는 수원 캠퍼스에서 학교를 다녀야 해서 그는 수원으로 내려가 수의대 학생회 활동에 참여했다. 그해에 그는 수의대 학생회 학술부장을 맡았는데, 4월 초에 발간된 수의대 학보 《백린》에 수의대 학회 설립을 제안하는 글을 실었다.

그는 이 글에서 통상 2학년이 1학년의 학회 교육을 담당해 온 전례에 따라 문화부, 역사·철학부, 사회·정치부 등으로 나누어 1학년 학회를 운영하고, 2학년 학회는 해부학, 생리학 등 전공 과목을 함께 공부하면서 축적된 성과물을 묶어 《수의대 학회지》를 발간하겠다는 야심찬 포부를 밝혔다. 특히 2학년 학회에 대해서는 "미국의 수의학도 아니요, 유럽의 수의학도 아닌 우리나라의 현실에 맞는 자주 수의학 발전을 위해" 진행하겠다고 했다. 또한 "6천만 겨레와 민족의 자주성 옹호를 위한 올바른 사회 진출을 준비하는, 1980년대 후반 한반도 남녘을 살아가는 청년 학도로서 역사가 부여하는 역할을 진지하게 토의하며 민주적 소양을 기르기 위해" 수의학과 학회를 설립하자고 역설했다. 여기에는 그가 대학에 입학한 후 2년여 동안 많은 경험을 하면서 겪은 생각의 변화가 드러나 있다.

박상표가 학술부장을 한 것은 당시 학교를 함께 다닌 많은 동기와 후배들이 기억했다. 이전 두 해 동안 반도문학회 활동에 열심이었던 그는 수원에 내려와서는 과 학생회 활동에 적극적으로 참여했다.

그는 기본적으로 단체 활동을 좋아했다. 군대에서도, 제대 후 인천 노동 현장에서도, 그리고 그 후 시민 단체나 동호회 활동에서도 언제나 비슷한 생각을 가진 사람들과의 모임을 만들고, 그 모임을 기반으로 활동하곤 했다. 이것은 그가 대학에 들어와 반도문학회 등 동아리 활동을 하면서 선배들로부터 배운 방식이기도 하지만, 본래 사람을 만나고 어울리기를 좋아하는 성품 때문이기도 했다.

박상표는 수의학과 안에서도 공부 모임을 비롯해 풍물이나 축구 등 각자 좋아하는 것을 함께할 수 있는 여러 모임을 만들자고 제안했다. 1980년대 후반 대학가에서 학생들의 모임이란 학생운동과 연관된 것들이 많았지만, 박상표는 학생운동뿐만 아니라 학생들에게 실질적으로 필요한 활동까지 이루어지기를 바랐다.

주영호, 신용은 등 박상표와 함께 2학년을 다닌 88학번들은 그가 학생운동을 하면서도 운동권의 사고에만 갇힌 사람이 아니었다는 점을 인상 깊게 기억했다. 당시 수의학과는 한 학년 정원이 60명이었는데, 그중 학생회 활동 등 소위 학생운동에 참여한 사람은 학년당 10명 정도로 많지는 않았다. 하지만 동맹 휴업 등 학생회가 주도하는 사안이 생기면 다른 학생들도 대체로 다 모여서 함께하는 등 단합이 잘되는 편이었다. 그럴 때마다 과 내에서는 수의학과에 어울릴 법한 "개떼처럼 모이자!"는 구호가 농담처럼 돌곤 했다.

박상표는 2학년 여름방학에 수의대 농활에도 참여했다. 학생회 학술부장으로 '군기 반장'을 맡았다. 여름 농활은 방학 기간에 열흘 정도 진행됐는데, 서울대학교 전체가 발대식을 하고 함께 출발했지만 가는 지역은 단과대학별로 달랐다. 그해 여름 수의대는 농대와 함께 충북 영동군으로 떠났다.

2학년을 마친 박상표는 1990년 3월 군에 입대해 강원도 화천군 상서면 다목리에 있는 15사단 공병대대에서 의무병으로 복무했다. 당시에는 수의대 2학년을 마치면 의무병이 될 수 있었다. 박상표는 본부중대 의무반 소속이었는데, 1중대, 2중대, 3중대는 다른 지역에 여기저기 흩어져 있었다. 그는 군용 닷지를 얻어 타고 돌아다니면서 대대 예하 중대들의 환자를 진료했다. 그중 3중대는 철원과의 경계지인 대성산 자락에 있었는데, 그곳은 북한 방송이 들리는 그야말로 격오지(隔娛地)였다.

격오지라고 해서 군 생활이 힘들거나 우울했으리라는 추측은 오산이다. 외부의 간섭을 덜 받기 때문에 휴가증 발급도 자체적으로 할 만큼 오히려 편하고 자유로운 면도 없지 않았다. 동서울 톨게이트를 나와 동쪽으로 두 시간, 산을 깎아서 만든 좁은 도로를 타고 수많은 산봉우리를 곡예 운전하듯 넘고 넘어야 닿는, 말 그대로 첩첩산중. 도시에서의 생활이 꿈처럼 느껴질 만큼 외따로 떨어진 이곳은 또 다른 세계에 들어온 것 같은 신비롭고 편안한 기분이 들기도 했다.

박상표는 이곳에서도 틈틈이 책읽기와 공부에 열중했다. 공부를 하거나 글을 쓰는 사람들이 일에 집중하기 위해 가끔 조용하고 외진 곳으로 떠나는 것처럼, 외부와의 교류가 뜸한 곳이었기 때문에 읽고 싶은 책과 하고 싶은 공부에 집중하기에 더 좋은 환경이었는지도 모른다. 좋든 싫든 많은 사람을 만날 수밖에 없는 업무 특성을 이용해 그는 군대 내에서 공부 모임까지 조직했다.

의무병은 약이나 물품을 사기 위해 춘천으로 출장을 나가는 등 이동이 비교적 자유로운 편이었다. 각 중대를 방문하면 환자 진료를 위해 한 달 정도 함께 숙식을 하며 지내곤 했기 때문에 그 기간

동안 자연스럽게 사람들을 만났고, 마음에 맞는 사람들과 사귀면서 공부 모임을 만들게 됐다. 모임의 구성원은 주로 대학 시절에 학생 운동을 했던 사람들로, 대학의 학회나 동아리에서 하듯이 책을 읽고 토론을 하는 식으로 진행했다. 읽은 책은 주로 철학이나 사회과학 분야의 도서들이었다. 여느 부대처럼 이곳에도 가끔 기무사에서 사찰을 다녀가곤 했지만, 눈에 띠는 활동을 하지는 않았기 때문에 문제가 된 적은 없었다.

박상표와 군대 선후임으로 만나 평생 친구가 된 송재정은 누구보다 박상표의 군대 생활을 잘 알았다. 박상표보다 10개월 후인 1991년 1월에 입대한 그는 15사단 공병대대 본부중대 인사과에 배치돼 근무하면서 의무반의 박상표와 자주 만나게 됐다. 박상표는 환자를 볼 때 꼼꼼하게 진료하는 편이었고 아픈 데를 자상하게 잘 봐주어 병사들의 신뢰를 받았다.

두 사람이 친해진 것은 송재정이 밤에 보초를 서고 내려오다가 배수로에 빠져서 정강이가 찢어진 사건에서 비롯됐다. 송재정의 상처 부위가 곪아서 봉와직염(蜂窩織炎, cellulitis)으로 악화됐다. 그래서 의무실에 입실했는데 박상표가 상처를 꿰매 주고 나서 "여기 오래 있고 싶냐"고 물었다. 착하고 사람을 잘 따르는 후임병에게 측은지심이 발동한 것이다. 송재정은 이후 일주일 동안 의무반에서 박상표와 함께 지냈다. 두 사람을 이어준 연결 고리는 책과 문학에 대한 관심이었다.

"책에 대해 이야기를 하다 보니 말이 잘 통하더라고요. 책을 워낙 좋아하는 사람이고, 시집도 많이 읽더군요. 상표 형하고 다이 호우잉(戴厚英)의 소설 『사람아 아, 사람아』,『허공의 발자국 소리』 등을 같이 읽었어요. 휴가 때 춘천에 나갔다 오면서 신간을 사오면 같이 읽기도 했고요. 형이 책을 읽고 나서 책에 소개된 좋다는 데를 가보기도 했는데, 그 덕에 휴가 때나 제대 후에 형을 따라서 여기저기 많이도 다녔죠. 한겨레신문 최성민 기자가 쓴 『그곳에 다녀오면 살맛이 난다』(1992)를 읽고 제부도 옆에 있는 화성 궁평리 바닷가를 같이 간 적도 있어요. 2킬로미터에 달하는 갯벌이 펼쳐진 궁평리 바닷가는 그때만 해도 많이 알려지지 않은 곳이었는데, 바다에 면해 있는 솔숲을 산책하고 바다도 보고 그랬죠."

이후 두 사람은 문학을 매개로 우정을 나누는 평생의 막역지우가 됐다. 제대 후에도 한 달에 한두 번은 꼭 만났고, 그러다 보니 박상표가 하는 활동에 송재정이 참여하는 경우가 많았다. 제대 후 하이텔에 가입해서 PC 통신의 세계에 입문한 것도, 답사 모임을 따라다니게 된 것도, 비전향 장기수들의 행사에 참석하게 된 것도, 참여연대 회원으로 가입한 것도 모두 박상표를 통해서였다. 심지어 박상표가 국가안전기획부(안기부, 현 국정원)에 지원했을 때 안기부에서 지인들을 찾아와 면담하는 인터뷰에 응한 적도 있을 만큼 송재정은 박상표가 신뢰하는 친구였다. 그는 훗날 여수 원앙예식장에서 치러진 박상표의 결혼식에서 사회도 봤다.

대학교 3학년 시절. 앞의 고등학교 수학여행 사진에서는 안경을 쓰지 않았는데, 이 사진에서는 안경을 쓴 것으로 보아 대학 입학 후에 안경을 쓴 것으로 보인다.

"남의 이야기를 잘 들어주는 사람이었어요. 정말 편하고 언제나 기댈 수 있는 흑기사 같은 사람이었죠. 말투는 좀 어눌해도 말을 논리적으로 잘했어요. 그런데 만나면 만날수록 이 형이 속내를 잘 이야기하지 않는 사람이라는 것도 알게 됐지요. 편하지만 한편으로는 함부로 근접하기 힘들다고나 할까요. 자상하고 따뜻한 성격이지만 예리하고 집요하기도 했어요. 하여튼 절대 허튼 사람은 아니었어요."

군 복무 시절에도 박상표는 늘 자신의 임무에 최선을 다했다. 사람과의 만남을 중요시했고, 처음 부대에 들어오는 신병들의 건강을 꼼꼼하고 세심하게 살폈다.

흔히 술자리에서 흥이 오르면 돌아가며 노래를 하듯이, 박상표는 흥이 나면 즉석에서 자작시를 지어 한 소절씩 주고받는 놀이를 했다. 제목을 정하고 그것에 어울리는 구절을 한 사람씩 돌아가며 읊었다. 예컨대 제목을 '중국에 가면'이라고 정하고 첫 번째 사람이 '중국에 가면 무엇을 할까. 세상에서 가장 아름다운 여인을 만나봐야지'라고 읊으면 다음 사람이 '중국에 가면 무엇을 할까. 세상에서 가장 맛있는 것을 먹어봐야지'라고 잇는 식이었다.

술자리를 파하고 집에 돌아가면 아직 가시지 않은 여흥으로 이메일을 써서 보내기도 했는데 거기에도 어김없이 시 한 편이 적혀 있곤 했다. 2004년 12월 9일 박상표는 "어제 재정이와 맥주 한 잔을 하고 나서"라는 제목의 이메일에다 이기철 시인의 시 「기다림」 전문을 신고 그 아래에 자신의 감상을 다음과 같이 적어 보냈다.

우리의 삶은 기다림의 연속인지도 모릅니다.

집 떠난 가족을 기다리고,

언제 올지 모르는 버스를 기다리고,

출근한 남편이 퇴근하기를 기다리고,

로또 복권이 당첨되기를 기다리고,

병원 대기실에서 진료 순서를 기다리고,

휴일을 손꼽아 기다리고,

지상낙원을 기다리고… 기다리고… 또 기다리고…

그러나 우리가 기다리는 것들 중에는 돌아오는 것도 있고

기다리고 또 기다려도 결코 돌아오지 않는 것도 있습니다.

기다림은 우리의 꿈과 희망의 다른 말인지도 모릅니다.

우리의 꿈과 희망에 그리움을 하나 더 보탠 말인지도 모르고요.

봄이 오면 이 산 저 산에 꽃이 피어난다는 자연의 섭리도 이젠

환경 파괴로 기대를 저버릴지도 모르는 시절이 됐습니다.

하지만, 우리는 사람답게 사는 세상… 사람의 온기가 느껴지는

그런 세상을 오늘도 내일도 기다리고 또 기다려야겠지요.

송재정은 박상표가 제대 후 복학해서 자주 드나든 수원의 학교 앞 호프집, 결혼 전에 혼자 살던 신길동의 자취방 등 박상표가 가는 곳이라면 안 가본 곳이 없었다.

"광우병 문제를 다루면서 언론이나 공개적인 자리에서 드러난 모습은 정말 작은 부분에 불과해요. 한번은 상표 형이 강기갑 의원하고 국회에서 자료 열람을 하려고 한참 몸싸움을 하고 있는데 제가 전화를 걸었어요. 저는 그쪽 상황을 전혀 모르고 걸었는데, 그 정신없는 와중에도 전화를 받더니 '지금 일 있으니까 나중에 이야기하자'고 그러더군요. 보통 사람 같으면 그 상황에서 전화를 안 받잖아요. 또 제가 호텔 경영을 전공해서 모 여대에서 '세계 음식 문화' 강의를 한 적이 있는데, 학생들하고 국립민속박물관 견학을 할 때 형한테 안내를 부탁했더니 자료를 미리 준비해 와서 나눠주고 얼마나 성실하게 설명을 해줬는지 몰라요. 문화와 역사 쪽으로는 형만한 전문가가 없으니까요. 입으로는 만날 '돈이 안 돼, 돈이 안 돼' 그러면서 실제로는 기꺼이 다 해주었지요."

송재정은 군 복무 중에 첫사랑과 이별했다. 오랜 시간이 지난 어느 날 헤어진 옛 연인을 다시 만나보고 싶다는 이야기를 했는데, 그 말을 들은 박상표가 그녀의 행적을 수소문해서 그녀가 있는 곳으로 송재정을 데리고 갔다. 송재정은 예전에 그녀와 사귈 때 "결혼하면 대학가에서 주점을 같이 운영하자"고 했는데, 가보니까 그녀가 정말 대학로에서 주점을 하고 있었다. 그런데 먼발치에서나마 자세히 보니 그녀의 배가 만삭이었다. 송재정은 그녀에게 말도 못 걸어 보고 돌아섰고 그날 많이 울었다.

송재정이 자신의 사적인 이야기를 굳이 꺼낸 이유는 박상표가 그만큼 친구의 아픔에 공감하고 손을 내밀어 도와주는 사람이라는 것을 이야기하고 싶어서였다. 장례식 때 박상표의 부모를 붙잡고 많이 울었다는 그는 박상표가 떠난 뒤 그에게 보내는 마지막 시를 썼다.

2014. 겨울, 형에게 부쳐

높은 하늘을 좋아하고
사람에 대한 사랑과
생명의 소중함을 일깨워주던 형은,
이제 여기 없다

눈 덮인 지붕 위로
까악까악 울음이 퍼진다

남산에서 보이는 풍경이 좋은 건
내가 높아서가 아니라
세상이 더 많이 보여서인데

내려오는 길은

늘 마음 한구석 허전함을 달랠 수 없다

붉은 십자가,

파래 보일 것 같은 어두운 하늘

검은 나무들

완벽한 조화를 이루는 흰색의 이 겨울에

난, 왜 세상이 넓다고 느끼는 걸까?

요란한 불빛 속으로

하루의 격정은 끝났다

하얀 하늘 미치도록 그리운

이 시간,

형이 떠난 것이다

2년 6개월간의 군 복무를 마친 박상표는 1992년 8월에 병장으로 만기 제대했다. 전역 후 그는 노동 현장에 투신하겠다는 마음을 먹고 인천에서 노동운동을 하는 모임을 찾아갔다.

이 무렵 박상표가 수의대 학보《백린》에 발표한 글이 있다. 1992년 10월 29일에 발간된《백린》제47호에 「지식인과 글쓰기」라는 제목으로 실린 3쪽짜리 글이다. 군 제대 후 인천으로 가기 전에 쓴 것으로 보이는 이 글은 운동권식 말투가 짙게 밴 3년 전의 글과는 많이 다르다. 어린 신입생이 선배들한테 배운 대로 쓴 것처럼 보인 이전의 글과는 달리, 끊임없는 질문과 고민을 통해 만들어진 자신의 목소리가 담겨 있다. 그는 군 생활을 하면서도 많은 책을 읽었고, 그러면서 자연히 생각도 더 깊어졌다. 문장이 다소 매끄럽지 않은 부분도 있으나 여느 대학교 3학년 학생답지 않은 날카로운 문제의식이 돋보인다.

옛날부터 우리는 백성(민중)들이 모르는 유식한 말을 하거나 어려운 글자를 쓰는 것을 학문이라 알아 왔다. 조선 시대 양반들은 중국 글과 중국 말로 권위를 세워서 평민들의 기를 죽였다. 일제 시대 친일 지식인과 매국 관리들은 우리글과 우리말을 내동댕이치고 일본 글과 일본 말을 쓰면서 항일 투사들과 백성들을 짓밟고 억눌렀다.

해방 후, 미 군정이 들어서고 친일파 매국노 놈들과 손잡은 이승만이 정권을 잡자 중국 글·말과 일본 글·말의 자리를 미국 글과 미국 말이 차지하면서 자주, 민주, 통일을 바라는 애국 민중들을 깔아뭉개고 온갖 몹쓸 짓을 했다. 그래서 쉬운 한글과 아름다운 우리말을 버리고 어려운 말, 남의 나라말을 써야 권위가 있다는 생각이 머릿속 깊이 뿌리박혔다. 정치도 경제도 국방도 사상도 문화도 온통 남의 나라에 예속당한 나라에서 가르치는 교육은 주면 주는 대로 받고, 시키면 시키는 대로 하는 노예를 만드는 교육이자 자기 머리로 올바른 생각을 할 수 없는 어리석은 백성을 만드는 교육이었다. 그러한 교육을 받아온 우리는, 우리가 모르는 사이에 우리 산과 물과 공기가 더렵혀졌듯이, 일본 말투와 일본식 중국 글, 서양 말에 우리 말과 우리글이 병들고 짓눌려도 모른 채 살아왔다. 그래서 지금은 신문이고 잡지고 책이고 옷이고 신발이고 뭐건 간에 온통 남의 나라 말투성이가 되어도 그것이 좋은 것인 줄 아는 지경에 이르렀다. 왜 이렇게 됐을까?

글은 말에서 나오고 말은 삶에서 나온다. 따라서 삶이 바로잡혀야 말과 글이 바로잡힌다. 땀 흘려 일하는 민중이 주인이 못 되고 제국주의자와 그 앞잡이 반동 관료배, 매판 자본가 따위가 주인이 되는 사회에서는 글에서 말이 나오고 말에서 삶이 나온다.(하략)

— 『백린 모음집 II』(671쪽)

박상표는 이 글에서 '정치적', '세계적' 등에 쓰이는 '-적(的)'은 1870년대 일본 사람들이 영어 '-tic'을 번역하면서 쓰기 시작했다는 것, '수순', '입장', '미소'와 같은 단어들은 일본식 한자어인데 우리말 사전이 일본말 사전을 그대로 베낀 탓에 버젓이 쓰이고 있다는 것, 그 외 일일이 다 셀 수 없을 만큼 넘쳐나는 영어 단어 사용 등도 구체적으로 지적했다.

올바른 글은 올바른 사상에서 나온다. 삶을 저버린 글은 아무리 재주를 부려 아름답게 꾸며도 올바른 글이 될 수 없다. 이를테면 "가을 벌판에 황금빛으로 불타는 밀의 물결……"이라는 글은 삶에서 나온 글이 아니다. 이 글은 글쟁이의 머릿속에서 나온 글이다. 왜냐하면 밀은 이른 여름에 거둬들이는 곡식이기 때문이다. 농민들의 피와 땀을 소중히 여길 줄 모르는 이런 글이 지금까지 버젓이 문학이란 이름으로 농민들을 기죽여 왔다.

그러면 지식인들은 글을 어떻게 써야 할까?

글은 쉽게 읽어서 알 수 있도록 써야 한다. 노동자가 읽어도 이해할 수 있고, 농민이 읽어도 무슨 말인지 알 수 있고, 광부가, 어민이, 할아버지가, 할머니가 읽어도 알 수 있는 쉬운 말로 써야 한다. 그런 글을 쓰자면 될 수 있는 대로 입으로 하는 말을 그대로 쓰는 것이 좋다.

또한 글은 계급이 없어야 한다. 대통령 뒤에 '각하'가 붙고 대통령 마누라 뒤에 '영부인'이 붙고, 대통령이 죽으면 '서거'이고 노동자기 죽으면 '시망'이라고 쓰는 비뚤어진 글쓰기 버릇은 바로삽아야 한다. — 『백린 모음집 II 』(673쪽)

그는 이어서 "쉬우면서 계급이 없고 속임이 없는 글을 쓰려면 올바른 삶을 살아야 한다"면서 "그것은 현실 속에서 자기가 아는 지식을 바탕으로 자기 몸으로 몸소 실천할 때만이 가능하다"고 썼다. 이 글을 쓸 즈음 박상표는 인천의 노동 현장으로 스스로 찾아감으로써 자기가 글로 쓴 내용을 현실 속에서 그대로 실천하려고 노력했다.

인천에서 노동운동을 하다

제대 후 복학하지 않고 휴학계를 낸 박상표는 1992년 10월경에 인천 노동운동 모임에 합류했다. 서울대학교 인문대와 사회대를 다녔던 1980년대 학번들과 일부 인천 지역 학생운동 출신들이 모인 열 명 미만의 작은 노동운동 서클이었다. 이곳은 반도문학회 동아리 선배들을 통해 소개를 받은 것으로 보인다. 이 모임에서 박상표는 정기적으로 사회과학 이론을 공부하고 노동운동가가 되기 위한 준비에 들어갔다.

박상표의 이런 선택은 독재 정권에 맞서 치열한 민주화 운동을 했던 세대들 사이에서 드문 것이 아니었다. 마르크시즘(Marxism)을 공부하며 자본주의의 모순에 눈뜬 1970~80년대 학번들 중에는 이런 선택의 결과로 대학을 졸업하지 못하거나, 제적당한 후 10년 이상의 세월이 지나 뒤늦게 졸업장을 받는 경우가 많았다. 당시 운동권 대학생들에게 중요했던 것은 학교 수업이나 대학 졸업장이 아니라 '어딘가 현장으로 가서 혁명가의 삶을 사는 것'이었다. 젊은이로서 미래에 대해 꿀 수 있는 꿈이나 개인의 삶은 모두 내던지고 민주화나 혁명을 위해 자신의 인생을 바치고 헌신해야 한다고 생각했다. 비슷한 길을 걸었던 박상표의 생각도 크게 다르지 않았던 듯하다.

하지만 그가 인천 모임에 합류한 1992년은 이미 소련이 붕괴되어 사회주의 실험이 실패했다는 인식이 확산되던 시기였다. 그전에는 사회 변혁을 위한 숭고한 희생이자 필수적인 일로 인식됐던 대학생들의 공장 위장 취업이나 노동운동 투신에 대해 회의적으로 보는 시각도 많아졌다. 인천 모임도 예외는 아니어서, 노동운동에 매달리기보다는 시민 참여형 민주주의 운동으로 진로를 고민하고 있었다. 현장에서 노동운동을 하던 선배들이 보기에는 사회주의가 망한 다음에 뒤늦게 공장에 가겠다고 들어온 박상표가 유별나 보이기도 했을 것이다. 인천 모임을 이끌던 박상표의 한 선배는 "상표는 모임의 제일 막내였지만, 자기 고집이 만만치 않았다"고 말했다.

"그때 이미 우리 내부에서도 여러 가지 생각이나 고민이 많은 때였어요. 그동안 청춘을 바쳐 해온 모든 것이 일시에 무너진 셈이니 많이 허탈하고 혼란스럽고 그랬지요. 1993년에 복학을 해서 보니 공장에 가려고 하는 후배들도 별로 없고, 지도 공장 가는 것은 말렸어요. '하고 싶은 게 뭐니, 너 하고 싶은 거 하라'고 그랬죠."

하지만 이들이 마냥 허탈함에만 빠져 있었던 것은 아니다. 학생운동과 노동운동이 참으로 어려운 시기였지만, 이들은 그 어려운 상황 속에서도 자신들이 해야 할 일을 찾아 나섰다. 박상표가 공장에 취직해서 일을 시작한 해인 1993년에 그 고민의 결실이 탄생했다. 활동의 근거지였던 인천에 '참여민주주의를 위한 인천 지역 사회 센터'를 설립하고 인천의 시민운동을 시작한 것이다. 박상표보다 먼저 인천에서 활동했던 선배들은 그전까지 다니던 공장 생활을 접고 시민운동이라는 새로운 변화에 뛰어들었고, 박상표를 비롯해 뒤늦게 합류한 후배들은 공장에 취직해 다니면서 정기적으로 모여 공부나 토론에 참여했다.

박상표는 모임에서 함께 생활하며 사회과학 '학습'을 하는 동시에 1993년 초부터 인천 일대의 공단을 돌아다니며 구직 활동을 시작했다. 그리고 훗날 시민 단체 활동가가 된 한 선배와 함께 4월에 남동 공단에 있는 '동양이화공업'에 입사했다. 자동차 회사에 납품하는 부품을 생산하는 회사인 동양이화공업은 직원 수가 240명이나 되는 큰 사업장이었다.

박상표가 입사한 당시 이 회사는 주문 물량이 쏟아져 여러 차례에 걸쳐 신규 채용을 하고 잔업과 철야가 매일 반복되는 상황이었다. 6월 항쟁의 바람을 타고 1987년 9월에 노조가 설립되어 '인천지역 노동조합 협의회(인노협)' 산하에서 제법 활발한 노조 활동도 이루어지고 있었다. 박상표는 자동차 '엘란트라'의 문짝을 생산하는 컨베이어 벨트에, 함께 입사한 선배는 프레스 장비를 다루는 팀에 배치됐다. 저녁 8시부터 다음 날 아침 8시까지 쉴 새 없이 컨베이어 벨트로 쏟아지는 물량을 처리하느라 허리도 제대로 펴지 못하고 일한 대가는 일당 1만 2000원. 취업 첫날인 1993년 4월 12일부터 같은 해 7월 7일까지 거의 하루도 빠짐없이 일상을 기록한 박상표의 일기장에는 생애 처음으로 받은 월급 명세서가 붙어 있다. 의료보험과 국민연금 등을 제외하고 노동자로서 받은 그의 첫 월급은 34만 9572원이었다.

주어진 조건에 어쩔 수 없이 적응해야 하는 삶은 고통스럽지만, 그것이 스스로 좋아서 선택한 것이라면 이야기가 다를 수 있다. 박상표의 공장 생활은 새로운 삶을 시작하는 젊은이의 힘찬 의욕으로 가득했다. 부유한 가정 환경은 아니었어도 부모가 꼬박꼬박 대주는 학비를 받아 공부하는 것밖에 몰랐던 책상물림인 그에게, 하루 열두 시간씩 힘들게 몸을 움직여 돈을 버는 일은 새롭고 신기한 경험이었다. 1992년 10월에 인천에 와서 이듬해 4월에 취직하기 전까지 약 6개월 동안 학습한 사회주의 사상과 이론을 토대로 박상표는 노동운동가가 되겠다는 확고한 뜻을 품고 매사에 계획을 세워 성실하게 살았다. 자신이 선택한 길에 그가 얼마나 순수한 열정을 다했는지는 빛바랜 대학 노트에 꼬박꼬박 기록한 당시의 일기에 생생하게 드러나 있다.

　　입사 직후부터 박상표는 매달 말일이 되면 일기장에 그 달의 평가를 꼼꼼하게 기록하고 다음 달의 계획을 세웠다. 평가는 현장 활동, 생활 평가, 학습 평가 등으로 나누어 구체적으로 했다. 일기의 "4월 평가" 중 '현장 활동'에는 작업이나 회사 일에 대한 적응이 순조로웠던 것으로 되어 있으나, '생활 평가'를 보면 출퇴근 시간을 포함해 회사 생활에 들어가는 시간만 14시간 30분에다, 출근 준비와 세면, 일지 쓰는 데 드는 시간이 2시간으로 여유가 전혀 없는 생활의 연속이었다. "나머지 시간을 어떻게 쪼개서 활용할까? 잠을 4~5시간만 자면 2시간 30분~3시간 30분의 여유 시간이 생긴다"며 박상표는 고달픈 생산직 노동자의 팍팍한 일상을 쪼개어 어떻게 해서든 책이나 시사 잡지를 읽고 공부할 시간을 내려고 애썼다.

'학습 평가'를 보면 당시 그의 주된 관심사가 무엇이었는지 짐작할 수 있다. 박상표는 현(2014년) 서울시 교육감인 조희연이 쓴 『현대 한국 사회 운동과 조직』, 로저 시몬의 『그람시의 정치 사상』, 조희연과 정용욱 등이 공저한 『한국 민중론과 주체 사상과의 대화』, 카를 마르크스의 『자본론』을 계획을 세워 읽고 공부했다. 또한 앨빈 토플러의 『권력 이동』 같은 유명한 책들도 읽었고, 월간지 『말』, 『월간 조선』, 『신동아』, 『길』, 『사회 평론』 등 다양한 시각의 시사 잡지도 구독하며 사회 현실을 이해하려고 노력했다. 한편 '학습 평가' 한쪽에서는 스스로 "관심이 너무 잡다하여 집적·집중이 되지 않는다"고 한탄하기도 했는데, 그가 훗날 수의사로서뿐만 아니라 문화유산 답사 전문가로 활동하고 책까지 쓰는 등 다양한 분야에서 '박물학적 지식인'으로 활동하게 된 것은 이 같은 '잡다한 분야에 대한 다양한 관심' 덕분이었는지도 모른다.

고된 노동으로 힘든 몸을 이끌고 집에 와 쓰러져 자기에도 바빴을 텐데, 박상표는 과연 자신의 계획을 어떤 식으로 실행했을까? 입사한 지 일주일이 넘은 4월 21일의 일기를 보면, 바쁘고 힘든 와중에도 시간을 효율적으로 쓰기 위한 그의 '시간 활용 계획'이 꼼꼼하게 적혀 있다.

밤 근무 시 시간 활용 계획

아침 9시: 퇴근(집 도착)

~9시 30분: 세면, 샤워

~10시 30분: 하루 생활 정리, 신문 구독

~11시 30분: 공부(여유 시간 식사 준비, 빨래)

낮 12시: 취침

저녁 5시 30분: 기상(식사, 세면)

6시 45분: 출근

8시~다음 날 아침 8시: 작업

낮 근무 시 시간 활용 계획

아침 5시 45분: 기상(세면, 식사)

6시 45분: 출근

8시~밤 8시: 작업

9시: 퇴근

~9시 30분: 세면

~10시 10분: 하루 생활 정리

~11시 30분: 공부(여유 시간: 식사 준비, 빨래)

12시: 취침

생활 계획과 매일 일어난 일들에 대한 기록 말고도, 박상표가 중

점을 두어 성실하게 기록해 나간 내용은 직장에서 만난 사람들에 관한 것이다. 그는 공장 안팎의 사람들을 되도록 자세하게 관찰하고 그들의 세세한 사항까지 일기에 꼼꼼히 기록했다. 노동운동을 하는 데 가장 기본이 되는 것은 사람, 그리고 그들을 조직화하는 일이다. 이 기록들만 봐도 그가 처음부터 얼마만 한 열의를 가지고 노동 현장에 임했는지를 짐작할 수 있다.

나에게 일을 가르쳐 준 사람은 장분남이라는 50대의 아주머니다. 고향이 충북 제천으로 아들만 넷을 두었고 막내아들이 나하고 동갑이라고 한다. 남편은 사별한 듯. 회사를 다닌 지 10년이 넘었다고 하는데 일하는 게 능수능란하다. 저녁 근무는 모두 남자들인데 낮 근무의 절반 가까이는 아주머니들이다.

함흥철, 강병구. 27세. 같은 동네 사는 친구 사이로 강병구는 일찍 결혼. 딸 둘. 술과 내기 당구를 좋아하며 작업 시간에 화장실을 자주 들락거리는 걸로 보아 성실한 성품의 소유자는 아닌 듯. 병구 씨는 오늘 몸이 아프다고 조퇴함. 회사에 오래 다닐 마음이 없어 보임.

김성관. 28세. 프레스 경력 6년. 노조에 관심이 많고 당구 50의 실력. 소주 3잔의 주량. 생활이 건실하고 성격 또한 온순한 듯. 운동을 잘한다고 하고 특히 탁구에 소질이 있다고 함. 간석오거리에서 자취. 현장에서 보니 유인물을 소지하고 있고 간석오거리에서 차 탈 때 얼핏 보니 회사 사람이 아닌 젊은 사람들과 아는 체를 하는 것 같아 앞으로 관심을 가지고 만나 봐야겠다.

이런 관심과 노력 덕분에 입사한 지 두 달도 안 돼서 그를 '형님' 으로 모시는 착실한 동생도 하나 생겼다. 집이 같은 방향이어서 출퇴근길 통근 버스에서 자연스레 많은 이야기를 나누게 된 전병문. 박상표는 일에 성실하고 노동자의 현실에 대해서도 고민이 많은 전병문의 '의식 성장'에 도움을 주어 나중에 노동운동의 동지로 삼으려고 친하게 지냈다.

퇴근하고 돌아오는 버스에서 송림동에 사는 스물네 살 먹은 친구(1970년생)와 많은 이야기를 나누었다. 올 1월에 군(1군 사령부 직할 공병단 목공으로 근무, 공고 건축과 졸업)에서 제대한 후 같이 입사한 친구인데 성격이 차분하면서도 성실한 것 같다. 원래 집은 봉천동인데 세를 놓고 형, 어머니와 함께 현대시장 근처에서 산다고 함. 군 입대 전 타자기 제조 회사에 다님. 집이 같은 방향이니 주말, 퇴근길에 술 한잔 하자고 권해 봐야겠다. 이번 주나 다음 주는 힘들겠고 차차 기회를 엿봐야지.

쉬는 시간과 식사 시간(12시, 5시)을 이용하여 집이 같은 방향인 전병문 씨와 많은 이야기를 나누었다. 주로 임금에 관한 이야기였는데, 그 친구 이야기가, 이렇게 주야 맞교대로 60만 원가량 벌어서 생활 유지가 어렵지 않겠냐고 한다. 그리고 1년에 두 번 임금 인상이 되는데 그것도 백 원, 이백 원 올라서 어느 세월에 돈을 모으겠냐고 한다. 그러곤 나에게 다른 방법이 없겠냐고 물었다. 문제의식을 많이 느끼는 친구인 것 같다. 하지만 나는 그 질문에 뚜렷이 대답할 말을 찾지 못해 답답했다. 생산적인 대화가 이루어지도록 하려면 어떻게 해야 할까?

병문이랑은 출퇴근 시간에 이야기할 기회가 많다. 오늘도 임금 문제와 메이데이(May Day)의 역사, 8시간 노동제 등을 이야기해 줬다. 다음에 기회가 되면 읽기 쉬운 노동 교양 문고를 선물해야겠다.

병문이와 버스를 타고 퇴근하는 길에 주 44시간 노동제, 임금 계산 방법 등에 대해서 이야기했다. 다음다음 주에 병문이 어머니와 형이 할머니 산소 이장 문제로 전북 고창에 내려간다고 하니까 그때 기회 봐서 병문이 집에 가봐야겠다. 노동법을 보면서 우리 임금을 같이 계산해 보자고 넌지시 이야기해 놨는데 그때 『노동법 해설』(석탑)을 가지고 임금, 퇴직금 계산법을 공부해 보자고 권해 보는 것이 어떨?

노동자들과 빨리 친해지기 위해 박상표는 기회가 될 때마다 그들과 당구나 탁구를 치며 어울린 것은 물론이고, 밤샘 야간 근무를 마치고 나서 아침 퇴근길에 동료들과의 술자리에 참석하는 무리도 마다하지 않았다. 어쩌면 그가 공장 생활을 오래 하지 못하고 허리를 다쳐서 일을 일찍 그만두게 된 데에는 이처럼 초반부터 의욕이 앞서 자기 몸을 돌보지 않고 지나친 과로를 한 탓도 있었을 것이다.

"상표는 우리와 함께 즐겁게 잘 생활했어요. 새벽같이 일어나서 아침도 차려놓고 나가고, 주변 사람이 다 인정할 정도로 부지런했지요. 생각이 깊은 친구였으니 그 생활을 하는 과정에서 자기 생각이 정리된 게 있었겠죠."

선배들은 공장 생활에 성실했던 팀의 막내 박상표가 "항상 씩씩하고 밝았다"고 기억했다. 책 읽는 것을 좋아했고 공부할 때 문세의식이 날카롭고 강했으며 늘 자기 생각을 뚜렷하게 이야기하고 질문도 많이 한 막내였다. 하지만 논쟁을 하면 아직은 밀리는 편이었다. 문제나 모순을 지적했지만 그것을 해결할 대안까지는 나아가지 못했던 것이다. 모임의 다른 구성원들은 박상표에 대해 "백운역 근처에서 방을 같이 썼는데 워낙 깔끔하고 청소나 정리정돈도 잘하고, 공장도 제일 열심히 다녔다", "늘 뭔가를 기록하거나 글을 쓰는 등 성실하게 자기 정리를 잘하는 친구였는데, 고집이 매우 셌다"고 말했다.

박상표에게 공장 노동자의 생활이란 어떤 것이었을까? 한 번도 경험해본 적이 없는 낯선 삶, 모든 고난을 감수하고 가시밭길을 가겠다는 신념으로 찾아가지 않았다면 평생 경험하지 못했을 노동자의 삶. 그는 자신과 다른 '계급'에 있는 사람들의 삶을 직접 체험하며 많은 것을 느끼고 배웠다. 자본은 어떤 식으로 노동자를 통제하는가, 대기업은 약한 중소기업을 어떻게 이용하는가, 노동 혁명의 동지로 생각하고 다가간 노동자들도 때로는 그저 생존을 위해 눈앞의 이익만 좇는 똑같은 인간일 뿐인가.

그는 매일 똑같이 반복되는 일상 속에서도 온갖 대상과 현상의 본질을 곧잘 발견해냈다. 출근한 지 일주일도 되지 않은 날(4월 17일)의 일기에 그는 다음과 같이 적고 있다.

정상 속도보다 몇 배나 빨리 컨베이어 벨트로 쏟아지는 제품들이 사람을 짜증나게 만든다. 나보다 아래 라인에 있는 동료들이 속도를 따라가지 못하는 원성을 나에게로 보낸다. 사실 내가 라인의 맨 처음이라 가장 바쁜데 사람들은 자기 편할 궁리들만 한다. 나도 정상 속도로 물건을 내려보내면 훨씬 편하다는 것을 누구보다 잘 안다. 그렇지만 배면(背面) 접착조에 3~4명이 달라붙어서 나에게 물건을 들이미니 난 그 속도에 뒤처지지 않으려고 허리 한 번 제대로 펴지 못하고 일할 수밖에 없다. 아래 라인에 있는 사람들은 제품을 다 처리하지 않아도 되지만 난 어쩔 수 없이 나에게 쏟아지는 제품을 모두 처리해야 한다.

그러므로 부디 동료들이여 모든 원인은 노동 강도를 높이기 위한 회사 측의 컨베이어 벨트 속도 조절이라는 것을 알아주시라. 정말이지 자동 생산 라인은 사람을 기계의 단순 부품으로 만들고 동료들 간의 분열과 이기심을 조장하고 있다.

이런 고민과 생각은 계속 이어졌다.

작업을 같이 하면서 말을 붙여보니 아주머니들은 입사 경력이 10년이 넘는 사람들이 많은 반면 젊은 축들은 대부분 한 달 내지 서너 달이다. 특히 작년에는 작업 물량이 거의 없어서 잔업을 안 하니까 50~60명가량의 남성 노동자들이 생활 유지가 되지 않아서 자진 퇴사를 하기로 했다고 한다. 그러고서 올해 일감이 많이 들어오니까 다시 신규 인원을 채용하고, 매년 이런 식으로 인원을 조절하는 것 같다. 우리나라 대기업과 중소기업의 하청 관계가 낳은 고용 문제 해결 방식의 전형을 보는 것 같다.

노동자들 사이의 인간 관계도 비슷한 시기에 입사한 사람들끼리만 주로 어울리는 경향이 있고 불과 한두 달 먼저 입사한 사람들의 텃세도 심한 편이다. 밤 12시 식사 시간이면 지들끼리만 컵라면도 먹고 몰래 술도 마시곤 한다. 게다가 밤 2~3시가 되면 공무과 직원들이나 차장, 반장, 조장들도 지들끼리만 한잔씩 걸치거나 한숨씩 자고 오는 것 같다. 인간 관계를 풀어나가기 위해 이러한 벽을 넘어

서자면 꽤 많은 시간이 걸릴 것 같다. (4월 24일)

　지난번 퇴근 시간(새벽 2시)에 대한 라인 내의 불만들이 하나로 집약되지 않았다. 대신 오늘 밤에는 9시에 정시 퇴근(4시간 작업)을 하자는 이야기를 몇몇이 하기도 했으나 확실한 태도 표명들을 미뤘다. 게다가 택시를 합승하거나 타지 않았던 사람들이 모두 택시 요금보다 몇 천 원 비싸게 교통비를 따로따로 청구하여 타먹는 모습을 보며 돈 몇 천 원에 양심을 팔아먹는 노동자들의 도덕성을 생각해 보았다. 'PT(프롤레타리아)의 도덕적 순결성 또는 우월성(부르주아에 비해서)'이 존재하는 것일까? 아니면 그저 당위일 뿐인가? 현실 속에서 PT가 R(혁명)의 영도 계급 또는 주력군이 될 만한 과학적 근거가 존재하는지 회의가 든다. 아무튼 계급 이전에 '사람' 그 자체의 심연은 이해하기 너무 어려운 영역이라는 생각이다. 그러니 인간 개조 또는 문화대혁명이 실패로 끝나지 않았을까? (5월 1일)

　출근해서 작업복으로 갈아입고 현장으로 내려가는데 현장 분위기가 이상하다. 삼삼오오 모여서 수군거리는 이야기를 들어보니 주간 조 293 Line Covering 하는 아저씨가 프레스에 요골과 척골(손목과 팔꿈치 사이에 있는 두 개의 긴뼈) 부위를 내리 찍혀 병원으로 실려 갔다고 한다. 어제 철야를 하고 나서 오늘 밤까지 근무하겠다고 했으니 당연히 낮에 졸음이 몰려 올 수밖에.

"아무리 돈이 좋다고 하지만 미쳤어!"라는 반응과 "누구는 하고 싶어 했겠어, 다 먹고 살자니 어쩔 수 없었던 게지"라는 반응이 엇갈린다.

그리고 그 아저씨 말고 또 다른 한 사람도 프레스에 엄지손가락을 다쳐 병원에 갔다고 한다. 12시간 맞교대에 잔업, 철야 뺑이를 쳐도 한 달에 겨우 80~90만 원을 벌 수 있는 노동 현실이 가슴 아프다. 하지만 노동자 일개인의 행불행에 아랑곳없이 오늘 밤도 여전히 컨베이어를 타고 제품은 흘러간다. (5월 14일)

노동운동가가 될 결심을 하고 공장에 들어간 박상표는 주변 사람들에게 좋은 인상을 주기 위해 누구보다 열심히 일을 했다. 하지만 의욕을 불대운 박상표의 노동사 생활은 오래가지 못했다. 신입 사원이라고 처음부터 야간 조에 배치되어 저녁 8시부터 다음날 아침 8시까지 힘든 밤샘 작업을 한 탓에 그의 몸무게는 입사 한 달 만에 5킬로그램이나 줄어들었다. 몸 쓰는 일이라곤 해본 적이 없는 그가 그냥 해도 힘든 일을 밤을 새워 가며 해내려니 적지 않은 무리가 갔던 것이다.

타카&커팅이란, 프레스로 찍은 엘란트라 문짝에 오공 본드로 가죽을 붙여 나오면 양쪽 귀퉁이를 타카로 찍어 주고 나사나 부품이 들어갈 몇 군데를 칼로 잘라 주는 일이다. 처음에는 만만해 보이던 일이 밤을 꼬박 새우고 나니 보통 일이 아니란 느낌이다. 우선 컨베이어 벨트를 타고 내려오는 제품의 속도가 워낙 빠르고 일이 숙련되지 않아 계속 제품이 밀린다. 그리고 2시간마다 10분씩 휴식이라 계속 서 있어야 하니 허리와 다리(특히 다리)가 피로하다. 또 상체 힘은 그렇게 많이 쓰지 않으나 타카를 치고 칼을 쓰는 데 손목을 많이 사용해야 하고, 특히 손톱이 빠질 듯이 아프다. (4월 16일)

5월 초부터 허리에 이상을 느끼던 박상표는 결국 5월 16일 척추의 신경계 통증으로 쓰러지고 말았다. 간석오거리에 있는 회사 지정 병원을 찾아가 요추염좌 진단을 받은 그는 3주간 일을 쉬며 치료 받기로 했다. 갑작스레 찾아온 몸의 이상 때문에 공장을 나가지 못하고 계획한 바에 차질이 빚어지자 내심 당황했지만, 산재 환자로서 병원을 드나들며 힘없는 노동자들이 겪어야 하는 부당한 노동 현실의 또 다른 면을 경험했다. "의사의 형식적인 진료, 의료진(간호원, 접수원, 사무장)의 불친절, 산재 환자라는 이유 때문에 인간 이하의 취급"을 받으며 "일방적인 지시, 환자에 대한 무시, 환자의 상태에 대한 설명의 전무(全無) 등 산재 노동자가 겪는 의료 현실을 몸으로 체험"했다. 박상표는 "우리나라 노동자의 현실이 바로 이런 것이겠지"라고 한탄했다.

내가 val이 어떤 약이냐고 물었더니 "신경 쓰지 말라"고 한다. 어떻게 환자가 자신이 먹는 약을 신경 쓰지 않는단 말인가? 정보에 대한 독점으로 권력을 행사하려는 의사, 변호사, 판사 같은 자본주의 사회에서 잘나가는 계층의 폭력으로부터 대중은 자신의 정당한 권리를 찾아야 한다. 세계에서 제일 유명했던 임상 의사가 죽기 전에 자신의 오진율이 70퍼센트 정도였다고 한 고백을 음미해 볼 만하다. (5월 21일)

부당한 현실을 고분고분 참지 못한 그는 결국 병원 접수계원과 '대판 싸움'을 하고 진단명과 치료 기일 등을 알아냈다.

박상표는 회사로부터 산재 처리를 받아 내기 위해 싸웠지만 이것 역시 쉽지 않았다. 작업 현장에서 일하다가 다쳤는데도 산재 처리를 받기가 어려운 것이 당시 노동 현실이었다. 회사 내 노조를 비롯해 '인천 산업 사회 보건 연구회' 등 도움을 받을 수 있는 곳들을 찾아가 상담하고, 관리자들과 언성을 높여가며 싸웠지만 결국 3주간의 공상 처리를 하는 것으로 결론이 났다. 회사에서는 사고 당시 목격자가 없다는 점을 들어, 회사에서 일을 하다가 다친 것인지 밖에서 다친 것인지 알 수 없다는 평계로 끝내 산재 처리를 해주지 않았다.

쉬면서 치료를 받은 후 6월 23일부터 박상표는 다시 동양이화공업에 출근했다. 하지만 이는 회사와 협의된 정식 출근이 아니었다. 박상표가 일을 그만두기를 은근히 바랐던 회사는 그에게 출근하라는 연락을 하지 않았고, 기다리다 못한 그가 회사 총무과장을 찾아가 해고인지 대기발령인지 답을 달라고 따진 것이다. 박상표는 곧바로 노조 사무실을 찾아가 복직 싸움에 돌입했다.

이러면서 그는 자연스럽게 노조 사무실에 출입하게 됐고, 생산직 사원도 노조 상근자도 아닌 어정쩡한 상태에서 노조 일을 돕게 됐다. 그러면서 회사 내 노조가 어떻게 돌아가는지에 대해 많은 것을 파악했다. 남동이화공업 노조는 회사 규모에 걸맞게 위원장, 부위원장을 비롯해 사무장, 회계감사, 교육부장, 여성부장, 복지부장 등 열 명 내외의 상근 간부로 구성된 조직이 활발하게 돌아가고 있었다. 마침 당시는 회사와의 임금 협상 투쟁이 끝난 지 얼마 되지 않은 데다 8월에 있을 노조 위원장, 사무장, 부위원장 등 노조 집행부 선거를 준비하느라 사안이 많은 시기였다.

처음부터 노동운동에 뜻을 두고 입사한 그였으니 몸을 다치는 바람에 노조 사무실 일을 하게 된 것이 어쩌면 전화위복으로 느껴졌을지도 모른다. 아무튼 박상표는 노조 사무실 상근 일에도 성실하게 최선을 다했다. 하지만 얼마 가지 않아 관성에 젖어 무기력해진 노동운동에 실망과 회의를 느꼈다. 6월 24일에 쓴 일기는 '현 집행부 노조 활동의 문제점'에 대해 다음과 같이 지적하고 있다.

- 노조의 일상 활동이 전혀 이루어지고 있지 못하다.
- 위원장과 사무장의 손발이 너무 맞지 않는다.

- 집행 부서장의 활동력이 전혀 없다.
- 상근 간부들의 관성적인 활동. 문제의식이 거의 없고 현장과의 결합력 취약
- 위원장이 대부분의 일을 사무장에게 미루고 자신은 자꾸 뒤로 물러나 발을 빼려고 한다. 젊은 노조원들의 강한 불만, 오늘도 채규전 씨 징계 위원회 결과 공고를 내가 초안 잡아 글씨까지 썼다. 이 문제는 그 원인을 좀 더 파헤쳐 봐야겠다.

서울대 출신 엘리트의 삶을 포기하고 몸과 마음을 바쳐 노동운동에 헌신하리라 마음먹은 그의 열정에 비하면 현실 세계는 너무도 '적당히 타협적'이고, 그의 순수함에 비하면 너무도 '적당히 불결'했던 것일까. 사람 사는 세상에 완벽하게 깨끗한 것이란 없고, 누구든 상황에 따라 선인이 될 수도 있고 악인이 될 수도 있으며, 또 누구든 때로는 잘못과 실수를 저지르고도 적당히 뭉개며 살아간다는 사실이 아직 그에게는 익숙지 않았다.

임금 협상 투쟁을 한다면서 회사와 싸울 의지가 전혀 없어 보이는 노조 지도부. 임금 협상 결렬에 항의하여 주간 조가 잔업을 거부하고 정시에 퇴근해 버리자, 야간 조 노동자들 앞에서 '끝까지 남아서 일을 해 달라'며 도리어 회사의 입장을 대변하는 노조 위원장. 노조원에 대한 교육도 선전도 없이 해마다 때가 되면 형식적으로 벌어지는 임금 협상 투쟁. '프롤레타리아의 도덕적 순결성'이나 '정의

로운 노동 혁명'에 대한 일종의 환상을 갖고 있었던 박상표에게 이런 장면들은 쓰디쓴 실망으로만 다가왔다.

그는 이날 일기에 "쟁의 행위 돌입 찬반 투표를 했으면 현장 분위기상 압도적으로 찬성이 나왔을 것"이라고 썼다. "파업까진 아니더라도 회사 측에 위협이 될 수 있는 활동조차 전혀 하지 않고 서둘러 협상을 마무리하고, 그 결과를 노조보다 생산과장이 먼저 발표하더니 다음 날부터 일 열심히 하라고 하더라"며 개탄하기도 했다.

이러는 동안 한편에선 그의 거취를 놓고 회사와 노조 사이에 힘겨루기가 진행됐다. 회사 측에서는 박상표의 퇴사를 바란 듯했으나, 노조 사무실에 상근하며 착실히 일을 도운 그를 노조에서 많이 지지해 주었던 것 같다. 양측은 박상표의 거취 문제를 놓고 급기야 임시 노사 협의회까지 열었다. 일을 하다 허리를 다쳤다는 사실 자체를 인정할 수 없다는 생산과장과, 박상표에게 동정적인 총무과 및 노조 사무장 사이에 팽팽한 격론이 오갔다.

박상표 본인은 작업 현장에 복귀해서 투병 기간의 경험을 살려 원래 계획한 대로 노동 조합 활동에 매진하기를 원했지만, 한번 허리를 다친 몸이 그 고된 일을 버텨낼 수 있을지가 의문이었다. 그렇다고 나름 큰 결심을 하고 삶의 행로를 바꾸어 노동 현장에 들어와 준비 기간까지 합쳐서 이미 적지 않은 시간을 보냈는데, 이제 와서 그 모든 것을 뒤로하고 원래의 삶으로 돌아가는 것은 그가 생각하기에 너무 '비참한' 선택이었다.

박상표는 "대기 발령일 경우 지금과 같이 노조 사무실에서 상근할 것이고, 해고나 퇴사 처리가 될 경우 끝까지 싸우겠다"고 다짐했다. 하지만 그의 일기는 그의 거취를 놓고 회사와 노조가 세 시간 동안 격론을 벌인 7월 7일 수요일에 멈췄다. 더 이상의 기록이 없는 것으로 보아 그는 다음 날이나 며칠 뒤에 해고된 듯하다. 석 달에 걸친 박상표의 동양이화공업 노동운동은 이렇게 해고로 끝이 났다.

회사에서 해고 당한 후 박상표는 조용히 물러서지 않고 3개월 정도 복직 투쟁을 벌였다. 해고를 당한 것은 박상표 혼자만이 아니었다. 그와 함께 입사한 노동 모임 선배 김모(某)도 해고자 명단에 들어 있었다. 인천 부평경찰서에서 동양이화공업에 이들의 신분에 대한 통보를 해왔기 때문이다. 공식적인 혐의는 "사문서 위조(학력 위조)"였다. 박상표는 선배와 함께 3개월가량 복직 투쟁을 했으나 끝내 복직되지는 못했다.

그런데 동양이화공업에 함께 입사한 김모 선배는 어찌된 영문인지 박상표의 일기에 한 번도 등장하지 않는다. 같은 회사였지만 일하는 작업장이 서로 달라서 만날 기회가 없었던 것 같다. 박상표가 그린 회사 약도에 의하면 동양이화공업은 지하 1층, 지상 3층 건물 안에 두 개의 공장이 돌아가는 상당히 큰 회사였다.

박상표와 비슷한 문제의식을 가지고 같은 시기에 같은 공장에 들어가서 일했던, 소위 '학출(학생 출신) 노동자'인 김모는 이렇게 말했다.

"1993년 봄에 저는 동양이화공업에서 노조 홍보부장으로 활동했어요. 그런데 첫 번째 파업 투쟁을 하는 과정에서 큰 사고가 하나 났지요. 조합원 한 분이 옥상에서 떨어져 허리가 부러지는 중상을 입은 거예요. 노조원들이 노조 부위원장 집에 모여서 회의를 하기로 한 날이었는데, 건물 4층에 있는 그 집의 문이 잠겨 있었어요. 그분은 그 집 앞에 살았어요. 그래서 자기가 그 집을 잘 아니까 옥상으로 해서 창문을 열고 들어가 안에서 문을 열어주겠다고 했지요. 그런데 옥상에 올라갔다가 그만 바닥으로 떨어진 거예요. 평범한 노동자 출신으로 우리를 만나 적극적으로 노조 활동을 하게 된 분이었는데, 어쩐 일인지 회사에서는 그렇게 다친 그분을 복직시켜 줬어요. 그러고 나자 그분은 노조를 떠나 회사 편을 드시더군요."

마침 파업이 흐지부지 끝나고, 얼마 지나지 않아 박상표와 함께 본인도 해고되자 그는 과연 앞으로 계속 현장 활동을 해야 하는지 회의가 들었다. 동지라고 생각했던 노조원이 회사의 '배려'를 받자 순식간에 변절하는 것을 보면서 '노동자의 이중성'에 깊이 실망했다. 물론 그가 본 것은 '노동자의 이중성' 이전에 인간이라면 누구나 그럴 수 있는 '약자의 이중성'이라고 할 수도 있다. 딸린 식구를 책임져야 하는 가장이자 사회적 약자로서 '목구멍이 포도청'일 수밖에 없는.

"그렇잖아도 동구 사회주의권이 무너져가는 시기라서 학출 활동가들이 다 현장에서 나오던 시점이었는데, 우리는 아직도 여기서 이러고 있어야 하는지 고민이 들더군요. 1987년 6월 항쟁 이후 노동자 출신 운동가들의 역량도 높아지고 있어서 이제 굳이 우리가 아니어도 되겠구나 싶기도 했고요. 노동운동 현장 내에서도 이제 학출의 시대는 끝났다는 분위기가 형성되고 있었는데, 우린 실제로 가서 그걸 눈으로 확인했던 셈이죠. 게다가 이듬해 9월에는 서울에서 참여연대가 출범했어요. 준비 과정에서부터 출범까지 우리 모임에서 많이 참여했지요. 이제 더 이상 노동운동에만 머물지 말고 시민운동으로 옮겨가야 한다는 판단을 했던 거고, 참여연대가 출범하면서 인천의 우리 모임은 공식적으로 해산을 했지요."

인천 노동 모임 구성원들이 시민운동으로 눈을 돌린 것은 시대의 흐름을 현명하게 파악한 적절한 판단이었다. 기존의 노동운동 방식, 소위 학출이라 불리는 대학생들의 노동 현장 투신은 상대적으로 교육이 부족한 노동자들의 의식을 깨워서 합법적인 노동 조합을 만들고 그들의 정당한 권리를 찾아주기 위한 것이었다. 그런데 1987년 6월 항쟁 이후 민주화 운동의 바람을 타고 전국적으로 민주노조 운동이 일어나면서 노동자들 스스로 노동 조합을 결성하기 시작했다. 1987년 말부터 1988년에 걸쳐 전국 각지에서 산발적으로 노동 조합이 만들어졌고, 1990년에는 그들을 아우르는 연합체인 전국노동조합협의회(전노협)가 결성돼 1995년 전국민주노동조합총연맹(민주노총) 설립으로 이어졌다.

세상이 변했으니 기존 방식에만 매달리기보다 시대 변화에 맞는 새로운 역할을 찾는 것이 옳았다. 그래서 인천 모임은 갓 걸음마를 뗀 민주 노조 운동을 뒷받침할 시민운동의 필요성에 주목했다. 사회주의권의 와해와 함께 1989년 경제정의실천시민연합(경실련)이 생기긴 했지만, 기층 민중 운동과 결합하려는 노력을 하지 않았고, 1990년 3당 합당과 민자당 창당에도 별다른 반대의 목소리를 내지 않았다. 그래서 경실련은 이들이 생각하는 진정한 시민운동의 대안이 되기에 부족했다.

그러던 중 1991년 구미 공업 단지에서 발생한 낙동강 페놀 오염 사건을 계기로 시민운동의 필요성이 본격적으로 제기됐다. 환경 문제는 다수의 사람들에게 치명적인 영향을 끼칠 수 있는 심각한 문제임에도 불구하고 기존의 노동운동이나 계급 투쟁의 관점으로는 풀 수 없는 사안이었다.

인천 모임은 인천에 '참여민주주의를 위한 인천 지역 사회 센터'를 운영하는 한편, 서울에 전국 단위의 시민운동 단체를 만들기 위해 동분서주했고, 1994년 9월 마침내 참여연대를 출범시켰다. 조희연과 장하성을 비롯한 진보 성향 학자들, 박원순 등의 인권 변호사들, 그리고 학생운동 출신들, 이 세 그룹이 주축을 이루었다. 학생운동 출신들은 주로 실무를 담당했다. 박상표가 대학 졸업 후 참여연대 일에 관여하면서 회원으로서 활발한 활동을 한 것은 인천 노동운동 시절에 맺은 인연에서 비롯됐다.

이렇게 참여연대의 출범과 함께 '참여민주주의를 위한 인천 지역사회 센터'가 문을 닫으면서 이듬해인 1995년에 인천 노동운동 모임은 자연스레 해체됐다. 한때 생사고락을 함께하자고 결의했던 이들이 이제 각자의 길로 흩어졌다. 시민운동 단체로, 노조로, 또는 정치권으로. 박상표는 학교로 돌아갔다.

정치권으로 들어간 한 선배는 인천 모임의 막내인 박상표를 14년 후 국회에서 다시 만났다.

"2008년쯤 다시 만났지요. 한미 FTA(자유무역협정), 미국산 쇠고기 광우병 이슈가 한창일 때 국회에서 자주 얼굴을 봤어요. 상표는 한미 FTA와 광우병 문제에서 대한민국 최고의 전문가가 되어 있었죠. 그동안 얼마나 열심히 노력하고 공부했는지, 자기 인생을 얼마나 잘 살아왔는지가 눈에 보였습니다. 참 잘 살아왔다고 진심으로 축하해 주었지요."

유명 국회의원의 보좌관으로 국회에서 오랫동안 활동해 온 그는 박상표에게 국회의원을 하라는 권유를 한 적도 있다. 박상표가 뜻만 있다면 정계 경험이 많은 그가 당선을 위해 물심양면으로 도와줄 생각이 있었다. 민주적 정권 교체가 이루어진 후 진보 정당이 원내에 진출하면서 새로운 정치인들이 국회에 많이 입성했지만, 박상표만큼 실력 있는 전문가는 거의 없었기 때문이다.

"그때 거기(인천)서 함께했던 사람들은 서로 아무 이해관계도 없었던 젊은 시절의 소중한 인연들이죠. 나이 먹어가면서 옛날 생각도 나고 해서 '봐야지, 봐야지' 했는데 최근 들어 일 년에 한두 번씩 만났어요. 이제 와서 무슨 일을 같이 도모할 건 아니라서, 만나면 그 냥 근황을 주고받고 잘 살도록 덕담 해주는 것이 전부였지요. 산에 도 두 번인가 같이 갔어요. 상표랑 놀러 가면 그 지역의 역사와 지리 를 다 꿰고 있는 전문가의 해설을 들을 수 있어서 그게 좋더군요. 상 표가 막내니까 연락이나 잔심부름을 전담하는 게 미안해서 '누가 돼도 좋으니 네 아랫사람을 데려 오라'고 했는데, 상표가 그렇게 하 겠다고 해놓고선 그 약속을 지키지 못했네요."

　박상표가 휴학을 한 뒤 인천에 가서 노동운동 조직에 합류하고, 공장에 취업해 산재까지 입는 동안 여수의 고향집에서는 이런 사실들을 전혀 몰랐다. 가족들이 그의 이런 행적을 처음 안 것은 그가 세상을 떠나고 난 뒤 빈소에 문상을 온 조문객들의 이야기를 듣고 나서였다. 그는 공장 취업 사실과, 무엇보다 산재를 입은 것이 집에 알려질까 봐 오랜만에 상경한 죽마고우와의 약속도 취소하고, 그에게 미안한 감정을 일기에 토로하기도 했다. 또 한참 만에 집에 전화를 걸었다가 어릴 적 같은 집에 살며 그를 귀여워해 준 증조모가 별세했다는 소식을 뒤늦게 전해 듣고 "불효를 저질렀다"며 속상해 하기도 했다.

1994년 봄 박상표는 수의대 3학년으로 복학해서 다시 학교를 다녔다. 1989년에 2학년을 마치고 1990년 초에 군대를 갔으니 햇수로 5년 만에 학교로 돌아간 것이다. 만에 하나 허리를 다치지 않았더라면, 그리고 여러 주변 상황의 변화가 없었다면 다시는 돌아가지 않았을지도 모른다.

박상표는 마침 군대를 제대하고 복학해서 학교에 다니고 있던 친구 박혁과 함께 수원 캠퍼스 옆 구운동에서 방을 얻어 자취를 했다. 처음에는 운동권 후배들을 만나고 싶지 않아 '가급적 학교에서 멀리 떨어져 살자'고 서로 이야기했다. 두 사람 다 한때 운동에 뜻을 두었다가 중도에 포기하고 평범한 학생으로 돌아왔기 때문에 마음이 편치 않았던 것이다. 하지만 학교에서 십이 가까운 편인 데다 같은 과 동기끼리 사는 방이라 자연히 친구나 선후배들이 드나들 수밖에 없었다. 후배들이 하도 찾아와서 밥을 달라고 하는 통에 나중에는 전철로 두 정거장 떨어진 성균관대 앞으로 이사를 한 적도 있었다.

복학 후 박상표는 대체로 학교 공부에 충실하며 성실한 대학 생활을 했다. 대학 생활 중 전반기 2년이 지식인으로서 사회 현실을 배우고 직접 그 현실에 뛰어든 질풍노도의 시기였다면, 군대와 인천 노동 현장을 다녀온 뒤인 후반기 2년은 졸업 후의 사회 진출을 준비하는 성실한 수의대생 시절이었다.

박상표는 1994년에 3학년으로 복학했기 때문에 92학번들과 함께 수업을 들었다. 학과 수업에 빠짐없이 출석했고 시험 때는 공부도 열심히 했다. 대상이 동물이라는 것만 다를 뿐 수의학도 의학이기 때문에 일반 의대 못지않게 배워야 할 것이 많아서 교과 과목과 수업도 많았다. 게다가 당시 수의대에서는 6년이 아니라 4년 만에 모두 배워야 했기 때문에 더 힘들기도 했다. 외국의 경우 대부분 오래전부터 수의대가 의대와 같은 6년제로 운영되어 왔지만(북한은 5년제), 그때만 해도 국내 수의대는 모두 4년제였다. 그래서 학생, 교수, 교직원 등 모든 수의대 관계자들은 오랫동안 교육 당국을 상대로 학제를 6년제로 전환해 달라는 요구를 해왔다. 이 오랜 희망은 박상표가 졸업하고 나서 몇 년 뒤인 1998년에야 실현됐다.

졸업하기 전까지 2년 동안 박상표는 학교 생활에 누구 못지않게 성실했지만, 남다른 점들 때문에 좀 '튀는' 것은 어쩔 수 없었다. 하이텔 고적 답사 동호회 활동에 푹 빠진 그가 주말이면 어김없이 가방을 싸서 훌쩍 떠나곤 한다는 것은 주변에서 다 아는 사실이었다. 또 가끔 조용히 읽고 있는 책이 뭔가 하고 들여다보면 순 한문으로 된 책이어서 친구들이 혀를 내두르기도 했다. 요즘 시대에 전공자도 읽기 쉽지 않은 한문 고서를 대학생이 느긋하게 혼자 않아서 읽고 있다니! 요새 유행하는 말로 하자면, 박상표는 한 마디로 '사차원'이었다.

그는 고등학교 때도 중국어반을 선택할 정도로 한문 실력이 뛰어난 편이었다. 한약방을 운영한 조부 덕분에 어릴 적부터 한문을 가까이 접하며 자랐기 때문이다. 그가 고적 답사를 비롯한 여러 분야에서 옛날 자료들을 풍부하게 찾아낼 수 있었던 것도 한문으로 된 고문헌을 남보다 빨리 읽고 해독할 수 있었기 때문이다. 오래된 절에 대한 옛 문헌을 찾아 그 절의 주지에게 갖다주고 거기서 밥까지 얻어먹은 일은 보통이었다.

언제나 공부를 했다는 것, 역사에 관심이 많았다는 것이 당시 학교를 함께 다닌 동기나 후배들의 공통된 증언이다. 책을 읽으면서 탐구하고 확인하는 것이 몸에 밴 탓인지 박상표는 주변에서 하는 말이나 통념을 그대로 믿어 버리지 않았다. 꼭 근거를 찾아 검증하고 자신의 주관을 가지고 바라보려고 노력했다. 또한 내 편 네 편을 떠나 진짜 옳은 것이 무엇인지를 늘 냉철하게 따져 묻곤 했다.

"한쪽에 편향되면 안 된다면서 항상《조선일보》와《한겨레신문》을 같이 봤던 것이 생각나네요. 그게 1989년, 그러니까 상표 형이 군대 가기 전인 2학년 때였죠."

이렇게 말한 과 후배는 미국산 쇠고기의 광우병 문제로 시끄러웠던 2008년에 사료 회사에서 수의사로 일하다가 MBC「PD수첩」작가로부터 한 통의 전화를 받았다. 박상표의 소개로 걸려온 전화였다.「PD수첩」에서는 '광우병 편' 방송 프로그램을 만드는 데 인터뷰를 해줄 수의사를 찾고 있었다. 하지만 그는 인터뷰를 거절할 수밖에 없었다. 조직에 몸담고 있는 입장에서 함부로 사적인 발언할 수 없었던 것이다.

"상표 형이 보통의 생활인들과 다른 점은 말과 행동을 할 때 정치적 계산을 하는 법이 없었다는 거죠."

보통 사람들은 공적인 자리에서 발언을 하게 될수록 그 말의 결과가 자신에게 유리할지 불리할지를 먼저 생각할 수밖에 없는데, 박상표는 그런 선택에 자신을 옭아매는 사람이 아니었다.

폐사지에서 꾸는 꿈

한편 복학해서 다시 대학생으로 생활하면서 박상표의 인생에 새로운 변화가 찾아들었다. 1993년 말에 PC 통신 하이텔 '고적 답사 동호회' 활동을 시작한 것이다. 1993년은 유홍준의 『나의 문화유산 답사기』가 출간되면서(5월) 고적 답사 여행이 전 사회적으로 크게 유행한 해였다.

PC 통신이 큰 인기를 끈 1990년대에 온라인 세상에서의 소통은 대부분 PC 통신으로 이루어졌다. 파란 바탕 위에 하얀 글씨가 뿌려지는 당시의 통신 화면은 초고속 접속과 동시에 온갖 화려한 이미지가 눈을 현혹하는 요즘의 인터넷 페이지와는 비교할 수도 없이 단조로웠다. 전화선을 이용해 접속하는 거라서 통신비 부담 때문에 오래 쓸 수도 없었지만, 그때는 그런 식으로 세상과 연결되는 것 자체가 새롭고 신기한 일이었다.

요즘 사람들이 각자 관심사별로 인터넷 카페에 모이듯이, 그때는 사이버 세상에 개설된 온갖 주제의 채팅방에 사람들이 모여 대화를 나눴다. PC 통신은 말하자면 1990년대의 SNS였다. 채팅을 나누다가 마음이 맞는 사람들끼리 동호회를 결성하기도 했는데, 하이텔 '고적 답사 동호회'도 그렇게 만들어진 모임이었다. 1993년 7월에 처음 생긴 이 동호회는 PC 통신 답사 동호회 중에서 규모가 제일 크고 활동도 활발했다.

박상표는 1993년 말에 이곳에 가입해서 1994년부터 활발하게 활동했다. 1993년 말은 그가 인천 노동 현장에서 나온 지 얼마 되지 않은 때이다. 그는 7월 초에 해고된 후 약 3개월 동안 복직 투쟁을 하다가 10월쯤 모든 것을 정리하고 인천을 떠났다.

하이텔 '고적 답사 동호회'는 일생일대의 큰 결심을 하고 시작한 일을 중도에 포기하고 돌아온 그의 공허함을 채워주었다. 이후 여행과 문화유산 답사는 그의 삶에서 가장 큰 즐거움이 됐다. 2007년 (강기갑 의원 청문회 심사 보조자로서) 국회 비밀 취급 인가증을 얻기 위해 정부에 제출한 신원진술서에 자신의 특기를 "문화유산 답사 안내"라고 썼을 정도다.

1993년 말은 동호회가 생긴 지 얼마 되지 않은 때라서 박상표는 창립 멤버나 다름없는 인정을 받으며 적극적으로 활동했다. 동호회 회원들 중에서 특히 박상표와 친하게 지낸 인천 세관 공무원 안춘헌은 그가 고적 답사 동호회의 대표적인 답사 길잡이였다고 말했다. 답사를 떠나기 전에는 언제나 답사지에 대해 미리 충분히 조사하고 충실한 자료집을 만들어오니 아는 것이 많을 수밖에 없었고, 자연히 설명도 잘할 수밖에 없었다.

안춘헌은 박상표가 세상을 떠난 직후 자신이 운영하는 블로그에 박상표와 함께 고적 답사 동호회를 하던 시절의 이야기를 올렸다.

68년 원숭이띠인 상표는 나와 띠동갑이었다. 엄청난 주량과 엄청난 탐구욕과 엄청난 지적 열정으로 똘똘 뭉친 상표에게 나는 매료됐고 우리 둘은 매우 가까워졌다. 동호회 단체 모임과는 별도로 상표와 나는 둘만의 여행과 둘만의 답사를 많이도 다녔다. 전국의 유적지를 돌며 우리 문화유산에 대한 지평을 넓혀 갔고 인문학적인 교류가 이어졌다. 띠동갑이기는 하지만 상표는 나보다 더 많이 알았고 더 열정적이었다. 답사를 갈 때는 언제나 두툼한 자료집을 준비해 왔고 답사지에서는 열변을 토하며 설명을 이어갔다.……

박상표가 공동 저자로 참여한 『고적 답사 이야기』(1996)에 실린 박상표의 글에 안춘헌은 "춘헌님"이라는 호칭으로 등장한다. 1994년에 가입해 활동하면서 모임의 회장 격인 시숍(sysop, 운영자)으로 선정되기도 했던 안춘헌은 동호회 모임과는 별도로 박상표와 둘만의 답사 여행을 다닐 정도로 단짝처럼 가깝게 지냈다. 박상표보다 열두 살이나 많았지만, 관심사가 비슷하고 대화가 잘 통해서 나이 차이를 뛰어넘어 막역한 친구가 될 수 있었다.

안춘헌은 박상표에 대해 "민주주의에 대한 열망이 강하고 자본주의와 기업의 노동자 착취에 적잖은 반감과 적의를 드러내는 것을 종종 보았다"고 했다. 그는 박상표가 "인천 남동공단에 위장 취업해 노동자들의 현실을 직접 체험"한 사실을 인상 깊게 기억했다. 공무원이자 평범한 생활인으로 살아가던 안춘헌으로서는 내면의 부름을 따라 용기 있게 다른 삶에 도전해 온 박상표의 삶이 새롭고 신선하게 느껴졌다.『고적 답사 이야기』는 동호회의 회원 10여 명이 각자 두어 편씩 답사 후기를 써서 공동으로 펴낸 책인데, 박상표와 안춘헌 두 사람의 후기에만 모두 시가 삽입되어 있다. 두 사람의 문학에 대한 관심과 감수성이 비슷했던 것이다.

"상표와 둘이서 다닌 곳을 대충 돌아보면 서울의 서촌과 백석동천, 경기도의 여주 신륵사와 고달사지, 양주 회암사지, 파주 보광사, 용미리 석불, 안성 칠장사와 방짜유기 시장, 충청도 충주 그리고 청양 장곡사, 강원도 진전사지와 선림원지, 남한강변의 폐사지 등이 생각납니다.

답사를 갈 때마다 상표는 두툼한 자료집을 준비해 오곤 했는데, 도서관에서 관련된 책을 미리 읽고 참고할 만한 내용을 복사하여 묶은 답사 자료집이었습니다. 그 자료집들은 수박 겉핥기가 아니라 심도 있는 내용으로 구성되어 있어서 거의 완벽에 가까울 정도였지요. 그것들 가운데 몇 권은 아직도 제가 가지고 있습니다.

그리고 당시 『나의 문화유산 답사기』가 베스트셀러가 되면서 우리 문화유산에 대한 사람들의 지적 욕구와 과시욕이 대단했고 답사 열풍도 뜨겁게 불었습니다. 상표는 그런 시절의 대표적인 사람이라고 할 수 있지요. 상표는 지적인 수준에서 타인보다 우월해야만 직성이 풀리는 성격인 듯했고 어느 정도 과시하고픈 마음도 있었던 것 같습니다. 지금 돌이켜보면 그때 상표와 함께 다닌 답사 여행들이 저의 인문적, 지리적, 역사적 지식 확장에 상당한 기폭제 역할을 했습니다."

두 사람의 답사는 누구든 둘 중 한 사람이 "가자" 하면 아무 때나 훌쩍 출발해 목적지도 없이 산 따라 물 따라 가다가 해가 지면 아무 여관에나 들어 하룻밤을 보내는 식의 완전한 '자유 여행'이었다. 박상표는 특별한 수입원이 없는 대학생이었기 때문에 대개는 차를 가진 안춘헌이 수원 농·수의대 캠퍼스 앞에 와서 박상표를 태우고 떠났다. 안춘헌은 『고적 답사 이야기』에 이렇게 적었다.

상표는 수원에서 차를 타면서부터 계속 이야기를 했는데, 그 끊이지 않는 이야기의 소재는 다 어디서 나온 걸까. 어느 한 소재에 대한 이야기의 시작은 나에게서 비롯되지만 이야기가 이어지는 가닥은 거의 다 상표의 몫이다.……

불을 끄고 잠자리에 들면서도 상표와 나는 많은 이야기를 하느라 잠을 청하지 못했다. 각자에게 있었던 지난 일들을 이야기하거나,

지구상의 모든 자연과 인간 간의 조화로운 삶에 대한 견해를 나누기도 했다.……

　그러나 우리는 서로의 의견을 반박하거나 질타하지는 않았다. 왜 그런 주장을 하게 됐는지 상대가 납득이 갈 만큼 설명했고, 또 그런 설명을 경청했다. 의견이 다른 부분도 있었지만, 상표와 나는 둘 다 인간이 살아가는 진정한 모습을 찾아보고자 했다.……

　박물관 정원에서 한 시간 꿀맛 같은 낮잠을 자는 사이, 상표는 이곳저곳을 다니면서 구경하고 와 잠에서 깬 나를 죽서루의 마루로 인도해 열심히 설명을 한다. 누대 안에 많은 현판이 걸려 있는데 저건 누구의 글씨이고 이건 누구의 글씨이며 누각의 형태는 어떠하다고 말한다. 역시 상표답다. 앞으로 우리 문화유산에 대한 안목을 말하는 데는 이디든 싱표가 '상표'를 내설어노 뉠 것 같다.……

　인천의 개요와 개항지로서의 위치 그리고 산업과 노동운동에서의 인천의 역할 등 상표의 설명을 듣기 위해 우리 일행은 화도진 관아 마당의 샘물받이 큰 돌사발 주변에 둘러섰다. 상표는 사전에 자료집을 만들어 와서 우리에게 한 부씩 나누어 주었는데 친절하게도 다시 설명해 주었다. 얼마나 열심히 설명하는지 입가에 거품이 이는지도 몰랐다. 유창하지는 않으나 성의 있었고, 대단하지는 않으나 괜찮은 연설을 하였다.

둘은 여행을 떠나 밤이 되면 아무 여관에나 들었고, 박상표는 가

져온 책을 펼쳤다. 그러다가 이야기가 시작되면 끝없는 토론이 이어졌다. '현대 인류의 고통은 문명의 발달이 만들어낸 결과인가', '의학의 발전은 인류에게는 이로울지 몰라도, 먹이사슬의 최상단에 있는 인간의 숫자만 늘려 자연 생태계에 치명적인 해를 끼치는 것은 아닌가', '먹을 것과 땅이 부족해 자기들끼리 전쟁하고 다른 생물들을 도태시키는 것보다는, 인간도 병들고 도태되어 적정 숫자를 유지하는 것이 맞지 않은가' 등의 주제를 놓고 이야기를 나누다가 때로는 먼동이 훤하게 터올 때까지 날밤을 새우기도 했다. 그래서 강원도 동해시 추암 촛대바위에서 보려던 동해의 일출을 놓치기도 했다. 하지만 안춘헌은 말이 통하는 벗과의 대화가 그로 인해 놓친 것들을 보상하기에 충분했다고 말했다.

안춘헌에 따르면, 하이텔 고적 답사 동호회는 1994년부터 1998년까지가 전성기였고, 두 사람이 동호회에 몸담은 것도 대략 그 시기였다. 그는 그 5년을 '참 열정적으로 보낸 시간'으로 기억했다.

박상표는 답사 여행을 하이텔 고적 답사 동호회에 가입하고 나서 처음 간 것은 아니다. 나중에 그는 광우병 전문가나 수의사가 아니라 답사 전문가로도 많은 언론 인터뷰를 했는데, 그 인터뷰들에서 그는 동호회에 가입하기 훨씬 전인 입대 이전부터 혼자 답사 여행을 다니기 시작했다고 말했다. 『고적 답사 이야기』에 실린 박상표의 글 「폐사지에서 꾸는 꿈」에도 이를 뒷받침하는 내용이 있다.

처음 답사를 다닌 때가 생각난다. 그 시절 나에게 답사의 의미는 '떠남'이었다. 그 떠남이란 일종의 '게구멍' 같은 것일 게다. 바닷가의 뻘밭(개펄)에서 게가 옆걸음을 걷는 모습을 상상해 보라. 게는 슬금슬금 게걸음을 치다가 사람이 나타나면 얼른 뻘밭에 구멍을 내고는 숨어 버린다. 그러다가 사람이 지나가고 나면 게는 다시 예의 그 게걸음을 치면서 뻘밭을 걸어갈 것이다. 말하자면 게구멍은 게가 일상적으로 살아가는 집이 아니라, 일시적으로 숨는 도피처란 이야기다. 미답지로의 떠남은 일상으로부터의 탈출이면서 패배한 역사의 반란을 꿈꿀 수 있는 기회다.

그래서 훌쩍 집을 떠나 무턱대고 길을 나섰다. 남들이 좋은 곳이라고 하면 무조건 찾아가보고, 어디서든 누가 뭐라고 설명하면 이리저리 기웃거리며 눈동냥과 귀동냥을 하고, 그러다가 궁금증이 생기면 이 책 저 책을 뒤져보기도 했다. 그렇게 답사를 다닌 지 4~5년이되니 '답사를 하면 아는 만큼 느끼고 느낀 만큼 배운다'는 말의 의미를 어느 정도 이해하게 됐다. 답사는 단순한 여행이 아니라 역사, 미술, 문학, 사회, 정치, 경제, 문화 등의 배경을 공부하고 그 속에서 살아가는 사람들의 피와 땀과 눈물을 이해하는 것이라는 사실을 깨달은 셈이다. 바둑으로 말하자면 집 내는 법을 배운 정도라고나 할까.

『고적 답사 이야기』는 박상표가 대학을 졸업한 직후인 1996년 9월에 출판됐다. 고적 답사 동호회가 본격적인 활동을 시작한 1994

년부터 이듬해 1995년까지 약 2년간의 답사 기록 중에서 잘된 것을 선별해 책으로 묶었다. 그런데 박상표는 벌써 '답사를 다닌 지 4~5년이 됐다'고 했으니 아무리 늦어도 1991년 이전부터 답사 여행을 다니기 시작한 셈이다.

한 잡지에 실린 인터뷰에서 그는 "1980년대 후반의 복잡했던 정치, 사회 상황 속에서 선후배들과 역사 공부를 하다가 어느 날 홀로 답사 여행을 떠났다"고 말했다. "책에서만 접한 역사의 현장을 직접 체험해 보고 싶었기 때문이다." 늘 많은 양의 책을 읽으며 관심 분야는 무엇이든 책을 통해 독학한 그의 답사는 단순히 호기심에서 비롯되지 않고 인문학에 대한 관심에서 출발했다.

그에게 영감을 준 것은 당시 《한길 역사 기행》이나 《사회 비평》 같은 잡지에 연재된 유홍준의 답사기와, 자신이 숱하게 읽은 우리나라 근현대사 관련서들이었다. 박상표는 평소 미학에 관심이 많았기 때문에 미학을 전공한 유홍준의 글과 시각에 더욱 끌렸다.

가르쳐 주는 이 하나 없이 책에서 읽은 내용을 지표 삼아 무작정 혼자서 답사를 시작한 만큼 처음에는 시행착오를 겪으며 고생도 많이 했다. 하지만 몸으로 체득한 지식은 두고두고 값진 밑거름이 됐다. 처음에는 고향 근처인 순천의 송광사나 선암사를 방문하는 것으로 시작한 그의 답사는 경주 등 유명 유적지부터 세간에 알려지지 않은 폐사지 등으로 이어졌고, 점점 남들이 찾지 않는 작은 면이나 동네 등을 포함해 전국 방방곡곡으로 확대됐다. 떠나도 떠나도 가보지 않은 곳이 더 많았고, 한 번 가본 곳도 두 번째, 세 번째가 달랐다. 끝을 알 수 없는 방랑벽의 시작이었다.

그는 자연 경관이 뛰어나거나 유명한 곳들보다, 오래된 절이나 서원, 향교, 폐사지 등 겉보기에는 다소 초라해도 옛 사람들의 자취와 흔적이 희미하게 서려 있는 곳들을 더 좋아했다. 1990년대 중후반 온 나라에 유행처럼 번진 문화유산 답사에 너도나도 나섰던 사람들 모두가 문화유산을 제대로 이해했다고 볼 수는 없다. 문화유산에 대한 관심이 우아하고 멋스러운 예술품에 대한 취향 정도에 그친다면 그것은 단지 허영심에 지나지 않을지도 모른다. 박상표에게 진정한 문화유산 답사란 무엇이었을까? 한 언론 인터뷰에서 그는 이렇게 말했다.

"역사는 낭대를 살았던 사람들의 삶의 기록입니다. 울고 웃고 침묵하고 떠벌리고 피를 흘리기도 하고 땀 내음이 짙게 배어 있기도 하죠.…… 그들의 생활을 들여다보면 지금 우리가 무엇을 생각해야 하고 무엇을 고민해야 하는지 알 수 있어요. 답사를 떠나는 것은 바로 지나간 사람들의 자취를 통해 보다 향기로운 생활을 할 수 있기 때문일 겁니다."

처음에는 호기심에서 출발해, 일상으로부터의 탈출이자 일시적으로 숨는 도피처인 '개구멍'과 같은 것으로 바뀐 답사는 이내 그의 운명이 됐다. 답사를 다닐수록 궁금한 것이 많아지다 보니 좀 더 충실한 답사를 위한 공부의 필요성이 커졌다. 그래서 답사를 떠나기 전에 반드시 도서관을 찾아가 자료를 충분히 찾아보고 사전 공부를 하는 습관이 생겼다. 유홍준이 『나의 문화유산 답사기』에서 "아는 만큼 보인다"고 말한 것처럼, 사전 지식이 풍부해야 보다 많은 것을 볼 수 있고 더 많은 감동과 감흥을 느낄 수 있다는 사실을 알게 된 것이다. 그는 유적지의 역사적 사건이나 유물은 물론이고 그 지역의 풍속과 민요 등 무형의 문화유산에 이르기까지 포괄적이고 철저한 사전 조사를 했다.

"책이나 여타 자료 등 문헌을 통해 알게 된 역사나 문학을 직접 현장에서 만나면 또 다른 감동을 받습니다. 특히 과거에 살았던 사람들에 대해 생각하게 되고 그들의 생활 모습을 상상할 수 있죠. 그런 생각들이 이어지다 보면 그들을 인간적인 마음으로 만나는 기회도 생깁니다. 그들과 무언의 대화를 나누다 보면 나 자신의 내면을 들여다볼 수 있는 시간을 갖게 됩니다.

어느 분야에나 초보자가 있듯이 답사 역시 마찬가지입니다. 저도 처음에는 그저 눈에 보이는 것과 그것에 대해 책에서 읽은 지식을 끄집어내는 수준에서 출발을 했죠. 보이는 것만이 전부인 때였습니다. 하지만 답사를 자주 다니면서 내 안의 눈이 열리기 시작했습니다. 그저 보이는 것에 그치는 게 아니라 보이지 않는 것에 대해서도 관심이 쏠린 거죠."

답사 전문가로서 인터뷰를 한 박상표의 기사를 보면 그는 영락없는 사학자나 인문학자다. 인터뷰 기사를 쓴 기자들도 '이런 사람의 본업이 수의사'인 것에 깜짝 놀라곤 했다.

그는 주말에 특별한 일이 없으면 언제나 가벼운 배낭 하나 둘러메고 길을 나섰다. 이 습관은 후에 동물병원에서 수의사로 일할 때도 계속됐고, 아무리 바빠도 한 달에 한두 번은 꼭 어디로든 떠나곤 했다. 그가 특히 좋아했던 답사지는 절이었다. 그중에서도 이제는 거의 흔적만 남아 있는 폐사지에 남다른 흥미를 느꼈다. 처음에는 그곳을 혼자 찾아갔지만 나중에는 하이텔 고적 답사 동호회와 참여연대 그리고 경실련 등의 답사 모임을 이끌고 두고두고 찾아갔다. 그만큼 폐사지는 박상표가 가장 좋아하고 사랑한 답사지였다.

운이 좋아야 석탑이나 부도 등 작은 석조물을 볼 수 있을 뿐 아무것도 남아 있지 않은 황량한 벌판에서 그는 과거의 모습을 그려보는 재미를 터득했나. 남아 있는 주춧돌 위에 상상의 기둥과 벽을 세우고 도리와 서까래를 얹은 뒤 지붕을 씌워 나름의 절을 지은 다음, 그곳에서 살았던 사람들과 대화를 나눴다. 그곳이 과거에 큰 절이었든 작은 절이었든 그것은 중요하지 않았다. 절이 사라진 그곳에서 흥망성쇠의 의미를 되짚으며 욕심을 버리는 마음을 되새기는 것만으로도 충분했다.

폐사지 답사는 걷는 것이 제격이다. 그것도 철저히 혼자 걸으면서 풍경의 침묵을 누리는 것이 제격이다. 일상 속에 존재하는 사람과 사람 사이의 거대한 벽과 그 벽을 은폐하기 위한 또 다른 표현인

장광설이 없는 '풍경의 침묵'이야말로 진정 자연과 인간이 서로 마음을 열고 허심하게 나누는 대화라고 할 수 있다. 나는 흐르는 강물처럼 유구한 역사와 자연을 배경으로 묵언의 대화를 나누기 위해 폐사지로 떠나는 것을 즐긴다.

박상표는 『고적 답사 이야기』에 실린 위의 글에서 "폐사지의 느낌을 말이나 글로 전한다는 것은 벅찬 일"이라며 "폐사지는 풍경을 그대로 가슴으로 느껴야만 한다"고 말했다.

1995년 1월에 쓴 아래 자작시를 보면 그가 폐사지에 얼마나 깊은 애정을 가지고 있었는지 알 수 있다. 그는 이 시를 여러 답사 자료집과 원고에 삽입하기도 했다.

폐사지에서 꾸는 꿈
 − 흥법사지에서

누구라고
어디 한 번쯤
가슴에 간직하고 있는
아름다운 사랑 하나쯤 없으랴?

절도 중도 없이 돌덩어리만 덩그러니 남은

빈 폐사지의 그 황량함과 쓸쓸함

나는
또다시 꿈꾸네

잔설 쌓인 저 숲 속 어디에선가
풋풋한 웃음을 머금고
그대가 내 곁으로 다가와서
손을 내밀면 우리는
우리 둘이는
쓰러진 집들을 다시 일으켜 세우고
집을 잃어 여의주를 뱉어내지 못하는
돌거북에게 비석을 다시 얹어 주고
집도 절도 없이 오갈 데 없는
중들을 여기저기서 불러 모은 다음
새로운 절 이름 하나 지어주고 나서
아직도 잔설이 녹지 않은 겨울 숲으로
바로 그 겨울 숲으로
두 손 꼭 붙들고 사라져 가는
그런 꿈을

홍법사지는 강원도 원주에 있는 폐사지로, 진공대사탑비(眞空大師塔碑)의 귀부(龜趺)와 이수(螭首), 고려 시대의 양식으로 보이는 삼층 석탑, 가람 배치의 축을 이루었던 축대와 건물터의 주춧돌 따위가 아직까지 남아 있다.

박상표는 절터 안에 지어진 민가를 유심히 관찰하여 집의 주춧돌이나 뒤란에 있는 장광(장독대)의 받침돌 등이 모두 절터에서 옮겨 온 석물임을 발견해냈다.

민가 뒤편의 옥수수밭을 지나 산 중턱에서 절터를 내려다보면 멀리 섬강 너머로, 천하를 놓고 견훤과 일전을 불사른 왕건이 올랐다는 건등산과 맞은편 견훤산성을 바라보는 눈맛 또한 즐거웠다. 또 삼층 석탑에서 진공대사탑비를 바라보면 마치 탑비의 수호신인 양 우뚝 솟은 나무 위의 까치집도 그렇게 예쁠 수가 없었다. 하지만 무엇보다 그의 마음을 끈 것은 잔설이 남아 있는 겨울 숲의 아름다움이었다. 폐사지를 감싸 안은 겨울 숲은 그곳을 찾는 이들에게 가슴에 간직하고 있는 아름다운 사랑 하나를 되살아나게 하는 것만 같다고 그는 말했다.

답사를 다니면서 사전 공부 못지않게 그가 열심히 한 일이 있다. 그는 어느 곳을 돌아보고 오든 꼼꼼한 기록을 남겼다. 답사 내내 보고 느낀 것을 그때그때 메모해 두었다가 돌아와서는 자신의 감상을 덧붙여 잘 정리했다. 같은 곳을 다시 간다고 해도 계절이나 시간에 따라, 그리고 누구와 동행하느냐에 따라 느끼는 감정이 달랐기 때문에 언제나 다른 스타일의 답사기가 탄생했다. 이렇게 쓴 답사기는 여기저기 매체에 기고하기도 하고, 본인이 직접 만든 답사 자료집에 싣기도 했다. 아래의 글은 예산 향천사 답사기인 「누룩곰팡이 같은 이끼가 낀 부도밭에서」의 일부이다.

단풍으로 채색된 수채화 같은 숲길을 올랐다. 안개 사이로 보이는 금오산 자락은 수줍은 새악시 볼같이 불그스레한 빛깔로 우두커니 서 있었다. 그 새악시의 치맛자락은 막 산등성이를 넘어가고 있었고, 까치감 하나만이 달랑 남은 감나무가 먼발치서 산등성이를 힐끔힐끔 쳐다보았다. 부도전 처마 밑으로는 뚝두두둑 낙숫물이 떨어졌다. 한 방울, 두 방울, 세 방울……. 지면을 박차고 튕겨 오르는 낙숫물에 아랑곳 않고 저만 밑에 쪼그리고 앉아 물끄러미 부도밭을 바라보았다. 부도밭은 깊은 슬픔에 푹 젖어 있는 것 같았다.

부도밭은 죽은 사람들을 위한 공간이다. 부도의 주인이 누구이든지 그들은 이제 더 이상 이 세상에 존재하지 않는 사람들이다. 그들은 어떤 사람들이었을까? '한소식하고자'(깨달음을 얻고자) 평생토록 화두 하나를 붙잡고 토방에 틀어박혀 살았던 선승이었을까? 권세가의 비위를 적당히 맞추어 주면서 한자리 차지했던 권승이었을까? 아니면, 술주정에 계집질이나 일삼고 남의 묘자리 잡아주거나 신수점 쳐주고 밥 한술 빌어먹던 돌팔이 땡중이었을지도 모른다. 하지만 그들은 모두 공평하게 이 세상에 돌덩어리 하나만을 남기고 홀연히 떠나갔다. 그들만이 깨달은 진리를 가슴속에 꼬옥 간직한 채 풍경의 침묵 속으로 유유히 사라진 것이다. 지금 남은 것은 풍경뿐. 그 풍경만이 살아 있는 사람들의 몫인 것이다. 그리하여, 죽은 사람들을 위한 공간인 부도밭은 살아 있는 사람들의 공간으로 전환되는 것이다.

박상표는 남들이 무심히 보고 지나치는 것들을 보다 깊은 시선으로 바라보았다. 또한 그는 세상 모든 것을 평등한 시선으로 바라보았다. 평등한 시선을 갖자면 눈앞의 것만이 아니라 그 이면을 들여다 볼 줄 아는 마음의 눈이 필요한데, 그는 그런 눈을 지니고 있었다.

그의 글에는 가뭇없이 살다간 필부필부(匹夫匹婦)들에 대한 애정 어린 시선과 더불어, 권력과 부를 독점한 자들에 대한 비판적인 시각이 함께 들어 있다. 그는 오늘날처럼 그 옛날에도 유산자들이 무산자들을 수탈하고 억압한 사실을 보여주는 증거들을 그냥 지나칠 수 없었다.

답사기 「도심 속의 문화유산을 찾아서」에서 따온 다음 인용문은 1995년 6월 김영삼 정부에서 실시한 제1회 지방선거 직후 서울 시내 왕릉인 선릉과 정릉, 그리고 강남 부촌에 위치한 봉은사를 답사하고서 쓴 글이다.

투표 행위가 민주주의와 동의어가 되어 버린 시대! 정치는 이제 거짓 공약과 온갖 권모술수가 난무하는 시정잡배들의 난장판이 되고 말았다. 이 난장판의 최고 절정은 선거판이다. 우리의 선거판에서는 왕도 정치를 주창한 맹자도, 법치를 강조한 한비자도, 입에 침이 마르도록 덕치를 강조한 공자도, 무위자연을 주장하면서도 은근히 도덕 정치를 강조한 노자도 한낱 선거 브로커에 불과할 뿐이다.

이번 6·27 지방 선거는 망국병이라고 불리는 지역감정 바람이 더욱 거세게 불어 '신삼국 시대'라는 희한한 시대를 만들어 내고야 말았다. 역사의 수레바퀴는 언제든 거꾸로 돌아갈 수도 있다는 것을 증명한 셈이다. 후세 사가들은 이러한 선거 결과를 놓고 어떻게 평가할까? 여야와 무소속을 막론한 정치꾼들이 나라를 말아먹었다는 극단적인 표현을 서슴지 않을시, 아니면 물실의 풍요를 쫓아가지 못하는 정신적으로 미성숙한 우둔한 국민들을 탓할지.

이번 선거에서 '서울 공화국'이라 불리는 거대한 공룡은, 집권 여당의 거듭된 실정으로 반사이익을 얻은 야당이 시장과 구청장과 시의원을 휩쓰는 바람에 '야당 공화국'이라는 또 다른 공룡으로 바뀌었다. 이러한 와중에 서울의 대표적 부촌인 강남구와 서초구에서 '야당 공화국의 야당'이라 할 수 있는 여당의 후보가 당선됐다.

오늘 답사할 선·정릉과 봉은사는 바로 이 강남 땅의 한복판에 위치하고 있다. 금싸라기 땅이라고 불리는 강남에 몰락한 봉건 왕가의 흔적 덕분에 개발의 때가 묻지 않은 녹지 공간이 존재한다는 사실은

역사의 아이러니가 아닐까?…… (중략)

부도 하나 달랑 남은 옛 선사들의 무덤에 비해 왕릉은 봉분과 장식 그리고 석물 등 모든 면에서 화려함과 사치의 극치를 달리고 있다. 왕릉 답사에서 느끼는 감흥은 부도밭의 '풍경의 고독'과는 너무나 다른 몰락 왕조 유물의 박제된 쓸쓸함과 측은함뿐이라는 생각을 하며 다시 혼잡스러운 도심을 통해 봉은사로 향했다.

봉은사 하면 우선 떠오르는 게 '봉은사 폭력 사태'다. 일제 시대 이후 한국 불교의 가장 큰 문제점은 개인 치부를 위한 재산 축적, 몰래 부인을 숨겨 두는 행위 등을 저지르는 돌팔이 중들이 총무원과 유력 사찰의 주지를 맡으면서 지배 권력과 결탁하여 교계의 지도자 행세를 하는 것이다. 얼마 전에 쫓겨난 서의현(徐義玄) 같은 중이 바로 그들이다. 이러한 돌팔이 땡중들이 불교 정화와 개혁을 요구하는 선승들을 정치 깡패를 동원하여 테러를 가한 것이 조계사와 봉은사에서 일어난 폭력 사태의 진실이다. 지금도 봉은사는 돈 많고 힘 있는 절에 속한다. 그런데 이것은 비단 오늘날만의 일이 아니다. 봉은사의 역사 자체가 봉건 권력과 결탁하여 권력의 그늘 아래에 선 해바라기 절집으로 출발했으니.

그가 자주 답사를 다닌 곳 중의 하나가 바로 절이다. 과거의 문화유산이 가장 잘 보존되어 있는 곳이기 때문이다. 그런데 절은 으레 왕실이나 권력자를 등에 업은 경우가 많았다. 말하자면 종교와 정치 세력 간의 결탁이다. 이렇게 줄을 잘 잡은 절은 크게 번창하여 역사에 이름을 남기며 지금까지 이어져 왔고, 그렇지 못한 절은 이름도 없이 사라진 경우가 많았다. 수많은 절들을 다니며 박상표는 이 점을 눈여겨보았다.

봉은사는 조선 시대 성종비 정현왕후, 중종의 계비 문정왕후 등 권력자의 후원을 등에 업고 선종의 으뜸 사찰로 올라섰다. 봉은사 주지 보우(普雨)는 원래의 절터를 중종의 능인 정릉 자리로 제공하고 지금의 자리로 절집을 옮기면서 규모를 크게 확장하고 회암사를 거대하게 짓는 등 봉권 왕조와 결탁한 불교 중흥을 꾀했다. 하지만 후원자인 문정왕후가 갑자기 죽자 유림 세력에 의해 축출되어 제주도에서 쓸쓸히 최후를 맞았다.

대학을 졸업하기 전 가을, 박상표가 납사를 다녀온 파주의 보광사도 마찬가지다. 고령사(高靈寺)라는 이름의 작은 절이었던 보광사(普光寺)는 영조의 친모인 숙빈 최씨의 원찰(願刹)이 되면서 역사의 기록에 남게 됐다. 권력과 손을 잡음으로써 한살림을 차린 셈이다. 일단 왕실의 원찰로 간택되기만 하면, 그때부터 그 절에는 부와 권력이 보장되는 승승장구의 길이 열렸다. 봉은사나 보광사, 여주의 신륵사 등은 이 같은 권력의 은덕을 입어 성장한 절이다. 박상표는 "종교가 권력과 동거하기 시작하면 민중은 기댈 언덕이 사라진다"고 한탄했다. 집권자의 만수무강과 권력의 천세만세를 위한 법회들만 무성하고, 가난하고 가엾은 민중을 구제하는 자비의 부처는 사라지는 것이다. 입으로는 내세와 영원을 이야기하면서 실제로는 현세의 온갖 부귀영화와 쾌락을 누리는 타락한 종교인들만 흥하는 세태는 예나 지금이나 다를 바 없는 듯하다.

권력과의 동거라는 보광사의 찜찜한 역사는 시간이 흘러 1980년대 전두환 정권의 5공화국 시대까지 이어졌다. 보광사 뒤편 언덕에는 12.5미터가 넘는 거대한 미륵보살입상(彌勒菩薩立像)이 세워져 있다. 광주 학살 다음 해에 설치된 이 미륵보살상은 12·12, 5·18 사건과 전두환, 노태우 전직 대통령 비자금 사건으로 대법원에서 실형이 확정된 다섯 명 중 하나인 이희성 전 계엄사령관이 시주한 것이다. 그는 무슨 생각으로 저렇게 거대한 미륵불상을 시주했을까? 박상표의 눈에는 그 미륵보살입상이 중생을 구원하는 자비의 미륵불이 아니라 위협적인 자세로 우뚝 서 있는 진압군처럼 보였다.

대웅전 앞마당에 세워진 건물 이름은 왜 만세루(萬歲樓)일까. 왕실이 천년만년 번창하기를 기원해 붙인 이름이다. 큰방(대방)채와 툇마루, 누마루 등의 높은 구조는 여자들이 법당에 올라가지 못하게 했던 조선 시대의 남녀 차별 악습에서 비롯됐다. 어느 곳을 가서 무엇을 보든 박상표는 소외되고 억압당한 사람들의 아픔을 그냥 지나치지 않고 관심을 기울였다.

박상표의 답사기에 따르면, 보광사의 원통전(圓通殿)과 지장전(地藏殿)의 바깥벽에는 일반적인 사찰에서 보기 힘든 특이한 벽화가 있다. 원통전은 중생의 고통을 씻어주는 자비의 관세음보살이, 명부전

(冥府殿)이라고도 불리는 지장전은 지옥에 떨어진 모든 중생들을 다 구제할 때까지 부처가 되기를 거부한 지장보살이 머무는 집이다.

원통전의 벽에는 정병(淨甁)을 들고 흰 옷을 입은 관세음보살이 머리띠를 질끈 동여 맨 노동자와 삽을 든 농민, 책가방을 둘러맨 학생, 방석모를 쓴 전투경찰 등을 두루 보살펴주는 그림이 그려져 있다. 노동자, 농민, 청년 학생, 전투경찰 등 모든 중생이 어깨를 걸고 부처님을 상징하는 석탑 주변을 돌면서 탑돌이를 하는 그림도 있다. 불기 2540년, 그러니까 서기 1996년 9월 7일에 완성된 이 그림들은 마치 1980년대 대학가의 걸개그림을 연상시킨다. 원통전 벽화는 빈부와 귀천을 가리지 않는 불교의 자비심이 어떤 것인지를 생생하게 보여주고 있다. 관세음보살의 따사로운 손길은 왕이나 왕비뿐만 아니라 노동자, 농민, 학생, 전투경찰에 이르기까지 뭇 중생들을 두루 어루만져준다. 그 손길에서는 차별이라곤 찾아볼 수 없다.

지장전의 벽에는 모든 민중이 용이 끄는 지혜의 배 반야용선(般若龍船)을 타고 부처의 세계로 나아가는 그림이 있다. 반야용선에 탄 이들은 서양인이나 중국인이 아니라 바로 우리나라 사람들이다. 박상표는 이 그림을 보고 "종교가 인간을 구원하기 위해서는 구름 위의 허공이 아니라 지상의 구체적 현실 속으로 내려와야 한다"는 것을 말해주고 있다고 해석했다. 1994년에 신축되기 전에는 이 건물을 '호세전(護世殿)'이라 불렸는데, 황지우 시인의 「게 눈 속의 연꽃」이라는 작품의 무대가 되기도 했다. 황지우는 호세전 벽화에 그려진 게 눈 속의 연꽃을 보러 문학평론가 김현과 함께 보광사를 다녀온 이야기를 시와 평론으로 남겼다. 게는 바다로 나아가는 반야용선을 상징하는 동물이다. 하지만 두 사람은 결국 게 눈 속의 연꽃을 찾지 못하고 돌아왔다. 이 벽화를 촬영한 사진이 보광사 종무소에 보관되어 있었으나 2000년대 초반에 발생한 홍수로 인해 안타깝게도 분실됐다.

중생을 차별 없이 대하는 원통전의 관세음보살과 지장전의 반야용선 덕분일까. 보광사 진입로 왼편의 야트막한 언덕에는 특별한 장소가 '한때' 있었다. 바로 비전향 장기수들의 유해가 안치됐던 '연화공원'이다. 박상표는 대학 졸업 후 '비전향 장기수 송환추진위원회'에서 일을 했던 연고로 이곳을 찾은 적이 있다. 2005년 5월 실천불교전국승가회가 조성한 이 묘역에는 금재성(1998년 8월 사망), 최남규(1999년 12월 사망), 정순덕(2004년 4월 사망), 손윤규(1976년 4월 사망), 정대철(1990년 사망), 류락진(2005년 4월 사망) 등 비전향 장기수 여섯 명의 유골이 안치되어 있었다. 하지만 이 묘역은 그해 말에 발생한 '불의'의 사건 때문에 다른 곳으로 이전되어야 했다. 한나라당과 《조선일보》, 《중앙일보》, 《동아일보》가 연화공원에 대해 색깔 시비를 제기하자 이에 고무된 대한민국애국청년동지회와 대한민국HID특수임무청년동지회 등 극우 단체 회원들이 12월 5일 보광사에 난입하여 빨간 스프레이를 뿌리고 비석을 파괴했다. 그들은 "남파 공작원은 영웅이고 북파 공작원은 역적이냐", "연화공원을 찬양 조성한 주지 일문은 물러가라"등의 구호가 적힌 현수막을 내걸고 장기수들의 유골을 파헤쳤다. 이후 연화공원은 철거됐고, 여섯 장기수의 유골은 다른 곳으로 이장되었다.

박상표는 보광사 원통전 벽화의 화기(畫記)에 적힌 글귀를 오래도록 바라보았다. "중생들이 사는 세상은 여러 가지 형상이 있으나 반드시 부처님의 법 가운데로 돌아온다(衆生世界諸形相 必竟歸來佛法中)." 보광사의 아미타불과 관음보살은 따스한 손을 내밀어 영조의 어머니 숙빈 최씨, 노동자, 농민, 학생, 전경, 비전향 장기수뿐만 아니라 계엄사령관 이회성과 소, 말, 개, 돼지, 새, 물고기에 이르기까지 세상의 모든 존재를 두루 평등하게 어루만져줄 것이라고 그는 믿었다.

이렇게 답사를 다닌 지 몇 해가 지난 1994년 10월 박상표는 자신이 답사를 하는 데 영감을 준 유홍준 교수와, 서울대 학보《대학 신문》지면을 통해 서면 대화를 나누는 기회를 갖게 됐다. 동문 문화예술인 선배와 편지를 통해 대화와 토론을 해보자는 취지로 마련된 「관악에서 띄운 편지」라는 코너에 그의 글이 채택됐다. 원고지 10매 정도의 이 글에서 그는 자신을 '문화유산' 답사로 이끈 유홍준 교수를 의외로 꽤나 신랄하게 비판했다.

"강원도 정선과 영월로 문화 역사 기행을 떠나는 길에 유 교수에게 길을 묻는 나그네처럼 『나의 문화유산 답사기』를 펼쳤다"는 말로 시작하는 서두는 유홍준 교수가 "'문화유산 답사'라는 1990년대의 새로운 문화 현상의 씨를 뿌렸다"며 칭찬하고 있다. "고대과 현대를 넘나드는 해박한 지식, 역사와 정치에 대한 줏대 있는 발언을 비롯한 수많은 유 교수의 장점 중에서도 가장 큰 장점은 이 땅과 그 안에서 살고 있는 사람들에 대한 애정"이라고도 썼다.

하지만 이어지는 본론에서 그의 말투는 이내 반대로 바뀌었다. 박상표는 유홍준 교수에게 '문화유산 답사'라는 1990년대의 새로운 문화 현상이 혹 정치·문화적 보수화 물결에 휩쓸린 일시적 유행은 아닌가, 1980년대의 '이념'의 자리를 '문화'가 대신 차지한 것 아닌가, 1980년대의 치열했던 삶을 제대로 정리하지도 못한 채 사회 정의와 진보보다는 자신만의 이익과 안락을 추구하는 그 어디쯤에 '문화'가 자리 잡고 있는 것은 아닌가 하는 우려가 든다고, 그래서 선배님은 어떤 문제의식에서 이 책을 쓰신 거냐고 따져 물었다.

하지만 유홍준 교수는 언제 어떤 자리에서도 사회 정의와 진보보다는 자신만의 이익과 안락을 추구하는 말과 행동을 하지 않았다. 극우보수주의자의 행보를 보인 적도 없다. 유홍준 교수 본인도 박상표의 물음에 대한 답글에서 이 점을 언급하고 있다. 자신은 단지 사물을 바라보는 올바른 눈, 다시 말해 그동안 권력자와 가진 자들에 의해 은폐되고 허위로 치장되어 온 '논리'가 아니라 문화유산이라는 존재하는 그대로의 '사실'로 증언하고 싶었다고 설명했다. 진보적 미학의 덕성을 다수 대중에게 설득력 있게 제시하여 제도권이라는 벽을 보수주의자들이 스스로 허물게 되길 바랐다고도 썼다.

얼굴도 한 번 본 적 없는 후배에게 비판을 받는 것이 다소 억울했던지 유홍준 교수는 "나는 항시 책 이름 그대로 문화유산의 답사기를 썼을 뿐이라고 말하건만 사람들은 자꾸 그 행간에 서려 넣고 싶은 것이 무엇이었냐고 캐묻고 있다"며 "나는 과분한 찬사도 억울한 혐의도 받고 싶지 않다"고 설명하기도 했다.

《대학 신문》에 실린 글만 보면, 박상표는 아직 어리고 젊은 혈기가 넘쳐흘러 무고한 사람에게 다소 억지스러운 비판을 한 것처럼 보일 수 있다.

하지만 박상표가 남긴 글과 자료들을 더 찾아보면 그렇게만 생각할 일이 아니다. 그의 편지글에는 중요한 코드 하나가 무겁게 깔려 있었다. 그것은 '1980년대'에 대한 진지한 문제의식이었다. 그는 유홍준 교수의 『나의 문화유산 답사기』 혹은 그가 촉발시킨 문화유산 답사 열풍과 "1980년대의 아픔"을 재차 함께 거론했다. 박상표는 편지글에서 "1980년대의 아픈 상처를 간직하며 살아가든 혹은 그러한 상처와 무관하게 살아가든, 21세기를 눈앞에 둔 1990년대를 고뇌하며 살아가는 많은 사람들에게 그 책(『나의 문화유산 답사기』)은 하나의 교과서가 됐습니다"라고 했다.

'1980년대'가 끝난 지 4~5년, 그리고 그가 인천 노동 현장에서 씁쓸하게 떠나온 지 불과 1년. 1980년대의 치열함에 비하면 전국을 휩쓰는 문화유산 답사 열풍은 '자신만의 안락을 추구하는' 한가한 신선놀음으로 보였을 법하다. 하지만 아이러니컬하게도 박상표 본인 역시 유홍준 교수의 책을 교과서 삼아 들고 다닐 정도로 문화유산 답사에 푹 빠져 있었다. 그런데 1980년대의 아픔을 여전히 가슴에 간직하고 있었기 때문인지, 아니면 좀 더 치열하게 자기 역할을 하지 못했다는 부채의식 때문인지, 같은 답사를 다니더라도 박상표는 늘 좀 다른 것을 보곤 했다. 과거 소수의 특권층을 위해 조성된 문화유적들 앞에서도 그는 그 아래 깔린 민초들의 아픔을 보았고, 보광사 미륵보살입상 앞에서 그랬듯이 떠돌이처럼 떠난 길 위에서 '변화된 시대 상황에 적응하지 못하고 아파하는' 자기 자신을 종종 만나곤 했다.

문화유산 답사에 대한 이런 문제의식 때문인지 대학 졸업 후 그의 답사지는 근현대 역사의 현장으로 이어졌다. 시민 단체 활동과 맞물리면서 혼자보다는 주로 단체 답사가 많았는데, 절이나 유적지도 방문했지만, 통일 단체 등과 함께 제주도 4·3 항쟁지나 거창 양민 학살지, 노근리, 여순 학살지, 지리산 빨치산(partisan) 지역 등을 찾아다니기 시작했다.

권력은 언제나 자기네 입맛대로 역사를 오용하고 악용하고 통제하기 때문에 박상표는 직접 역사의 진실을 찾아다녔다. 특히 근현대사는 남북 대립으로 인해 제대로 연구하기조차 어렵고 미국이나 일본에 가서 기밀 문건들을 들여다볼 수도 없기 때문에 박상표는 이 땅의 역사 현장을 찾아 묵묵히 발품을 팔았다.

박상표는 그동안 잘못 알려진 사실들의 실제 현장을 찾아가 구체적으로 확인하려고 했다. 찾을 있는 데까지 자료를 찾고 사건을 직접 겪은 당사자나 주변인들을 만나 이야기도 들었다. 다양한 접근을 통해 왜곡된 역사에 대한 고정관념을 깨보려고 했다. 처음에는 여순 '반란' 사건, 4·3 '폭동' 등으로 불렸던 역사적 사건이 나중에 '항쟁'으로 바로잡힌 것처럼.

그는 폐사지를 찾아 과거 사람들과 묵언의 대화를 나누듯이 역사의 현장과 만나면서 역사적 진실을 찾아가는 답사를 다녔다. 문화유산을 찾아가는 답사든 역사의 현장을 찾는 답사든, 대상과의 상호작용과 대화를 통해 진실을 탐구한다는 점에서 그에게는 다를 것이 없었다. 의식의 성장과 함께 박상표의 답사는 폭이 넓어지고 진화했다. 훗날 비전향 장기수 송환추진위원회 활동을 하면서 그는 전국의 비전향 장기수들을 만나 인터뷰하고 그들의 구술 내용을 기록했는데, "기록도 없는 한국전쟁 전후 역사에 대해 군인이나 빨치산 생존자, 토벌꾼들의 기억과 생생한 구술을 토대로 역사서를 쓰고 싶다"는 바람을 피력하기도 했다(참여연대 회원 인터뷰, 2003).

졸업 후, 무엇을 하며 살 것인가

박상표의 복학 생활은 1994년 3학년 1학기부터 1995년 4학년 2학기까지 휴학 없이 이어졌고, 그는 1996년 2월에 무사히 졸업했다. 국가 고시를 통과해 수의사 자격증도 취득했다. 졸업을 앞둔 대학생들이 다들 그렇듯이 박상표 역시 진로를 고민했다.

3학년 여름방학 때는 과 동기들과 함께 김포에 있는 돼지 농장에서 두 달 간 일을 하기도 했다. 졸업 후 임상 수의사로 일하려면 졸업하기 전에 축종(畜種)을 정해야 하는데, 반려동물보다는 산업 동물을 진료하는 수의사가 되겠다는 생각으로 일을 배우러 갔던 것이다. 그해 여름 그곳에서 박상표와 함께 일했던 후배 유경근은 "막상 해보니 생각보다 일이 너무 힘들었다"고 회상했다. 아침에 일어나면 돼지 밥 주기부터 시작해 똥 치우기 등 잡부들이 하는 고된 막일이 하루 종일 계속됐다. 학생들에게 농장 일을 체험하도록 한다는 취지에서 그랬겠지만, 수의사로서 경험을 쌓기에 적절한 일들은 아니었다.

게다가 우리나라에서 돼지 생산으로 손꼽히는 규모인 그 농장에서 박상표는 말 그대로 공장식 축산의 실상을 목도했다. 그곳에는 인간을 위해 목숨을 바치는 돼지에 대한 배려나 동물복지 같은 개념이 없었다. 어미돼지는 길이 210센티미터, 폭 60센티미터인 스톨(stall, 폐쇄형 칸막이)이라는 독방 속에서 평생을 살아간다. 공장식 축산이 발달하면서 축산업은 생산비를 줄이기 위해 더 많은 돼지들을 더 작은 공간에 몰아넣는 방식으로 변했다. 비좁은 공간에서 생활하는 돼지들은 스트레스 때문에 서로 물어뜯는 일이 종종 생기는데, 이로 인해 부상이나 병이 자주 발생한다. 그래서 돼지들끼리 아예 교류할 수 없도록 개발한 사육 틀이 바로 스톨이다. 더 많은 고기를 얻기 위한 사람들의 욕심 때문에 어미돼지는 걷지도 몸을 돌리지도 못하는 스톨 안에서 새끼와 자연스러운 교감도 하지 못한 채 새끼 낳는 기계로 살아간다. 축주(畜主)들은 약하고 적응이 느린 새끼는 태어나자마자 스톨에 머리를 쳐서 죽여 버리기도 한다. 애써 키워 봤자 돈이 되지 않기 때문이다.

돼지 농장에서의 체험으로 산업 동물 수의사 일에 회의를 느낀 박상표는 결국 개나 고양이를 진료하는 소동물 수의사가 되기로 했다. 수의학과를 졸업하면 국가 고시를 거쳐 대부분 수의사 자격증을 취득하지만 모두가 다 동물 진료에 종사하는 것은 아니다. 진료를 하는 임상 수의사는 전체의 20~30퍼센트밖에 되지 않는다. 나머지는 사료 회사나 약품 회사에 취직하거나, 보건 및 축산 분야 공무원이나 여타 전문 분야에서 일하기도 한다. 임상 수의사들 중에는 개나 고양이 같은 반려동물을 진료하는 소동물 수의사도 있고, 소나 말, 돼지나 닭 같은 산업 동물을 진료하는 대동물 수의사도 있다. 대동물 수의사도 소동물 수의사처럼 동물병원을 운영하긴 하지만, 대개는 축주가 환축을 병원으로 데려오지 않고 수의사가 환축을 진료하러 농장으로 간다는 점이 다르다.

다른 의대나 수의대처럼 서울대 수의대에도 임상을 공부하는 동아리나 세미나 활동이 따로 있었다. 당시 4년제 과정에서는 2학년, 3학년 때 주로 조직학이나 병리학 같은 기초 학문을 배우고 4학년 때 본격적으로 내과나 외과 같은 임상 과목을 배웠다. 졸업 후 임상 수의사가 되겠다는 결심을 굳힌 박상표는 3학년 때부터 임상 동아리와 세미나 활동을 했다.

임상 세미나는 대개 케이스(case, 임상 사례) 스터디를 중심으로 이루어졌다. 임상을 본격적으로 배우지 않은 3학년 때도 박상표는 미리 예습을 해와서 아는 것이 많았고 공부도 열심히 했다. 3학년 겨울방학이 되자 박상표는 졸업한 선배가 운영하는 동물병원에 가서 일하면서 소동물 임상을 배웠다.

졸업 후에는 '불꽃서당'이라는 공부 모임에도 나갔다. 불꽃서당은 수의학과 졸업생들을 중심으로 한 임상 공부 모임이었는데, 졸업 후 각자 동물병원에서 일하면서 부족한 지식을 보충하기 위해 영어로 된 두꺼운 원서를 함께 공부하는 스터디 그룹이었다. 박상표를 비롯해 아홉 명 정도의 졸업생이 2주에 한 번씩 정기적으로 모였는데, 각자가 맡은 부분을 번역해서 모임 때 발표하는 식으로 공부했다. 이 모임은 박상표가 대학을 졸업한 1996년 2월부터 그해 9월경까지 계속됐다.

장차 무슨 일을 할 것인가. 박상표가 생각한 진로는 수의사만이 아니었다. 수의학과를 다니고 있으니 일단 수의사가 될 준비를 하긴 했지만, 그는 할 수만 있다면 수의사 말고 다른 일도 해보고 싶었다. 어차피 더 이상 노동운동으로 바뀔 세상이 아니라면 차라리 공무원이 되어 사회적으로 유의미한 정책을 펼쳐보자는 생각에서 고시에 도전하기도 했다. 졸업 후 박상표는 같은 방을 쓰던 룸메이트 박혁과 함께 행정 고시 공부를 했다. 수의사 면허증을 가지고 일반 행정직 사무관이 되면 동물 방역 분야나 농림부에서 일할 수도 있었다. 2년 동안 열심히 공부한 두 사람 다 1차 시험에는 합격했는데 아쉽게도 2차 관문을 넘지 못했다.

졸업 전에는 국가안전기획부 공채 시험에도 도전했다. 당시 여수 대학교 4학년에 재학 중이던 동생 박상현도 경찰 시험을 준비하느라 서울에 올라와 있었기 때문에 형제가 함께 독서실을 다니며 공부했다. 박상현은 경찰 시험에 합격해서 청와대 경비단에서 근무했지만, 박상표는 그러지 못했다. 안기부 시험을 1차와 2차 모두 합격했는데 마지막 면접 단계에서 신원 조회에 걸려 탈락하고 말았다. 구로구청 농성 등 학생운동과 인천에서의 위장 취업 경력 등이 문제가 됐다. 학생운동 전력에다 한때 노동운동에 투신하려고 했던 박상표의 이력을 생각하면 안기부에 취직하기 위해 시험을 친 것은 다소 의외의 일이다. 이에 대해 반도문학회 친구였던 정원주(한양대학교 87학번)는 "상표가 안기부 시험을 보러 가면서, 안기부가 인재를 키우기 위한 투자를 많이 하는 데다 해외에 나갈 기회가 많기 때문에 거기서 일해 보고 싶다고 했다. 떨어져서 많이 아쉬워했다"고 말했다.

인천에서의 노동운동을 중단하고 돌아와 복학한 후의 그의 행보는 먹고 살기 위해 착실하게 취직 준비를 하는 일반 대학생의 모습과 다를 바 없었다. 한 후배는 "다들 상표 형이 졸업 후에 노동운동을 할 줄 알았는데 임상을 하겠다고 해서 놀랐다"고 말했다. 박상표 본인도 선택을 하면서 고민이 많았다. 더구나 그는 다들 노동운동을 그만두는 시기에 노동 현장에 들어간 마지막 세대였다.

당시는 소련이 무너지고 사회주의가 실패했다는 인식이 확산되면서 학생운동을 하던 사람들 사이에 패배 의식 같은 것이 생겨나던 시기였다. 학생운동을 포기한 사람들 대부분은 일반 생활인이 되어 갔고, 일부는 노조 운동가가 되기도 하고 농대생의 경우 농민 운동을 하기 위해 농촌으로 가기도 했다. 박상표의 선택도 그들과 크게 다를 수 없었다. 그랬기 때문에 그는 답사를 다니면서도, 학교에서 공부를 하면서도 1980년대에 대한 부채 의식에 괴로워했다.

잠시 길을 잃은 것처럼 느껴질 때는 현재 서 있는 곳에서 다시 출발하는 수밖에 없으므로 그는 수의대를 졸업하고 수의사로 살아가야 하는 자기 자신을 성찰했다. 어떤 수의사가 될 것인가. 수의사 자격증이 있으면 생계를 해결하고 외부의 간섭으로부터 삶의 독립성을 지킬 수도 있었다. 수의사는 동물 질병 분야의 전문가로서 권력이나 자본의 영향에서 벗어나 독립적으로 진단하고 결정을 내릴 자율성이 보장되는 직업이기에.

이렇게 끝없는 진로 고민을 안은 채 박상표는 1996년 2월에 대학을 졸업했다. 본인이 작성한 경력증명서에 따르면 박상표는 그해 3월부터 '김태근동물병원'에서 수의사 생활을 시작했다. 학생 시절에도 종종 과외 지도 등 아르바이트를 해서 생활비를 벌었던 그였기에, 집에 손 벌리지 않고 바로 일을 시작했다.

하지만 수의사 일에만 전념하기에는 그의 마음을 끄는 것들이 너무 많았다. 문화유산 답사, 경실련, 참여연대, 비전향 장기수 송환 추진위원회,…… 그리고 그 사이사이 있었던 안기부 시험과 행정 고시까지. 선배의 소개로 1년마다 계약을 갱신하는 페이 닥터(pay doctor, 월급의 또는 봉직의)로 일하던 그가 금호동에 자신의 병원을 연 것은 다른 직업에 대한 미련을 접은 1999년 말이었다.

대학 졸업 후 이 시기에 그가 정말 순전한 '수의사의 삶'을 살았다고 보기는 어렵다. 오히려 학생 신분을 벗어나 취직과 동시에 얻은 경제적 여력을 발판 삼아 하고픈 일을 마음껏 하며 돌아다녔다. 대학 입학이 그에게 새로운 세계로의 입문이었다면 대학 졸업은 더 넓은 세상을 향해 발돋움하는 관문이었다.

참여연대 속으로

박상표는 이미 그가 경험한 세상이 너무 넓었고, 그의 가슴에 자라는 호기심과 탐구욕이 너무 컸다. 대개 혼자 사는 직업여성들이 데려오는 탈 난 강아지들을 돌보는 일은 생계를 위한 최소한의 아르바이트였을 뿐, 진료가 없는 날이면 어김없이 내면의 부름을 따라 밖으로 나섰다.

그를 동물병원 밖으로 불러낸 가장 큰 유혹은 바로 답사 활동이었다. 『고적 답사 이야기』가 출간된 것이 1996년 9월이니 그때까지 하이텔 고적 답사 동호회 활동을 계속한 것은 확실하다. 하지만 박상표는 이에 만족하지 않고 이곳저곳의 답사 관련 모임들에 관여했다. 문화유산 답사가 사회적으로 유행하던 시절인 만큼 많은 단체들에서 답사 모임을 운영하고 있었다. 박상표가 찾아간 경우도 있었지만, 단체들에서 그를 강사 겸 답사 안내자로 초빙하기도 했다.

답사 전문 동호회 '바로 보는 우리 문화'의 이성규 대표는 1997년 한국민족예술인총연합(민예총)의 답사 강좌에서 박상표를 처음 만났다. '바로 보는 우리 문화'는 후에 박상표가 열정을 바친 참여연대 답사 모임 '우리땅'과 여러 차례 공동 답사를 진행할 정도로 친분이 두터웠던 곳이다. 이때 이미 박상표는 단순한 회원이 아니라 답사를 이끄는 안내자나 강사로 활동했다.

1996년 6월부터 시작해 그해 11월에 정식 출범한 경실련의 답사 소모임 '길, 사람, 만남'의 활동 자료에 따르면, 1996년 7월에 하이텔 고적 답사 동호회와 만남을 갖고 '정보와 활동의 교류를 합의'한 것으로 나와 있다. 이 만남을 박상표가 주선했는지는 확인할 수 없지만, 어쨌든 이런 식으로 다른 단체와의 교류를 통해 자연스레 활동의 범위가 넓어진 것으로 보인다. 박상표는 이후 '길, 사람, 만남'의 문화유산 답사에 적극적으로 참여했고 안내도 했다. 1997년 12월 31일 여수 향일암에서 새해 첫 해맞이를 하기 위해 떠난 경실련 문화역사 기행의 무박 2일 답사 자료집에 박상표의 이름이 안내자로 올라 있는 것으로 보아 적어도 그때까지 경실련 답사 모임에 관여한 듯하다.

박상표의 시민 단체 활동은 답사 모임에 그치지 않았다. 경실련에서 주최한 '민족 화해 아카데미' 수강을 계기로 경실련 통일 협회 활동에도 열심히 참여했다. 매주 한 강좌씩 총 15강을 진행하는 '민족 화해 아카데미'는 대학 한 학기 수업 못지않은 분량의 강좌였다. 궁금한 것이 생기면 도서관에 파묻혀 관련 서적을 찾아보고 탐구하는 습관이 몸에 밴 그는 자신의 의문을 해결해 줄 배움의 계기들을 부지런히 찾아다녔다. 그리고 그런 곳에서 만난 사람들은 세상과의 또 다른 연결 고리가 됐다. 당시 경실련 통일 협회 간사였던 김삼수 팀장은 지금도 박상표의 성실한 활동에 고마워한다.

"2000년에 민족 화해 아카데미 9기 수강생이셨죠. 민족 화해 아카데미 총동창회 행사에 나오다가 이런저런 회원 행사에 참석하시게 된 것 같아요. 여의도에서 열린 북한 동포 돕기 바자회에도 나와서 많이 도와주셨고, 매향리 방문 활동도 같이 하고. 그해에 마침 한미 주둔군지위협정(SOFA, 소파) 개정 문제가 이슈였는데, 한동안 매일 낮 12시에 미국 대사관 앞에서 소파 개정 촉구 집회가 열렸어요. 그때 '불평등한 소파 개정 국민 운동 본부' 사무국을 경실련 통일 협회가 맡고 있었거든요. 그 집회에도 꾸준히 참석해서 힘이 되어 주셨지요. 회원들 힘이 필요하다고 하면 언제나 나오셨어요. 다들 이미 휴대폰을 쓰던 시절이었는데 혼자서 삐삐를 고수하고 다니셨던 기억이 나네요."

통일이나 한반도 문제에 대한 관심 때문에 박상표는 나중에 비전향 장기수 송환추진위원회에서 상근하다시피 일하기도 했다. 하지만 그가 다른 어떤 곳보다 장기간 애정과 열정을 가지고 활동한 곳은 '참여연대'였다. 앞 장에서 밝혔다시피 참여연대는 인천 노동 현장 활동 당시 같은 모임의 회원들이 주축이 되어 출범했다. 하지만 참여연대 활동은 누구와의 인연 때문이 아니라, 그 단체가 일할 만한 가치와 의미가 있다는 스스로의 판단에 따른 선택이었다. 여러 사람들의 말을 종합해 보면, 박상표가 참여연대 일에 처음 관여하게 된 계기 역시 답사 모임이었다.

당시 신생 단체였던 참여연대는 회원들의 참여를 독려하기 위해 여러 가지 회원 모임을 만들어 운영했는데 그중 하나가 답사 프로그램이었다. 그때 참여연대 회원 모임에는 주부들이 많았는데, 이들이 모임에 나와서 하는 일은 각종 행사의 음식 장만이나 설거지 등 집에서도 매일 하는 일이 대부분이었다. 이들이 사회 활동에 대한 불만과 고민을 제기하면서 문화유산 답사에 관심 있는 회원들을 중심으로 '우리땅'이 만들어졌다. 하지만 아마추어 회원들끼리 모임을 운영해 가는 것이 여의치 않자, 담당 간사가 수소문해서 '선생님'을 영입했는데, 그가 바로 박상표였다. '우리땅' 초기 회원이었던 박종례는 당시 이야기를 기꺼이 자세하게 들려주었다.

"1996년에 『우리 궁궐 이야기』의 저자 홍순민 명지대 교수가 참여연대에서 강의를 했어요. 참여연대가 초기에는 회원들의 참여를 유도하려고 강의 모임 같은 걸 많이 진행했거든요. 내용이 참 좋았어요. 끝날 때 우리가 아쉬워하니까, 그러면 회원 소모임을 해보는 게 어떻겠느냐는 아이디어가 나왔지요. 그런데 우리가 잘 모르니까 당시 간사였던 박영선 씨가 박상표 씨를 영입해 온 거죠. 그래서 박상표 씨가 '우리땅' 1기 회장이 됐어요. 본인이 내켜서 온 게 아니라 그랬는지 처음에는 좀 부담스러워하는 기색이었는데, 프로그램을 진행하면 할수록 다들 놀라서 입이 딱 벌어졌죠. 뭐 하나를 해도 책임감 있게 하는 성격이었으니까."

참여연대 답사 모임 '우리땅'은 그렇게 1997년 10월에 아홉 명의 회원으로 출발했다. '우리땅'이라는 이름은 2000년 이후에 지어졌고 그전에는 그냥 참여연대 답사 모임이라고 불렀다. 일주일에 한 번씩 모여서 답사할 곳에 대해 미리 공부하고, 한 달에 한두 번 답사를 떠나는 방식으로 운영됐다. 그때 이미 답사 베테랑이 되어 있었던 박상표가 자료를 준비해 오면 같이 스터디를 하고 답사 때는 박상표가 안내를 맡았다. 선정된 답사지는 대부분 그가 이미 가본 곳이었기 때문에 자료 준비는 문제가 아니었다. 스터디 때는 본인이 미리 찍어둔 현장 사진을 슬라이드 필름으로 만들어서 한 장씩 보여주며 설명했다.

그가 이렇게 시민 단체 답사를 다니면서 만든 수많은 답사 자료집은 지금도 꽤 많이 남아 있다. 나중에는 자료집의 내용이 점점 더 보완되어 매 답사 때마다 한 권의 책으로 제본해서 묶었을 정도였다. 늘 분위기에 어울리는 한 편의 시로 시작한 이 자료집들의 내용은 일회성 답사에 사용하고 버리기에 아까운 수준인 것이 많았다.

어떻게 그런 전문적인 자료집을 만들 수 있느냐는 물음에 박상표는 "예전부터 역사 분야에 관심이 많아서 자료를 많이 보았는데, 답사 자료집은 보통 주말을 이용해 국회도서관 등을 다니면서 비밀이 해제된 문서와 여러 책들을 보고 자료를 수집해 만든다"고 말한 적이 있다. 답사 자료집이 두꺼운 이유는 '알면 보인다'는 생각 때문이라고 했다. 역사는 '역사적 사실(Fact)'을 기록하는 사람의 세계관에 따라 왜곡되어 쓰이기 마련이고, 대부분은 권력자, 기득권자, 지배자의 기록이다. 박상표는 피지배자의 시각으로 쓰인 기록과 객관적인 사실들을 수집하고 해석하면서 진짜 '사실'이 무엇인지 알아내고 싶어 했다.

그는 "남는 것은 자료집과 사진밖에 없다"는 말을 곧잘 농담처럼 했다. 유명 강사를 내세워 대부분 이벤트성으로 이루어지던 다른 단체들의 답사와는 달리 '우리땅'의 답사는 회원들끼리 공부하고 대화하고 토론하는 인간적인 교류가 있는 모임으로 발전해 갔다. 그는 회원들이 답사를 통해 문화와 역사를 공부하면서 삶을 돌아보고 인생의 방향을 찾아가는 시간을 갖기를 바랐다.

수의사라는 직업과 답사 모임의 공통점에 대해 박상표는 한 잡지 인터뷰에서 이렇게 말한 적이 있다.

"수의사라는 직업은 동물을 치료하는 일인데 저는 병원을 찾아온 동물의 주인과 대화를 나눕니다. 그렇게 동물에 대한 정보를 캐내고 수수께끼의 조각을 맞춰 질병을 밝혀내고 문제를 해결하는 거죠. 이에 반해 답사 모임은 여러 사람이 자료를 토대로 해석, 토론의 과정을 거쳐 역사적 '사실'을 밝혀내는 것이고요. 이 두 가지는 그냥 보기엔 전혀 관련이 없어 보이지만 사람과 사람이 대화를 통해 문제를 해결한다는 점에서 연관성이 있습니다."

당시 스물여덟 살로 답사 모임의 최연소 회원이었던 박찬주는 박상표의 강의가 얼마나 좋았던지 모임 연락이 오면 한 번도 빠지지 않고 참석했다. 박찬주는 후에 '우리땅' 회장까지 맡을 정도로 열성 회원으로 활동했다.

"저는 직장 생활을 하다가 회의도 들고 한계를 느끼던 시기였어요. 그냥 생활인이 되어 가면서 대학 때 고민했던 것들도 흩어졌고요. 이래선 안 되겠다고 생각할 즈음 참여연대에 전화를 해서 회원이 되겠다고 하고 찾아갔지요. 그런데 막상 가보니 참여연대는 전문가 집단이라서 저 같은 일반 시민이 할 일이 별로 없었어요. 참여연대에서도 그 때문에 대중과 함께할 모임이 필요하다는 요구가 있어 한참 자발적 소모임들을 많이 만들기 시작했죠. 등산 모임도 있었고, 청년 모임도 있었어요. 그중 하나가 '우리땅'이었는데 저한테 이 모임을 추천해 주더라고요. 하지만 저는 평생 그런 것을 들어본 적도 접해본 적도 없었어요. 답사나 문화나 그런 것은 문외한이었으니까요. 첫 시간부터 충격이었지요. 설명하는 사람이 나보다 두 살밖에 많지 않은데 어쩌면 그리 박식한지."

박찬주는 부석사에 대한 박상표의 설명을 듣고 그해 11월 초 영주로 첫 답사를 떠났다. 당시 박상표가 정성껏 만든 답사 자료집 「낙엽의 소나기가 내리는 만추(晚秋)의 부석사와 소수서원」은 지금도 파일첩에 잘 보관되어 있다. 답사 모임이 발전하면서 나중에는 자료집을 제본해서 책 형태로 만들었지만, 당시 자료집은 여전히 자료를 복사해 스테이플러로 묶은 것이었다. 하지만 A4 용지 30장에 달하는 이 자료집의 수준은 상당했다. 답사지인 부석사가 자리한 영풍군의 지리와 역사부터 부석사의 역사와 눈여겨봐야 할 유물, 국보 제18호인 부석사 무량수전이 지닌 가치, 그리고 부석사를 창건한 의상대사의 화엄사상까지, 초보자도 이해하기 쉽게 친절하게 안내가 되어 있다. 박상표가 자료집 첫머리에 적은 발문을 보면 당시 첫 답사의 설레는 분위기를 짐작할 수 있다.

낙엽의 소나기가 금방이라도 퍼부을 것 같은 가을날입니다. 정치, 경제, 사회가 낙엽처럼 우수수 떨어지는 땅에도 가을의 풍경은 아름답기 그지없습니다. 부석사와 소수서원을 품에 안고 있는 영주 땅은 태백산맥과 소백산맥이 만나는 양백지간입니다. 넓게 보면 안동 문화권에 속하는 곳이기도 하고요. 삼국시대에는 고구려와 신라가 부딪힌 변경 지대였지요. 그래서 의상이 부석사에 자리를 잡았는지도 모릅니다. 후삼국시대에는 견훤과 왕건이 힘을 겨룬 곳이기도 하지요. 고려 적에는 이곳 출신 안향이 성리학을 최초로 수입해 오기도 했습니다. 조선 건국의 사상적, 제도적 기틀을 마련한 정도전의 고향이기도 합니다. 주세붕과 이황은 둘 다 풍기 군수를 지낸 인연으로 소수서원을 세우고 발전시키기도 했지요. 이번 답사는 동선의 흐름에 따라 건축물을 하나하나 세심히 살펴볼 수 있도록 기획했습니다. 말하자면 넓이보다 깊이를 선택한 셈이지요.

이렇게 시작된 답사는 이듬해부터 탄력을 받아 전국 방방곡곡을 질주하기 시작했다. 운현궁과 민속박물관, 남산골 한옥촌과 안국동, 북촌 등 서울 시내는 물론이고 익산 미륵사지, 경주 남산, 충북 진천 보탑사, 강화도 전등사, 충남 예산의 추사 고택 등 전국의 문화유산을 답사했다. 목조 건물을 답사할 때는 목조 건축 전문가 신영훈 한옥문화원 원장을, 서울 시내 궁궐을 답사할 때는 홍순민 명지대 교수를 초대하는 등 전문가들의 설명을 곁들여 답사의 수준을 높였다. 여주 남한강변에 있는 신경림 시인 출생지를 답사할 때는 문학을 테마로 자료집을 준비하는 등 그 지역의 배경과 역사를 놓치지 않으려고 노력했다. 4월 19일에는 북한산성을 답사하면서 4·19 묘지를 참배하기도 했다.

옛 사람들의 숨결이 살아 있는 역사의 현장에서 나눈 문화와 삶에 대한 대화는 참가자들에게 소중한 추억이 되었다. '우리땅' 회원들은 "어디 가서 돈을 주고도 그런 강의를 듣지 못했을 것"이라며 값을 따질 수 없는 귀한 시간이었다고 입을 모았다.

그랬기에, 박종례는 박상표의 사망 소식을 듣고 한동안 잠을 이루지 못할 정도로 큰 충격을 받았다. 그전 해에 자신의 아버지가 별세했을 때만큼이나 상실감이 크고 안타까웠다. 당시 함께 활동했던 회원들에게 전화로 소식을 알리자 다들 한결같은 반응을 보였다.

"우리가 존경하는 분이었는데 어쩌다 그렇게 됐을까."

"맞아, 정말 우리가 존경했었어.……"

박종례는 그런 말들에 동감했다.

"노무현 대통령이 운명했을 때 김대중 대통령이 그랬다잖아요. '내 몸의 반이 무너졌다'고. 정말 그 말이 무슨 뜻인지 이해가 되더군요. 그때 우리가 다 같은 마음이었을 거예요. 회원들 대부분이 박상표 씨보다 나이가 많았지만, 나이와는 상관없이 선생님으로 모셨어요. 진심으로 존경했지요."

1963년생인 박종례는 박상표보다 나이가 많았지만 그 앞에서는 언제나 배우는 학생의 입장이었다. 당시 박상표는 답사 모임 '우리 땅'이나 참여연대 내에서 '워킹 딕셔너리(walking dictionary, 걸어다니는 사전)'란 별명으로 통했다. 유일한 아킬레스건인 음악을 제외하면 인문, 역사, 지리, 문화, 미술 등 뭘 물어봐도 모르는 것이 없었다. 그런데 아줌마 회원들의 '존경'은 단지 그가 아는 것이 많아서가 아니었다. 자신이 책임을 맡은 일은 최선을 다해 해내는 성실함과 주변 사람들에게 헌신적으로 봉사하는 인간미 때문이었다.

"그때 우리 주변 사람들은 무슨 일이 생기면 입버릇처럼 말했어요. '박상표한테 물어봐.' 물어보면 뭐든 성심을 다해서 대답을 해주니까요. 굳이 그렇게까지 할 필요가 있을까 싶을 정도로 헌신적으로 도와주고 그랬어요. 예를 들면 최근에도 박상표 씨한테 노조 활동과 관련해 뭘 좀 물어본 일이 있었어요. 그게 제 일도 아니고 제 지인이 물어봐 달라고 한 건데, 자기가 할 수 있는 한 최대한 알아봐 주더니 '여기로 전화하면 변호사를 연결시켜 줄 거'라며 어떤 단체 전화번호까지 주더라고요. 뭐든 물어보면 그냥 논문이 하나 나오죠."

박상표는 처음 만나면 냉정해 보이지만, 일단 친해지면 아무 숨김없이 자기를 다 열어 보였다. '우리땅' 회원들 중에는 여자가 많은 편이었는데, 다정다감하고 수다 떠는 것을 좋아한 박상표는 여성 회원들과 잘 어울렸다. 자기 앞길이 안정적이지 않을 것 같으니 (부동산 투자 삼아) 집이라도 사 놔야 할 것 같다는 둥, 차라리 의대를 나왔으면 좋았을 거라는 둥, 이민을 가고 싶은데 수의사로 이민 가는 것은 다시 면허를 따야 해서 어렵다는 둥, 얼핏 들으면 속물적으로 들리는 온갖 이야기도 솔직하게 다 털어놓았다.

이들이 기억하는 박상표는 '자료를 쥐 잡듯이 잘 찾는 사람', 그리고 '가끔은 무안할 정도로 호불호가 분명한 사람'이었다. 자기 생각에 아니다 싶으면 면전에서 신랄하게 대놓고 말해 버리니, 때론 가까운 사람들조차 깜짝 놀라기도 했다.

"한번은 파주에 있는 북한군 묘지를 가면서 동작동 국립현충원을 먼저 들렀어요. 그곳은 늘 참배객이 많잖아요. 그때 친일 행위로 유명한 누구 묘 앞에 서서 박상표 씨가 설명을 했지요. 사람들이 모여 있으니까 주변의 다른 사람들도 하나둘 기웃거렸어요. 박상표 씨가 입가에 침거품이 생길 정도로 신랄하게 무덤 주인의 친일 행적을 낱낱이 이야기하더니, '내 무덤에 침을 뱉어라'라고 한 박정희 전 대통령의 말을 언급하며 갑자기 그 무덤에 침을 탁 뱉는 거예요. '침을 뱉으라 했으니 침을 뱉어 줘야죠' 하면서. 그 순간 얼마나 놀랐는지 몰라요. 주변의 다른 사람들 중에는 분명 우리와 생각이 다른 사람들도 있을 텐데 싶어서 뭔 일이라도 나면 어쩌나 하고 가슴이 철렁했어요. 다행히 먹살잡이 같은 건 없었어요. 그러니까 한마디로 소신을 굽히지 않는 성격인 거지요."

이제는 다 지난 일이니까 웃으면서 이야기할 수 있지만, 박종례는 그때 놀랐던 일이 아직도 생생하다.

박상표는 실세로는 성실하게 공부하지 않으면서 '간판'만 가지고 지식인인 척하는 사람, 모르는 것을 아는 체하면서 적당히 자리 욕심만 내는 사람들도 대놓고 싫어했다.

"박상표 씨는 '우리가 지금 보는 문화 유적들은 대부분 누군가를 착취하거나 희생시켜 만들어졌기 때문에 그것에 대한 이해 없이 문화를 향유하는 것은 반대한다'는 말을 늘 했어요. 자기가 소위 엘리트라고 생각하는 사람들 중에, 평범한 사람들에 대해 그만한 이해를 가진 사람이 얼마나 되겠어요."

사람을 좋아하고 호기심을 좇아 여기저기 찾아다니는 성격 덕에, 박상표는 어느새 여러 단체에 걸쳐 지인이 많은 마당발이 되었다.

그래서 답사 모임 '우리땅'도 다른 단체들과 공동 답사를 진행하는 등 외부와 많은 교류를 하게 됐다. 앞에 언급한 '바로 보는 우리 문화' 말고도 경실련 답사 모임, 민예총, 전교조 역사 교사 모임과 함께 답사를 가기도 했고, 박상표가 이래저래 알게 된 지인들이 비정기적으로 답사에 따라 나서는 경우도 있었다.

2002년에 박상표는 참여연대 전체 회원을 대상으로 한 달에 한 번씩 열린 답사 모임에서 강사와 안내자를 맡았는데, 충실한 답사 자료집과 친절한 설명 덕분에 회원들의 반응이 무척 좋았다. 다른 답사 모임들에서도 그를 자주 찾았다. 이렇게 박상표는 시민사회에서 저명한 답사 선생님이 되었다.

박상표는 '우리땅' 모임 활동을 하다가 결혼도 하게 됐다. 당시 은행원으로 근무하면서 친구와 함께 참여연대 답사 모임을 찾은 조미숙과 평생의 연을 맺은 것이다. '우리땅'에서 맺어진 커플은 모두 세 쌍인데 박상표 부부가 그들 중 하나다. 늘 아줌마들하고 수다를 떨었지만, 한편으로는 공부밖에 모를 것 같은 천상 샌님 스타일이라 '저래 가지고 연애나 제대로 하겠나' 싶어 혀를 끌끌 차던 '우리땅' 회원들의 놀라움과 축복 속에 그는 2002년 고향 여수에서 결혼식을 올렸다. '우리땅' 회원들은 박상표의 결혼식 때도 인근 지역을 돌아보는 1박 2일 코스를 기획해 결혼식 참석도 하고 순천, 여수 일대 답사도 했다.

박상표는 '우리땅' 회장을 맡은 지 일 년쯤 지난 어느 날 회장직을 그만두고 물러났다. 처음부터 회원들 스스로 어느 정도 자생력이 생길 때까지만 돕고 물러날 생각이었다. 그때 몇몇 회원이 일 년 동안의 고마움을 담아 약간의 용돈을 마련해서 전달했는데, 그것을 자기가 받는 대신 비전향 장기수 류낙진 후원금으로 하자고 해서 회원 셋이 그의 서예 작품을 하나씩 산 적도 있다.

박상표는 비전향 장기수를 비롯해, 어려운 상황에 굴하지 않고 자기 신념을 지키는 단체나 활동가들에게 많은 애정을 가졌다. 지방에 사는 비전향 장기수가 서울에 올라오면 자기 집으로 데려가기도 했고, 나중에 배웅하면서 차비도 챙겨주었다. 비전향 장기수 양희철이 낙성대에서 운영한 탕재원에는 아는 사람들이 가서 약을 짓도록 나서서 소개하기도 했다. 훗날 광우병 정국 때 그는 수많은 강연을 하고 다녔는데, 어려운 시민 단체에서 강의료를 받으면 그들의 사정을 생각해 강의료를 도로 기부하고 돌아왔다.

그가 많은 애정을 가지고 활동했던 답사 모임은 2008~09년경에 없어졌다. 문화유산 답사 자체가 1990년대 중반에 생겨난 시대적 유행이었으니 어쩌면 자연스러운 결과였다. '우리땅' 모임이 침체기에 접어들자 박상표는 2003년에 다시 회장을 맡아 활동하기도 했으나 대세를 거스르기에는 역부족이었다. 박상표 본인도 2005년에 '국민 건강을 위한 수의사 연대(국건수)' 일을 시작하고 2006년부터는 광우병 정국에 휘말리면서 어느 때부터인가 답사와 소원해지고 말았다.

이 시기의 박상표에 관해 말해준 사람들의 공통된 이야기에 따르면, 대학 졸업 후 답사 모임 활동을 활발히 펼쳤던 이 시기야말로 박상표의 인생에서 가장 행복한 때였다. 마음이 맞는 사람들과 함께 지적 탐구를 하고 여행을 떠나 자연 속에서 함께하는 것 자체를 너무도 좋아하고 행복해했다. 치열한 사회 운동을 한 것도 아니고, 생계를 위한 계약직(파트타임 수의사) 말고는 공부하고 답사 가는 것이 전부였던 시기였다. 비록 이후 자신을 필요로 하는 곳에서 헌신하다가 다른 선택을 하게 됐지만, 이때만큼은 그의 삶에서 눈부시게 빛난 한때였다.

인생관을 묻는 질문에 그는 늘 "작고, 소박하고, 느리게 살아가는 것"이라고 대답했다. 인간과 인간 사이의 진정한 관계가 부족한 현대의 삶에 안타까움을 느낀 그는 사람들끼리 삶의 지향이나 고민, 취미 등을 교류하고 서로 이해하는 삶을 추구하고 싶다고 밝히기도 했다. '우리땅' 모임을 좋아한 것도 이런 자신의 지향점과 일치하는 면이 있었기 때문이다. 하지만 도시에서는 이같이 여유롭고 행복한 공동체 생활이 어렵다는 것을 깨닫고 언젠가 시골로 내려가 살 꿈을 꾸기도 했다.

박상표가 참여연대에서 '우리땅' 활동만 한 것은 아니다. 참여연대에는 당시 14개에 달하는 다양한 회원 모임이 있었는데 박상표는 흥미가 가는 대로 이런저런 모임에 많이 참석했다. '청년 마을' 같은 일반 모임에도 참여했지만 '참여연대 공부 모임'이나 '열린 사회를 만드는 모임(열사모)' 등 학습하고 토론하는 소모임이 그의 주무대였다. 참여연대는 처음부터 진보적인 교수, 학자, 변호사 등 전문가들의 참여가 많은 단체였기 때문에 '열사모'에는 조희연, 김동춘 같은 진보적 시각을 가진 교수들이 함께했다. '열사모'는 참여연대가 지향하는 사회상이나 다양한 이슈를 놓고 한 달에 한 번씩 전문가의 강의를 듣고 토론하고 공부하는 모임이었다. 이를테면 언론 문제가 이슈로 떠오르는 시기에는 민주언론운동시민연합(민언련) 관계자의 강의를 듣고 토론하는 식이었다.

참여연대에는 회원 모임들의 결합체인 '회원모임협의회'라는 조직도 있었는데, 박상표는 여기서도 열심히 활동했다. 회원 소모임 '우리땅'의 회장으로서 당연직 운영위원도 맡았다. 참여연대가 안국역 앞 종로경찰서 맞은편 큰길가에 있던 시절이있다. 고시 공부를 그만두고 2002년에 결혼하기 전까지 자유로운 시기에 그는 하고 싶은 단체 활동을 마음껏 하며 살았다. 결혼 후에도 생계를 위해 동물병원 일에 더 많은 시간을 보내긴 했지만 단체 활동을 그만두지는 않았다.

박상표는 2004년 참여연대 창립 10주년 토론회에도 회원들을 대표해서 패널로 참석했다. 안진걸 참여연대 협동사무처장은 박상표가 "상근은 못했어도 상근자에 못지않게 열심히 활동했다"며 "10주년 기념 토론에서 사회나 발제를 맡을 정도면 정말 적극적으로 참여한 것"이라고 말했다.

2004년 총선 정국에서 큰 사회적 이목을 끌었던 '낙천 낙선 운동'에는 유권자 100인 위원회의 일원으로 참여했다. 유권자 100인 위원회는 총선 전 각 정당의 공천이 이루어질 무렵부터 회의를 통해 낙천(공천 탈락) 명단을 만드는 등 유권자 심의 위원회와 같은 역할을 했다. 이 위원회는 참여연대 회원들을 중심으로 해서 다양한 직업군과 연령대의 대표자들로 구성됐는데 박상표는 수의사를 대표해서 참여했다.

참여연대 10주년 토론회에 그가 제출한 발제문의 제목은 "참여연대 운동 방향에 대한 한 회원의 제언"이다. 이 글에는 진보적 시민운동에 애정을 가지고 헌신적으로 활동했던 박상표의 참여연대를 향한 진심어린 조언이 담겨 있다. 박상표는 참여연대가 처음부터 변호사, 공인회계사, 대학교수 등 전문가 집단이 성명서 발표나 공청회 개최, 기자 회견을 통해 정책 대안을 제시하는 대변형 조직으로 시작했기 때문에 일반 시민들이 직접 참여할 수 있는 부분이 적다는 점을 지적했다. 또 의정 감시, 사법 감시, 조세 개혁, 반부패 같은 국가 영역의 활동뿐만 아니라 시장 영역의 권력 감시 활동도 참여연대가 앞으로 수행해야 할 중요한 임무이기 때문에, 이러한 권력 감시 활동에 회원들이 결합할 수 있는 다양한 방안을 지속적으로 개발해야 한다고 했다. 이와 더불어 내부 비판에 귀 기울이는 성찰적 자세와 상근 활동가들에게 미래에 대한 전망을 제시하는 것도 중요한 과제로 꼽았다.

참여연대 회원 게시판이나 참여연대 회원들이 모인 인터넷 카페에 가보면 이 시기에 박상표가 남긴 많은 글을 쉽게 찾아볼 수 있다. 참여연대 소식지 《참여 사회》에 정기적으로 기고한 글만 해도 수십 편이 넘는다.

초기에 평화나 통일 문제에 소극적이었던 참여연대가 나중에 '평화군축센터'를 만들게 된 것도 박상표를 비롯해 통일 문제에 관심을 가진 회원들의 의견이 반영된 결과였다. 박상표는 평화군축센터 설립 이후 '북녘 동포에게 쌀 보내기 운동'이나 '북한 어린이 돕기 캠페인' 등 센터의 활동들을 앞장서서 도왔다. 시민 단체에서 부탁을 해오면 본래 거절하지 않고 힘껏 돕는 성격이기도 했지만, 대학 시절 소위 NL(National Liberation, 민족 해방) 진영에서 활동해서 평소 통일이나 평화, 군축 등의 주제에 관심이 깊었기 때문이다.

박상표는 답사 못지않게 통일 문제에 많은 관심을 갖고 오랫동안 활동했다. 1999년 1월에 참여연대에서 간사로 일을 시작한 안진걸 참여연대 협동사무처장은 '상근자도 회원 모임을 같이 하면 어떻겠느냐'는 제안을 받고 '통일일꾼모임'이라는 회원 소모임의 문을 두드렸다. 거기서 만난 회원 중 한 사람이 바로 박상표였다. '우리땅' 회장은 그만두었을 때지만 회원이나 강사 자격으로 여전히 답사에 관여하고 있었고, 그 밖의 많은 참여연대 소모임 활동도 하고 있었다. 통일일꾼모임은 한 달에 한 번씩 공부 모임을 가졌고, 이와 별도로 한 달에 한 번은 북한 영화 보기 모임을 열었다. 영화는 당시 광화문우체국 6층에 있었던 통일부 북한자료센터에서 관람했다. 일반인이 북한 영화를 합법적으로 볼 수 있는 거의 유일한 통로였다.

"이 형이 답사 전문가인줄로만 알았는데 수의사인 데다가 '비전향 장기수 송환추진위원회' 활동도 하고 계시더라고요. 아는 것도 엄청 많고, 아 참 훌륭하다, 그래서 형이랑 친해지게 됐죠. 저를 거의 동생처럼 대해 주셨어요. 그런데 알고 보니 더 놀라운 것은 이분이 종북 또는 친북 성향의 통일 운동가가 아닌 거예요. 북한 사회의 문제점에 대해서도 정확하게 인식하고 있었어요. 하지만 비전향 장기수들이 단지 사상이 다르다는 이유로 평생 자유를 빼앗기고 고향으로 돌아가고자 하는 자유의지까지 억압 당한 부당함에 분개해서 인도적인 차원에서 활동을 벌이고 계셨죠. 보통 통일 분야라고 하면 다 친북이나 종북만 있는 줄 아는데 상표 형은 전혀 그런 사람이 아니었어요. 물론 대학 때 반도문학회 활동도 하고 처음에 학생운동을 소위 NL에서 시작했기 때문에 거기까지 하게 된 거지만, NL도 여러 부류가 있는 거니까요. 변화하지 않는 NL에 대해서는 비판도 많이 하셨죠. 북한 사회에 문제가 있긴 하지만, 그래도 비전향 장기수들의 인권 문제나 한반도 평화 문제를 생각하면 남북의 화해 협력이 필요하다는 입장, 즉 일관되게 평화주의자이고 인도주의자였던 거죠."

이와 관련해 박상표는 2003년 참여연대 임원 인터뷰에서 다음과 같이 말한 바 있다.

"정확히 말하면 저는 통일 문제가 아니라 평화에 관심을 가지고 있습니다. 남북은 다른 체제이고 현실적으로 통일은 쉽지 않을 것입니다. 북한이 주장하는 흡수 통일이나 북진 통일, 연방제 통일 모두 현실적이지 못합니다. 따라서 제 생각엔 전쟁을 포기하고 휴전 협정을 평화 협정으로 바꾸고 비자 협정을 맺어서 남북 간에 자유로운 왕래가 가능해진다면 꼭 하나의 국가로 통일해서 살 필요가 없다고 봅니다. 하나의 국가와 민족이라는 이데올로기는 근대의 산물이자 환상에 불과합니다. 남북의 체제를 하나로 만든다는 것도 불가능하므로 저는 남북 문제를 통일의 문제가 아니라 평화의 문제로 바라보고 있습니다."

공부와 영화 관람 밀고도 통일일꾼모임은 민主化실천가족운동협의회(민가협) 양심수후원회에서 운영하는 봉천동 '나눔의 집'을 매달 방문했다. 그곳은 반평생을 감옥에서 보내고 출소한 비전향 장기수들이 머무는 거처였다. 이제는 나이 지긋한 노인이 된 비전향 장기수들과 함께 밥을 먹고 이야기도 나누는 일종의 지지, 응원 방문이었다. 어르신들의 일상생활을 도울 일이 있으면 봉사 활동을 하고, 통일 운동과 관련된 행사를 함께하기도 했다. 박상표는 그곳에서 경실련 통일협회 회원들을 자주 만나 교류할 기회도 가졌다.

비전향 장기수들은 남파 공작원이나 전쟁 포로들로서 사상을 전향하지 않았다는 이유로 30~40년간 감옥살이를 한 사람들이다.

1993년에 장기수 이인모가 북송되고 사회가 민주화되면서 인권 단체와 종교 단체들이 인권 측면에서 관심을 가짐에 따라 비전향 장기수들의 존재가 세상에 널리 알려지게 됐다.

그러다가 김대중 정부가 들어선 이후인 1999년 광복절을 기점으로 비전향 장기수들이 전원 석방됐다. 6·15 선언이 있었던 2000년 9월에는 63명의 비전향 장기수들이 판문점을 넘어 북으로 돌아갔다. 이들이 북으로 송환되던 현장에는 박상표도 함께 있었다. 북으로 올라가기 전날에는 우이동에 있는 북한산 콘도에 모여 마지막으로 환송식을 가졌다. 그동안 남쪽에서 활동을 함께한 많은 단체와 관계자들이 한 자리에 모여 축하와 격려를 나눴다. 이튿날 박상표를 포함한 남쪽 관계자들은 버스를 타고 떠나는 비전향 장기수들에게 손을 흔들며 '기쁜 이별'을 했다.

비전향 장기수들은 자신의 정치적, 사회적 조국이 북한이라고 생각하는 사람들로, 가족도 대부분 북에 있는 경우가 많았다. 이들 중 남쪽에서 결혼을 한 양희철, 안학섭 두 사람은 북송을 택하지 않고 남한에 남았다. 양희철은 부인과 함께 낙성대에서 탕재원을 운영했다. '나눔의 집'이 장소가 모자랄 때는 탕재원에도 여러 명의 비전향 장기수가 머물렀다.

이와 관련해서는 당시 통일일꾼모임 회장을 지낸 한찬욱 사월혁명회 사무처장이 자세한 이야기를 들려주었다. 참여연대 사무실이 맨 처음 용산에 있던 시절인 1997~8년경에 시민을 대상으로 '통일

눈 높이기 강좌'를 열었는데, 이 강좌를 수강한 사람들끼리 자발적으로 만든 것이 통일일꾼모임이었다. 이 모임은 2010년경까지도 활동을 지속했다.

'자료 찾기의 달인'인 박상표의 능력은 여기서도 빛을 발했다. 비전향 장기수 63명이 북으로 송환되기 전에 그들의 수기나 글 같은 자료를 아주 많이 확보했고, 송환추진위원회 홈페이지에도 다수의 자료를 올렸다. 통일일꾼모임은 앉아서 공부만 하지 않고 돌아다니며 활동을 많이 했는데, 매향리나 JSA(Joint Security Area, 비무장지대 군사분계선 상에 있는 공동 경비 구역) 탐방은 물론이고, 1999년 마지막 남은 비전향 장기수 21명이 모두 출소한 것을 계기로 전국을 돌면서 '비전향 장기수 삶의 현장 탐방'을 벌였다. 이 탐방은 '통일 역사 기행'이라는 이름으로 2000년 이후까지 지속됐다.

비전향 장기수들이 북으로 송환되고 난 후에는 매달 '통일 단체 기행'을, 2003~4년에는 과거 빨치산 활동가들과 함께 빨치산의 행적을 탐방하는 '빨치산 기행'을 다녔다. '통일 역사 기행'은 월간지 《말》과 함께 시작했는데 《말》 독자사업부에서 근무하던 한찬욱이 《민족21》 사장으로 자리를 옮기면서 양쪽 잡지의 독자들과 경실련, 민언련, 참여연대의 회원들이 참가하는 탐방으로 진행됐다. 박상표는 지리산과 백운산 등지를 탐방하는 '빨치산 기행'을 비롯해 빨치산의 역사와 당시 상황을 찾아가는 답사에 상당한 흥미를 느끼고 자주 동행했다. 그가 수집한 6·25전쟁 전후 보도연맹이나 민간인 집단 학살에 대한 자료들은 답사에 큰 도움이 되었다. 2003~4년쯤 참여연대에서 진행한 영동 노근리, 경산 코발트 광산 기행 때는 박상표가 자료집을 준비하고 강사로서 설명을 하며 답사를 이끌기도 했다.

이런 활동들이 인연이 되어 박상표는 비전향 장기수 송환추진위원회에서 한동안 상근하며 일을 도왔다. 직책을 갖고 활동한 것은 아니고 자원활동을 했다. 그는 이곳에서 장기수들의 기록을 모아 인터넷에 올리거나 관리하는 일을 주로 했다. 전국을 돌면서 '통일 역사 기행' 같은 탐방을 다니던 시기에는 비전향 장기수들을 만나 일일이 인터뷰를 하고 기록을 정리하기도 했다.

그때 박상표가 들고 다녔던 손바닥 수첩에는 인터뷰를 하면서 받아쓴 메모들이 빼곡하게 적혀 있다. 사상을 전향하지 않았다는 이유로 45년을 감옥에서 복역한 최장기 비전향 장기수 김선명은 "사람들은 자유가 감옥 밖에 있는 줄 알지만, 내가 선택할 수 있는 자유는 감옥 안에 있었다"고 말했다. 신체의 자유를 포기하고 평생 사상과 양심의 자유를 지킨 비전향 장기수들에게 박상표는 깊은 관심을 가졌다.

박상표는 나중에 많은 이들로부터 "가장 인상 깊은 답사지가 어디였느냐"는 질문을 받곤 했는데, 그때마다 그는 지리산 빨치산 답사가 가장 기억에 남는다고 답했다. 그는 한국전쟁 시절의 군인이나 빨치산 생존자, 토벌꾼의 기억과 생생한 구술을 토대로 역사서를 쓰고 싶어 했다. 하지만 안타깝게도 그 바람은 실현되지 못했다.

2000년 9월 63명의 비전향 장기수가 북송된 이후 비전향 장기수 송환추진위원회는 천주교 정의구현사제단, 불교와 기독교 인권위원회, 민가협 등과 더불어 북에 가족이 있는 미송환 전향 장기수들을 대상으로 활동하다가 2000년대 초반에 활동을 중단했다. 아울러 위원회 사이트가 폐쇄되면서 박상표가 수집한 많은 자료도 함께 사라지고 말았다. 그는 본인이 애써 모은 자료가 없어진 것도 안타까웠지만, 시민 단체들에 역사와 자료의 가치를 소중히 여기는 의식이 부족한 것도 아쉬워했다.

박상표는 누가 보더라도 딱 학자였다. 주변에선 다들 그가 앞으로 문화유산이나 역사 분야에서 일가를 이룰 학자가 될 거라고 생각했다. 박상표 본인도 공부를 계속하고 책도 꾸준히 내면서 학자의 삶을 살고 싶다는 희망을 주변 사람들에게 종종 이야기했다. 마땅히 알아야 할 것들을 정보의 차단 때문에 모르고 사는 많은 대중들에게 자신이 알게 된 지식을 전달하고 싶어 했다.

1998년 봄부터 약 1년간 참여연대 답사 모임 지원간사를 맡았던 명광복 서울시 감사관실 공익제보지원 사무관은 당시 박상표가 운영하던 답사 프로그램에 대해 "우리나라에서 거의 지존급이었을 것"이라고 말했다. 문화유산이나 역사 연구는 이미 체계화된 학문이 있고, 그 분야의 주류 학자들도 있지만, 박상표는 공식적인 학위나 학교 공부 없이도 독학으로 자기만의 길을 개척해 나름 일가를 이룬 사람이라는 것이다.

참여연대 시절부터 훗날 광우병 정국 때까지 함께 활동했던 안진걸 참여연대 협동사무처장은 박상표에게 전화를 하면 그가 항상 도서관에서 받았다고 말했다. 한국학중앙연구원 대학원에서 석사 과정을 밟았던 반도문학회 동기 정원주도 자기 공부를 하면서 박상표의 도움을 많이 받았다. 자료 찾는 일을 좀 도와달라고 말만 하면 관련 논문 몇 십 편이 목록이 되어 돌아오곤 했다. 정원주는 자기가 직접 찾으면 논문 몇 개 찾는 것도 쉽지 않은데 박상표는 어떻게 그럴 수 있는지 신기하기만 했다.

박상표는 자신이 알고자 하는 분야의 연구가 활발한 나라나 대학의 도서관 사이트에 접속해 자료를 검색했다. 한국어, 영어 자료만이 아니라 독일어, 일본어 등 다른 언어로 된 자료들도 번역기를 사용해서 읽어냈다. 한국어 자동 번역은 번역 결과가 좋지 않아 영문으로 번역해서 자료를 읽었다. 뭐든 '하면 는다'는 말대로, 자료 찾는 것도 워낙 많이 하다 보니 남다른 노하우가 생겼다. 그는 한 주제를 검색할 때 영어, 독일어, 일본어 논문을 다 찾아보았다.

그의 남다른 탐구력으로 쌓인 박물학적 지식이 모여 2008년 현암사에서 나온 책이 『조선의 과학기술』이다. 이 책에는 버드나무 껍질을 아스피린과 같은 진통제로 썼던 조선시대 의원들, 요즘처럼 개나 고양이가 아니라 소나 말이나 매에게 불에 달군 침이나 뜸을 놔 주었던 옛날 수의사들 등에 관한 흥미진진한 이야기가 담겨 있다.

『한미 FTA는 우리의 미래가 아닙니다』(2007)와『불확실한 세상』(2010)은 둘 다 한미 FTA와 광우병 정국에서 활동하며 펴낸 공동 저작들이다. 2012년 2월에는 부인과 함께 캐나다 수의사의 이야기 『빨리요, 송아지가 나오려고 해요』를 번역해서 내놓았다. 같은 해 7월에 펴낸『가축이 행복해야 인간이 건강하다』에서는 광우병 문제를 연구하며 쌓인 자신의 문제의식을 대중에게 쉽게 전달하려고 애썼다.

뭔가 새로운 것이 있으면 그것이 무엇이든 조금이라도 더 알고 싶은 욕구, 탐구해서 알아가는 기쁨, 그리고 그것을 주변 사람들과 나누는 즐거움은 그의 삶의 원동력이었다.

박종례는 박상표 부부와 함께「인체의 신비」전시를 보러 갔던 이야기를 들려주었다.

"표본을 앞에 놓고 너무 상세하게 설명을 해주는 거예요. 사람이랑 동물이랑 사실 비슷하다. 저 폐를 찢으면 뭐가 나오는데, 그게 어쩌고 하면서. 그렇게 열심히 안 해도 되는데 말이죠. 속이 메슥거려서 결국 나와서는 얼큰한 김치말이국수를 먹으러 가자고 했죠(웃음)."

많은 사람들이 박상표에 대해 이와 비슷한 이야기를 했다. 그는 자신이 잘 알고 있는 것을 설명하기 시작하면 열과 성을 다해 이야기를 풀어나갔다. 본인 스스로도 "탤런트 기질이 부족해서 아쉽다"고 말할 정도로 세련된 강의와는 거리가 좀 있었지만, 늘 혼신의 노력을 다했다. 시간이 지나면서 그의 이런 모습은 지인들에게 단체 이메일을 보내는 것으로 발전했다. 특히 한미 FTA 및 미국산 쇠고기의 광우병 문제와 관련해 활동하던 시절에는 기자, 사회 단체 동료, 여타 지인들에게 거의 매일, 심지어 알릴 내용이 있으면 하루에도 몇 번씩 이메일을 보냈다.

참여연대 답사 모임 지원간사였던 명광복은 박상표가 "연도나 역사적 배경을 자료도 보지 않고 좔좔 읊을 정도로 박식했는데, 그것이 그냥 지식에만 머물지 않았고, 역사나 당대 삶에 대한 이해도 굉장히 깊었다"고 말했다.

그는 아는 것이 많기도 했지만, 궁금하거나 호기심이 생기면 그냥 지나치지 않고 습관처럼 늘 찾아보고 탐구했다. 누군가가 "그 당시에는 어땠을까?"라고 지나가는 말을 던져도 그는 그것에 대해 곰곰이 생각하고 찾아보았다. 예를 들어 어떤 단어가 우리나라에서 처음으로 쓰인 곳이 어디인지 궁금해지면 『조선왕조실록』을 비롯한 고문서를 뒤져 기어이 찾아냈다.

"의학이나 항생제 문제부터 광우병까지, 어떤 것에 마음이 꽂히면 그걸 샅샅이 뒤져서 내 것으로 만들어야 직성이 풀리는 사람이라고나 할까요. 타고난 지적 호기심이나 학구열이 대단했던 거죠."

명광복의 말이다. 박상표는 지배 권력에 의해 왜곡되기 십상인 교과서에 나오는 역사 말고, 어떤 것이 지금까지 이어져오게 된 실제 배경과 '사실'에 관심을 가졌다. 그것은 실로 수많은 책과 자료를 한 글자씩 더듬어야만 찾아낼 수 있는 것이었다. 그는 특히 왜곡된 기록 때문에 오랜 세월 진실로 여겨져 온 잘못된 사실을 고증으로 바로잡는 데 꾸준히 노력했다. 2005년부터 2006년까지 인터넷 신문《코리아 포커스》에 수십 차례 연재한 칼럼「박상표의 역사 속으로」에는 배추김치의 역사, 판문점의 역사, DMZ의 역사, 미싱의 역사와 전태일, 교황과 추기경의 역사 등 시대와 지역을 가리지 않고 집요하게 사실과 진실을 추적한 그의 모습이 잘 드러나 있다.

어느 날 도서관의 고문헌 서가에서 1928년 5월 1일에 발행된 잡지《별건곤(別乾坤)》제12, 13호(「조선자랑호(朝鮮자랑號)」)를 읽던 박상표는 "중국 음식은 육류가 너무 만히(많이) 들어서 먹은 후에 구미가 청신(淸新)치 못할 때에 제일 사모(思慕)되기는(간절히 생각난 것은) 배추김치와 고초장이엇습니다"라고 적힌 당대 지식인 유경의 글을 발견했다.

그가 연재한 칼럼에는 '독립만세 시위를 벌인 죄'로 1919년 6월 4일 경성 서대문 감옥에서 일본인 판사의 심문을 받은 농민도 등장한다. 수원군 장안면에 사는 41세 농민 박경모는 "그날 도시락은 어떤 음식이었는가?"라는 판사의 질문에 "밥은 콩과 쌀밥으로, 무와 배추김치에 후추를 친 것"이라고 대답했다. 당시 우리나라 농민들이 일상적으로 먹었던 음식이 밥과 김치였음을 추정할 수 있는 대목이다.

우리가 요즘 먹는 것과 같은 형태의 김치는 19세기 말에 비로소 젓갈과 고추를 양념으로 쓰기 시작하면서 일제 시기를 거쳐 만들어졌다. 그전까지는 김치를 소금에 절였는데, 18세기에 소금 값이 급등하면서 젓갈과 고추가 양념으로 쓰이기 시작했던 것이다. 배추는 19세기 후반 중국에서, 고추는 임진왜란 이후인 17세기에 일본에서 들여왔다는 사실은 이미 많이 알려져 있다.

이처럼 박상표는 배추김치가 문명 교류를 통해 현재와 같은 모습으로 진화했으며 커피나 피자, 스파게티처럼 세계적인 상품으로 진화해 가고 있다고 썼다. 그러는 한편, 세계 시장을 겨냥해 배추김치에 '반만년의 유구한 전통'이나 '신토불이'라는 거짓 신화를 덧칠하는 상술을 꼬집기도 했다. 1990년대 말부터 '한류' 열풍과 '웰빙' 유행으로 김치의 외국 수출이 급증한 반면, 상대적으로 값싼 중국산 배추와 고추, 김치가 엄청나게 많이 수입되고 있다.

박상표의 역사 탐구는 역사 그 자체에만 머물지 않고 현재 벌어지고 있는 일들에 대한 문제의식과도 연결됐다. 2005년 10월 청계천 버들다리에 전태일의 반신상이 세워진 것을 계기로 「미싱의 역사와 전태일」이라는 칼럼을 쓴 것이 그중 하나다. 박상표는 이 글에서 "근로기준법을 준수하라"고 외치며 제 몸을 불살랐던 전태일이 35년 만에 기념 동상이 세워지고 사람들의 존경을 받게 되기까지는 " '지게꾼, 공돌이, 공순이, 식모, 버스 안내양'으로 불렸던 많은 사람들의 피와 땀과 눈물이 있었다"는 말로 운을 떼면서, 근대 산업혁명의 빛과 그림자 역할을 했던 미싱 혹은 재봉기(裁縫機, Sewing Machine)의 역사를 실감나게 서술하고 있다.

1755년경 영국에서 살던 독일인 바이젠탈(Charles F. Weisenthal)이 최초로 발명한 이 기계는 개량에 개량을 거듭해 1851년 가정용 바느질 기계(Sewing Machine)로 재탄생했고, 이를 들여온 일본인들에 의해 재봉기(裁縫機) 혹은 '미싱(machine)'이라고 불리게 됐다. 1868년 2월에 발행된《추가이신문(中外新聞)》제1호에 미싱 광고가 실리는 등 미싱은 일본에서 곧 선풍적인 인기를 끌었다. 미싱은 1900년 전후에 우리나라에도 들어왔는데, 1901년 5월 17일자《황성신문》에는 제직회사 사원 모집 광고문이 실렸고, 1908년 1월 11일자《대한매일신보》에는 백주 대낮 가정집에 도둑이 들어 '재봉틀'을 빼앗아 갔다는 기사도 났다.

방직기와 미싱의 도입으로 기계식 방직 공업과 봉제 공업이 탄생했다. 방직 공업은 노동 집약적인 특성 때문에 많은 노동자들을 고용했지만, 열악한 노동 조건과 생계비에도 미치지 못하는 임금으로 인해 수많은 노동 쟁의가 일어났다. 일제 식민지 시기 원산 총파업(1929), 가타쿠라제사공장(片倉製絲工場) 파업과 경성방직공장 파업(1931), 싱거미싱 파업(1932)을 비롯해 해방 이후의 전평총파업(1946), 대구대한방직쟁의(1956), 섬유노조쟁의(1959) 등 생존을 건 노동 쟁의가 끊임없이 이어졌고, 전태일이 일하던 평화시장의 나이 어린 여공들에게까지 대물림된 열악한 노동 조건은 마침내 1970년 전태일의 분신 자결을 낳았다. 그러나 그로부터 35년이 지난 지금 (2005년)도 수많은 외국인 노동자와 비정규직 노동자, 여성 노동자들은 여전히 열악한 노동 조건과 사회적 차별, 장시간 노동과 저임금에서 벗어나지 못하고 있다.

한편 2006년 3월 정진석 대주교의 추기경 임명을 계기로 '교황과 추기경의 역사'를 파헤친 박상표는 성직자들의 역사가 일반에 알려진 것처럼 결코 성스럽거나 거룩하지 않다는 것을 알게 됐다. 313년 로마제국의 콘스탄티누스 대제가 밀라노 칙령을 발표해 기독교가 국교가 되면서 생겨난 교황과 추기경이란 계급은 점점 강력한 특권을 가지게 됨에 따라 부패하고 타락해 갔다.

성직을 수입의 원천으로 생각하여 매매의 대상으로 삼았으며, 공공연하게 처(妻)를 거느리기도 했다. 13세기 프랑스 디종에서 매춘부들의 단골손님 중 20퍼센트는 성직자였다. 비슷한 시기 영국도 마찬가지였는데, 심지어 성직자가 포주로 나서서 매춘업을 하는 경우도 있었다. 교황 베네딕트 9세(1033~1045)는 백주 대낮에 살인과 간통을 자행했고, 순례자들을 강탈하다가 추방당했다. 교황 요한 23세(1410~15)는 음행, 간통, 근친상간, 남색, 성직 매매, 도둑질, 살인죄로 고소당했고, 300명의 수녀들을 겁탈했다. 바티칸에서 쾌락을 누리며 엄청난 소비 행각을 벌인 교황 레오 10세는 로마의 모든 은행에 잔뜩 빚을 졌다. 그는 1517년 성 페트루스 대성당 건립 자금을 모으려고 면죄부를 대대적으로 팔다가 마르틴 루터로부터 공개적인 비판을 당했고, 이 일은 종교개혁의 발단이 됐다.

끝없는 성직자의 타락상은 어쩌면 오늘날에도 크게 다르지 않다. 비단 천주교만이 아니라 다른 종교도 마찬가지다. 가장 도덕적이고 깨끗한 모습으로 속인들의 모범이 되어야 할 종교가 실은 가장 부패한 속살을 지니고 있다. 박상표는 "종교가 당대의 세태를 그대로 반영하고 있을 따름"이라며 혀를 찼다.

2005년 어느 날 여느 때처럼 국립중앙도서관 2층 특수자료실에 앉아 책을 보던 박상표는 1995년에 출판된 강정구 동국대 교수의 『분단과 전쟁의 한국현대사』 책갈피에서 당시 자칭 '문민정부'였던 김영삼 정부가 검열을 자행한 흔적을 발견했다. 빨간색 펜으로 쓴 "윤, 제재 건의. 1995. 5. 30"이라는 글씨가 책장에 선명하게 적혀 있었다. 뿐만 아니라 한국 현대사에 대한 구술 증언록인 『끝나지 않은 여정』에는 "윤, 이. 96. 7. 18 구입, 96. 7. 25 제재 건의, 96. 8. 7 사법기관 통보, 96. 8 과태료 부과"라는 메모가 적혀 있는 등 당시 정부가 조직적이고 광범위하게 도서 검열을 한 여러 증거들이 남아 있었다. 헌법 제21조 2항에 따르면 검열은 명백한 위헌 행위다.

보카치오의 『데카메론』이나 갈릴레이의 『천문 대화』, 코페르니쿠스의 『천체의 회전에 대하여』, 홉스의 『리바이어던』, 스피노자의 『에티카』, 디드로의 『백과전서』 등 오늘날 인류의 위대한 고전으로 꼽히는 책들도 출판된 당대에는 금서였다. 박상표는 검열이 새롭고 진보적인 사상에 굴레를 씌우고자 했던 권력자들의 농간에 지나지 않았다는 점을 동서양의 역사를 짚어가며 설명했다.

또 다른 글에서는 의학의 역사와 '철학'이라는 용어의 유래, 그리고 그 둘이 결합한 '의철학'의 태동과 흐름을 상세히 소개하며, 수의학과 의료 윤리를 결합한 '수의철학(獸醫哲學)'의 필요성을 비판적으로 제기하기도 했다. 본인이 몸담고 있는 수의사라는 직업과 수의학에 대해 진지하게 성찰하고 고민한 모습이 드러나는 부분이다.

동양과 서양, 과거와 현재를 넘나드는 온갖 흥미진진한 이야기들이 이렇게 일주일에 한 번씩 박상표의 손끝에서 탄생했다. 그는 칼럼 한 편을 쓰기 위해 수십 권의 책과 옛날 신문, 잡지를 뒤지는 그야말로 지적 편력을 했다. 이 방대한 자료들은 모두 그가 평소에 습관처럼 다니던 국회도서관이나 국립중앙도서관 서가에서 나온 것들이다. 글을 쓰기 위해 도서관을 찾았다기보다 특별한 일이 없으면 그냥 도서관에 가서 이것저것 뒤져보는 것이 그의 일상 중 하나였고, 그러던 중 알게 된 재미있는 사실이나 수많은 옛 이야기들을 그냥 흘려보내기 아까워서 하나둘 글로 쓴 것이다. 2008년에 펴낸 『조선의 과학기술』도 이 같은 '도서관 방랑벽'에서 나온 결과물이다. 본인 입으로 '국회도서관에 가서 앉아 있는 것이 취미'라고 말했을 정도니 도서관이 그에게 어떤 곳이었는지 알 수 있다.

박상표의 역사 탐구는 흥미진진한 읽을거리이긴 하지만, 그냥 재미로 읽고 지나칠 수 없는, 글쓴이의 날카로운 문제의식이 행간마다 녹아 있다. 그의 이야기는 그냥 옛 이야기에 그치지 않고 반드시 현재 우리가 서 있는 이 시대의 상황을 되짚어보게 만든다. 그가 2004년 7월에 쓴 참여연대 북촌 답사 자료집 편집 후기에는 조선시대 최상류 계층이 거주했던 서울 북촌의 역사를 조선 왕조 양반 계급의 주거지, 갑신정변과 개화파, 1930년대 이후 형성된 한옥들, 일제 시대와 해방 공간에서의 좌익 운동 등 시간의 흐름에 따라 다양한 시선으로 바라보려 노력한 흔적이 담겨 있다.

그중 일부인 아래 글에서는 역사를 탐구하면서 옳은 것과 올바른 시선이 무엇인지 끊임없이 고민한 양심적 지식인의 고뇌가 생생히 느껴진다.

도시 빈민들이 생활하는 달동네를 깡패들을 동원하여 폭력으로 철거했던 서울시가 조선시대와 일제 시대 상류층의 주택가인 북촌에 대해서는 엄청난 인력과 자본을 들여 보존 계획을 세우는 것을 어떻게 해석해야 할까요? 동시대를 살아가는 민중들의 삶과 주거에는 학문적, 문화적 관심을 별로 기울이지 않는 지식인 집단들이 북촌에서 골목길과 건축과 주거를 이야기하는 것을 어떻게 해석해야 할까요? 달동네는 역사적, 문화적 가치가 없기 때문에 재개발이 된 것일까요? 아니면 달동네 사람들은 못났고 저급한 문화를 가졌기 때문에 삶의 터전에서 쫓겨난 것일까요? '북촌 한옥마을 보존 운동'

은 우리에게 많은 질문과 고민을 던져주고 있습니다. 사라져가는 과거의 지배 문화에 대한 부르주아적인 향수가 문화 또는 문화재의 박제화를 통한 국가주의, 민족주의를 재생산하면서 우리에게 특정 계급의 가치관이 담긴 역사와 전통을 강요하는 것은 아닌가 하는 의구심을 떨쳐 버리기 힘든 것이 솔직한 제 심정입니다.

박상표는 어디서 무엇을 보고 듣든 자기 주관을 갖고 비판적으로 옳고 그름을 판단했다. 어떤 지인들은 그가 '옛날 운동권'의 긍정적인 모습을 많이 가졌다고 말했다. 주변 사람들에게 다정다감하고 자기 고민 같은 것은 묻어두었던 그런 '옛날 운동권'. 언제나 '공동체'의 문제를 우선시하고 그 속에서 자신의 역할을 고민한 사람이 그였다. 참여연대 답사 모임만 해도 그저 배우는 것이 좋아 취미로 참여한 다른 회원들과 달리 그는 늘 모임을 어떻게 이끌지를 고민했다. 어느 곳에 가서 어떤 역할을 맡든지 그는 전체를 위해 자신이 할 수 있는 최선을 다했고, 그것은 언제나 그 공동체에 큰 힘이 되었다.

아울러 그는 지위나 책임에 따르는 성과를 자기 공으로 돌리고 이용하는 것을 굉장히 싫어했다. 진보적 지식인으로서 명성을 얻었으면서도 오래전 자료를 재탕, 삼탕하거나 학자로서 게으른 모습을 보이는 것도 신랄하게 비판하곤 했다. 가끔은 특정인을 공개적으로 비판하는 것도 서슴지 않았다. 지식인으로서 양심적으로 공부하고 연구하지 않고, 명성만 즐기는 가식적인 모습을 그냥 참아 넘기지 못했기 때문이다.

한 지인은 이런 그의 모습을 두고 "굉장히 비판적이고(critical) 순수한 성격"이었다고 평했다. 박상표는 학자가 연구도 제대로 하지 않고 발표를 하거나, 정치인이 인기에 영합해서 정치를 하거나, 교육운동가가 자기 자식은 자사고를 보내는 모습을 곱게 보아 넘기지 못했다. 그럴 때마다 그가 입버릇처럼 말한 것이 바로 '386'이다.

1960년대에 태어나, 1980년대에 대학을 다닌 사람들. 한때 스스로를 던져 세상을 바꾸겠다고 나섰고, 시대의 요구 때문에 전체를 위해 개인의 꿈이나 욕망은 포기해야 했던 사람들. 그러나 시대가 변하고 각자의 길로 흩어지면서 누군가는 변절했다는 손가락질을 받기도 하고, 대부분은 젊은 날의 치열한 고뇌를 내려놓고 어쩔 수 없이 생활인이 된 사람들. 본인 역시 386의 한 사람이었던 박상표는 386으로서 스스로의 역할에 대해 늘 고민했다. 그리고 다른 한 편으로는 일부 386이 왜곡된 길을 가는 것을 날카롭게 비판하고 경계했다.

명광복 사무관은 젊은이의 방랑과 방황을 주제로 한 영화 「젊은 날의 초상」을 거론하며, 박상표를 생각하면 '방황하는 청춘'의 이미지가 떠오른다고 말했다.

많은 사람들이 박상표의 능력을 높이 평가하고, 필요에 따라 그의 재능에 특별한 기회를 주려고 애쓰기도 했지만 그는 그런 것에 연연하지 않았다. 그가 뜻만 있었다면 대학에 자리를 잡거나 정계로 진출할 수도 있었다. 하지만 그는 명예나 자리에 집착하지 않았다.

공부도 마찬가지였다. 그는 평생 어느 학자 못지않게 많은 공부와 연구를 했지만 학위나 '증'을 따려고 하지 않았다. 그저 공부가 재미있고 탐구가 즐거워서 했을 뿐이다. 내면의 의문을 해결해 줄 내용이 책에 있으면 책을 찾아 읽었고, 강좌에 있으면 강좌를 들었고, 단체 활동에 있으면 그런 곳을 찾아 다녔다. 주변에서 대학원에 다녀보라고 권유한 적이 많았지만 그는 대학 졸업 후 정규 교육을 추가로 받은 적이 없다.

시민 단체 활동으로 바쁜 와중에도 박상표는 계속 동물병원에서 수의사 생활을 했다. 생계에 대한 걱정 없이 하고 싶은 것을 하고, 경제적 자유에서 오는 독립된 삶을 누리기 위한 것이었다. 김태근 동물병원, 이진수동물병원에서 페이 닥터로 일하던 박상표는 1999년 12월 현대동물병원으로 자리를 옮겼다.

당시 현대동물병원은 수의학과 동기인 이현욱 원장이 운영하고 있었는데, 박상표는 '국민 건강을 위한 수의사 연대(국건수)'에서 편집국장으로 일을 시작하기 전까지 5년 동안 이곳에서 이 원장과 함께 근무했다. 이후 '국건수' 일이 주춤해진 2007년에는 이 병원을 인수해서 2013년 말까지 혼자 운영했으니, 현대동물병원은 박상표의 임상 수의사 생활의 거의 전부였던 셈이다.

"병원에는 매일 출근해서 풀타임으로 근무했지만 진료 외적인 일이 워낙 많은 친구라서 병원 일만 끝나면 늘 어디론가 나갔고 언제나 바빴어요. 자기 이야기를 하는 데 과묵한 편이어서 병원 밖에서 무엇을 하고 다니는지 저는 잘 몰랐지만, 역사와 공부에 관심이 많아서 관련된 일들을 많이 하는 것 같았어요. 저도 그 뜻을 나름 이해하니까 그런 활동에 간섭한 적은 없었지요. 아무리 바빠도 병원 일에 소홀한 친구는 아니었거든요. 병원 규모가 큰 것도 아니고 바쁜 병원도 아니었지만 본인 스스로 병원 일에 지장이 가지 않게끔 조절을 잘했어요. 수의사로서 기본적으로 매우 성실했고요."

이현욱 원장의 말이다. 현대동물병원은 성동구 금호동 금호사거리 부근에 있었는데 번화가에서 좀 떨어진 한적한 위치였다. 이 동물병원을 이현욱 원장에게서 넘겨받은 2007년 이후 박상표는 반려동물 미용사 한 명과 함께 둘이서 운영했다.

이곳을 방문했던 한 지인은 "동물병원 치고는 비교적 좁은 공간에 시설도 그리 좋아 보이지 않았다"고 말했다. 동물병원은 사람을 대상으로 하는 병원처럼 수요가 많지 않기 때문에, 시중의 동물병원들은 고객을 유치하기 위해 예쁘고 깨끗해 보이도록 시설에 투자를 하고 미용 등 다양한 서비스를 제공하며 치열한 경쟁을 한다. 그러니 선팅지 한 장 붙어 있지 않은 휑한 유리문 위에 '동물병원'이라고 크게 쓰인 파란 간판만 덩그러니 걸린 이곳은 많은 손님들의 이목을 끌지는 못했다.

하지만 애초에 큰돈을 벌기 위해 시작한 병원도 아니고, 박상표의 성실함을 잘 아는 오랜 단골들 덕분에 한동안은 그런대로 무난히 운영해 나갈 수 있었다. 2013년 말에 문을 닫기 전까지 현대동물병원은 박상표의 가족이 소박하게나마 생계를 유지하는 데 든든한 버팀목이 돼 주었다. 그러나 몇 년 전부터 그 일대가 재개발에 들어간 데다 근처에 시설 좋은 새 병원이 생기면서 운영이 어려워져 결국 병원을 정리할 수밖에 없었다.

국민 건강을 위한 수의사

박상표가 한미 FTA와 광우병 정국에서 활동하면서 언론에 자주 이름이 오르내린 '국민 건강을 위한 수의사 연대'에 몸담게 된 것도 그간 꾸준히 해온 참여연대 활동에서 비롯되었다. 참여연대는 2004년부터 국내 항생제 남용의 심각성에 대한 문제 제기를 해왔는데, 자료를 수집하고 분석해서 보도 자료를 내는 일에 박상표가 주도적으로 관여했다. 우리나라는 세계 최고 수준의 항생제 사용으로 생태계 오염 문제가 심각한 상황이었다(지금도 여전하다). 항생제 오남용이 위험한 가장 큰 이유는 바로 내성균 때문인데, 항생제 내성이 강해서 어떠한 항생제에도 죽지 않는 슈퍼 박테리아(super bacteria)까지 발견됐다.

참여연대는 정부에 정보 공개 청구를 해서 받은 정보를 분석해 보도 자료를 내고, 이 문제를 언론을 통해 세상에 알리고자 노력했다. 박상표는 정부로부터 받은 실험 데이터를 분석하기 위해 국립 수의과학검역원에 전문가를 수소문했지만 해주겠다는 사람이 없어서 애를 먹었다. 정부를 비판하는 시민 단체의 일을 돕는 데 나서는 공무원이 없었던 것이다.

지난 2006년 1월 참여연대 소식지 월간《참여 사회》에 실린 박상표의 칼럼에는 당시 참여연대에서 정부 자료를 토대로 분석한 내용이 자세하게 소개되어 있다. 우리나라 축·수산물의 항생제 사용량은 연간 1,400톤으로 거의 세계 최고 수준인데 반해 2005년 6월 농림부가 발표한 「국내산 식육의 잔류 물질 검사 실적」 결과에서는 국내 위반율이 미국의 위반율 0.75퍼센트(소 0.77퍼센트, 돼지 0.31퍼센트)보다 훨씬 낮은 0.25퍼센트(소 0.39퍼센트, 돼지 0.29퍼센트)에 불과했다. 이러한 결과는 국내의 잔류 물질 검사가 제대로 이루어지고 있는가에 대한 의문을 불러일으켰다.

이에 참여연대 ‘작은 권리 찾기 운동 본부’는 정부에 자료 공개 청구를 해서 내용을 분석한 후 「축·수산물 항생제 실태 보고서 2: 식육 중 잔류 물질 검사 체계의 문제점과 개선 방향」을 발표했다. 참여연대의 조사에 따르면, 농림부의 잔류 물질 검사 실적에 비해 소모품 구매량이 상당히 적은 것으로 드러났다. 간이 검사 1건당 4

개가 필요한 기본 소모품인 페이퍼 디스크 필터를 3년간 전혀 구매하지 않은 지방자치단체도 있었다. 검사 자체를 하지 않았기 때문에 위반율이 낮을 수밖에 없었던 것이다.

박상표는 이 같은 내용을 밝히면서 "정부는 필수 소모품을 구매하지 않고도 검사를 할 수 있는 획기적인 비법(?)을 반드시 공개해야 할 것"이라고 비판하기도 했다. 이 밖에 배합 사료 첨가용으로 허용되어 있는 25종의 항생제 중 12종이 검사 항목에서 제외되어 있는 점 등 잔류 물질 검사 체계의 여러 문제점들을 공개했다.

'국민 건강을 위한 수의사 연대(국건수)'의 출범은 바로 이 항생제 남용 문제에서 비롯됐다. 축산물 1톤당 1킬로그램에 가까운 항생제가 투여될 만큼 우리나라에서 유독 항생제 남용이 심했던 이유는 당시 축산물과 양식 어류의 경우 생산자인 농어민의 자가 진료가 법적으로 허용됐었기 때문이다(2013년 8월부터는 수의사처방제가 시행됐으나 엉뚱하게도 동물약국을 통한 자가 진료가 늘었다). 수의사의 진단 없이도 생산자가 질병이라고 판단하면 약물을 마음대로 쓸 수 있었다. 약물의 위험성이나 환경에 끼칠 영향을 잘 알지 못하는 비전문가들이 눈앞의 이익을 위해 필요 이상의 항생제를 마구 투여했다.

'국건수'에 모인 수의사들은 국민 건강을 위해 수의사의 진료권을 보장해야 한다며 '수의권 쟁취'라는 캐치프레이즈를 걸고 50일 가까이 국회 앞에서 1인 시위를 벌이는 한편, 전국적인 서명 운동을 벌여 법 개정을 위한 헌법 소원까지 냈다. 농어민의 자가 진료를 허용한 우리나라의 수의사법은 동물을 진료하는 수의사의 활동을 위축시켜 결과적으로 수의권을 침해하고 있었다.

특히 2005년은 7월에 중국산 냉동 장어에서 발암 물질인 말라카이트 그린(malachite green)이 발견된 데 이어 10월에 국산 양식 민물고기에서도 같은 물질이 검출돼 소위 '말라카이트 그린 파동'으로 식탁 안전에 대한 사회적 우려가 커진 해였다. 양식 어류 진료의 경우 농림부와 해양수산부가 분리되면서 수의학 전체가 아닌 그중 어류질병학의 기초만 배운 수산대생에게 수산질병관리사라는 직업을 허용했는데, '국건수'가 당시 신문 광고에 실은 자료에 따르면 어류질병을 수의사가 아닌 사람이 진료하는 경우는 세계 다른 어느 나라에도 없다.

박상표가 언젠가 친구에게 자조적으로 이야기한 것처럼, 수의학은 대량 목축이 시작되면서 가축에게 발생하는 전염병을 막기 위해 생겨난 학문이다. 목축이 대량화될수록 큰 병이 한 번 휩쓸고 지나가면 발생하는 재산상의 손해가 엄청났던 것이다. 히포크라테스 선서까지 하며 인도주의적 윤리를 강조하는 인간에 대한 의학과 달리, 수의학은 처음부터 경제적, 실리적 목적에서 출발했다. 그러던 것이 근대에 들어와 사회가 발전하면서 '동물 복지'라는 개념이 생겨나고 인간의 행복 추구가 기본권으로 인식되면서 수의학은 안전한 축산물의 공급과 인수 공통 전염병 예방이라는 공중보건학적 역할까지 맡게 됐다. 동물 복지나 인간의 행복 추구권 같은 개념에서도 알 수 있듯이 수의학은 기본적으로 인간 사회가 성숙하고 발전하면서 함께 분화하고 발전한 응용 학문이다.

선진국들을 비롯한 다른 대부분의 국가에서는 수의사의 업무 범위와 의무 및 권리가 대동소이하게 명확히 법으로 규정되어 있다. 그러나 우리나라에서는 수의사의 위치와 역할이 적잖이 어정쩡하다. '축산 발전과 국민 정서'를 고려한다는 현행 수의사법은 수의사의 기본권인 진료권조차 제대로 확보하지 못하고 있다. 동물을 대하는 의식과 수의사에 대한 인식이 아직 성숙하지 못한 것이다. 요즘 들어 우리나라 축산업계에서도 '동물 복지'를 거론하고는 있지만, 항생 물질과 호르몬제의 오남용으로 국민 건강과 생태계가 위협받고 있는 상황은 여전하다.

수의사와 수의학에 대한 사회적 이해와 인식이 부족한 나라에서 수의사로 살아가는 것은 쉬운 일이 아니다. 홍하일 '국건수' 위원장은 2005년 겨울에 열린 '청년 수의 아카데미'에서 "전문가는 사회에서 자기 가치를 인정받고 실천할 때 행복하다"며 "전문가를 인정하고 활용하는 국가가 선진국"이라고 역설했다. 수의사라는 직업의 정체성에 대한 깊은 고민을 토로한 것이다.

'국건수'는 이런 근본적인 고민에 시달리는 대한민국 수의사들의 요구와 목소리를 대변하고자 2005년 9월에 출범했다. 9월 28일에 발표된 '국건수' 출범 선언문에는 "동물 복지와 국민 보건을 위해 수의사에게 주어진 의무와 권리를 다하기 위하여 모든 정당한 수단과 방법을 동원할 것"이라며 "활동 목적과 방법에 있어 순수성과 투명성을 잃지 않고, 수의사 개개인의 자기 인식을 기초로 하여 수의사 모두가 주체적으로 참여하여 수의권을 쟁취하는 그날까지 단절 없이 투쟁하겠다"고 명시되어 있다.

이 같은 '국건수'의 출범 취지와 열정적인 활동 모습은 많은 수의사들의 공감을 불러일으켰고, 전국의 수의사 단체들 사이에 '국건수'를 지지하는 분위기가 형성됐다. 대한수의사회를 비롯해 각 지역별 수의사회와 한국동물병원협회, 각 수의대 동문회 등 관련 단체들로부터 상당한 후원금도 모였다. '국건수'는 그 돈으로 '국민 건강을 위한 100만인 서명 운동'을 벌이고 기자 회견을 여는 한편, 주요 일간지에 광고를 내는 등 활발한 활동을 벌였다. 2005년 겨울에는 후진 양성에 기여하자는 의미로 전국의 수의대 학생들을 대상으로 '청년 수의 아카데미'도 열었다.

박상표가 '국건수'에 결합한 것은 출범 후 서너 달이 지난 2006년 초였다. 2005년 11월 말경 자료 조사차 국회도서관에 들른 박상표와 우연히 마주친 홍하일 위원장의 동참 권유가 인연이 되었다. 참여연대에서 제기한 항생제 오남용 문제가 '국건수'의 활동 방향과 일치했고, 시민 단체 경험이 풍부한 박상표의 역량이 신생 단체인 '국건수'에 꼭 필요했던 것이다.

홍하일 위원장은 박상표가 글을 잘 쓰니까 취재하고 기사 쓰는 역할이 맞겠다 싶어 박상표에게 동참을 제안했고, 박상표는 '국건수'에서 운영하던 인터넷 언론 《벳뉴스(VetNews)》의 편집국장을 맡으면서 2006년 2월부터 본격적으로 '국건수' 일을 시작했다. '국건수'는 수의사들을 대변하는 정치적 조직으로 출발한 만큼 홈페이지도 아예 인터넷 신문사로 등록하고 매체의 이름을 "VetNews(Veterinary News)"로 정했다. 지금은 다른 매체들도 생겼지만, 《VetNews》는 국내 최초의 인터넷 수의 전문지였다.

오용관 당시 '국건수' 정책국장은 박상표의 활동에 대해 한마디로 "기대 이상"이었다고 말했다. 《VetNews》는 항생제 문제를 비롯해 박상표가 꾸준히 올린 수의학 및 공중 보건 관련 자료들 덕분에 곧 안정적인 인터넷 매체로 자리 잡았다. 그 과정에서 그의 성실함과 해박함 그리고 설득력 있는 글 솜씨는 '국건수'의 성장에 큰 힘이 되었다. 박상표는 자신도 수의사지만, '국건수' 일을 시작할 당시에는 수의사들을 현실 안주적인 집단으로 생각할 정도로 수의사에 대해 부정적인 시각을 갖고 있었다. 그래서 '국건수'를 통해 '사회 공익에 기여하는 수의사'가 되기 위해 여러 가지 활동에 더욱 심혈을 기울였다.

그런데 그즈음에 어쩌면 운명 같은 일이 벌어졌다. 박상표가 '국건수'에서 처음 일하기 시작한 2006년 1월에 한국 사회에 커다란 이슈 하나가 터졌다. 바로 2008년 봄 시청 광장 일대가 100만 촛불로 뒤덮히게 한 '광우병' 문제였다. 미국산 쇠고기의 광우병 위험성에 관해 최초로 문제 제기를 한 것은 보건의료단체연합 등 기존 시민 단체였지만, 광우병 관련 전문가가 구체적이고 정확하게 문제점을 짚어낸 것은 '국건수', 다시 말해 박상표가 이 문제를 다루면서부터였다.

광우병에 관한 모든 정보의 원천이 바로 박상표였고, 《VetNews》에 기사가 뜨면 주요 일간지들을 비롯한 대부분의 언론이 앞 다투어 인용했다. 물론 이 모든 활동을 박상표 혼자서 한 것은 아니다. 광우병 문제에 대한 '국건수'의 활동은 당시 한미 FTA에 대응하기 위해 만들어진 '한미 FTA 저지 범국민 운동 본부'와 함께 이루어졌다. 그러나 많은 이들이 알고 있다시피 미국산 쇠고기 수입 재개 문제는 한미 FTA '4대 선결 조건' 중 하나였기 때문에, 박상표가 열정을 갖고 제기한 광우병 문제는 한미 FTA 반대 여론에 힘을 실어주는 결정적인 역할을 했다. 그진까지 농민의 피해민 거론되던 한미 FTA를 소비자와 국민 전체의 문제로 확대한 것이다.

"2005년 말에는 쌀 재협상 국회 비준 시기에 강기갑 의원이 한 달 동안 단식 농성을 했고 12월에는 WTO(세계무역기구) 각료 회의가 열리는 홍콩에 농민 1,500명과 함께 날아가 시위를 하느라고 유난히 바빴어요. 11월 농민 대회에서는 경찰의 과잉 진압으로 농민이 사망했는데 12월 29일에서야 경찰청장이 사임하고 노무현 대통령이 사과를 했지요.

그러고 나서 바로 이듬해 1월 중순에 한미 쇠고기 수입 재개 협상이 타결된 거예요. 우리가 대응할 시간도 없이. 그게 한미 FTA의

4대 선결 조건 중 하나라는 것을 나중에 알게 되면서 이슈가 더 커졌죠. 그때 보건의료단체연합에서 발표한 성명을 보고 미국산 쇠고기 수입 재개가 국민 건강에 심각한 문제라는 것을 알게 됐어요. 당시는 광우병에 대한 일반의 인식도 별로 없었는데, 어찌된 영문인지 정부가 자꾸만 수입 재개를 서두르니까 빨리 대응할 필요가 있었지요.

2월 임시 국회 때부터 보건의료단체연합의 우석균 정책실장과 함께 대응을 시작했어요. 그런데 그분이 의사이다 보니 소에 대해서는 잘 모르시더군요. 전문가가 절실히 필요했죠. 그러던 차에 3월 초 《농민신문》에 '국민 건강을 위한 수의사 연대' 홍하일 대표 이름으로 광우병에 관한 기고문이 하나 실렸어요. 그때는 어떤 단체인지도 몰랐지만 무조건 수소문해서 찾아갔지요. 사무실이 마침 국회도서관 건너편 오피스텔에 있더군요. 그분들과 함께 4월 말에 국회에서 대규모 공청회를 열었고, 그게 광우병 이슈의 본격적인 시작이 됐죠."

이호중 전 강기갑 국회의원 보좌관은 박상표에 대해 "쌀 협상이나 한미 FTA 협상 과정에서 많은 통상전문가들하고 일을 해 봤지만 그만 한 사람이 없었다"고 말했다.

공청회 이후 5월에 '국건수'는 보건의료단체연합과 만나 광우병 문제 대응 방안을 본격적으로 논의했다. 그리고 박상표는 보건의료단체연합이 참여하고 있던 '한미 FTA 저지 범국민 운동 본부'의 정책위원을 맡게 됐다. 미국산 쇠고기 검역 과정에서 등뼈나 뼛조각이 나올 때마다 강기갑 의원실이나 시민사회 단체들과 함께 인천에 있는 국립수의과학검역원을 방문해서 확인했고, 국회 농림해양수산위원회 청문회나 국정감사에 매번 증인으로 출석했다.

'국건수' 사무실은 처음에 국회도서관 맞은편 오피스텔에 있었다. 하지만 재정 악화로 사무실을 정리한 뒤 박상표는 주로 국회에서 일했다. 2007년부터는 농림해양수산위원장으로 부임하면서 사무실을 국회 본청으로 이사하게 된 한나라당 권오을 의원이 의원회관에 있는 자신의 사무실을 '한미 FTA 저지 범국민 운동 본부'에 빌려주면서, 박상표는 이곳에 매일 출근했다. 2007년 5월부터는 '국건수' 편집국장에서 정책국장으로 직책이 바뀌면서 대외 활동에 더욱 매진했다.

일은 언제나 정신없이 바빴다. 광우병 문제를 놓고 정부와 시민사회가 맞대응하는 형국이었기 때문에 정부 측의 새로운 입장이나 논리가 나오면 지체 없이 모든 관련 자료를 찾아서 반박 논리를 제시해야 했다. 광우병 문제와 관련해 세상에 발표되는 기자 회견문이나 반박 자료는 대부분 그가 직접 작성했다. 박상표가 주로 인용한 참고 문헌들은 미국 농무부(USDA) 홈페이지 자료, 유럽의 광우병 학회지, 각종 기관들의 최신 연구 논문들이었다. 이외에 각종 언론 매체 기고나 방송 출연, TV 프로그램 제작 자문 등도 그의 몫이었다.

2008년에 사회적 논란을 몰고 온 MBC「PD수첩」같은 시사 프로그램에서 전문가로서 인터뷰를 한 것 외에, 강기갑 의원, 송기호 변호사, 이해영 한신대 교수 등 시민사회 인사들과 함께 MBC「100분 토론」이나 KBS「생방송 심야 토론」에 출연하기도 했다. '국건수'에 보관되어 있는 박상표 정책국장의 '활동 보고' 목록에 따르면, 2006년 4월부터 그해 말까지 TV 출연 횟수가 28건, 라디오 인터뷰가 43건, 2007년 한 해 동안 다닌 강연이 34건, 그리고 회의와 토론회 및 기자 회견 등 기타 활동 내역이 2006년에 5건, 2007년에 4건이었다.

언론 인터뷰나 강연, 토론회나 기자 회견은 모두 사전에 많은 준비를 해야 하는 것이기 때문에 사실상 노동 강도가 아주 높은 이런 일에 매일 매달린 셈이다. 2007년 4월 6일부터 13일까지는 병가를 내고 치료를 받았다는 기록도 있다. 2007년 1월 18일부터 29일까지는 케냐 나이로비에서 열린 세계사회포럼(World Social Forum: WSF)에 참가하기도 했다. 2007년 8월부터는 아예 월별로 활동 목록을 작성했는데, 촛불 정국이 뜨거웠던 2008년 5월과 6월에는 거의 매일 1~3건의 주요 일정이 있었다.

당시 박상표와 함께 일한 홍하일 위원장은 "활동이 얼마나 바빴는지 다른 곳에 고개를 돌릴 틈조차 없었다"며 "거의 매일 언론 인터뷰를 했고 한편으로는 부지런히 자료를 찾아서 이슈를 제기했는데, 박상표가 이슈 거리를 포착해서 공론화하는 데 탁월한 재능이 있었다"고 말했다. 홍 위원장은 "그 덕분에 목표가 뚜렷해지고 그 목표를 향해 조금씩 앞으로 나아갈 수 있었다"며 박상표에게 빚진 것이 너무 많다고도 했다.

'박상표에게 빚을 졌다'는 말은 그를 아는 사람들이 가장 많이 한 말이다. 안진걸 참여연대 협동사무처장도, 이호중 강기갑 전 의원 보좌관도, MBC「PD수첩」"광우병 편" 조능희 책임피디(CP)도, 그 밖에 그를 만난 거의 모든 사람들이 같은 말을 했다.

2008년 이명박 정부 때 미국산 쇠고기의 광우병 문제에 대처하기 위해 만들어진 '광우병 국민 대책 회의'는 민주당, 민주노동당, 진보신당 등의 정당들과 시민사회 단체, 소비자 모임 인터넷 카페 등 약 1천여 개의 집단이 모인 사상 최대의 국민 운동 조직이었다. 지금은 없어진 공식 홈페이지 antimadcow.org에는 박상표가 쓴 수많은 글이 게재됐다.

정부의 무리한 수입 재개에 맞서 시민 단체의 전문가들이 광우병의 위험성을 조목조목 지적하자 정부 측도 관변 학자들을 동원해 반박 논리를 펼치고 나섰기 때문에, 당시 광우병 정국에서는 정확한 사실로 반박할 수 있는 전문가의 역량이 매우 중요했다. 그래서 시민 단체 인사들은 하나같이 "박상표가 없었으면 사실상 일을 제대로 할 수 없었을 것"이라고 말했다. 한국 사회에서 광우병에 관한 논란과 이슈는 박상표가 좌지우지했다고 말해도 과언이 아니다.

2008년 4월부터 7월까지 총 다섯 차례에 걸친 "광우병 편" 보도를 통해 한국 사회의 광우병 논란에 본격적으로 불을 지핀 MBC 「PD수첩」의 조능희 책임피디는 "정부와 보수 언론이 관변 학자들을 동원해서 펼치는 논리에 대응하는 데 누구보다 큰 힘이 된 사람이 바로 박상표 국장"이라며 "전문가로서의 그의 역량은 다른 누구도 대체 불가였다"고 말했다. 「PD수첩」 "광우병 편"은 방송 이후 100만 촛불 시위가 이어지면서 집권 초기인 이명박 정권의 '레임덕'이 거론될 만큼 뜨거운 이슈가 됐다.

하지만 이후 3년이 넘는 기간 동안 명예훼손 형사 소송, 손해배상 민사 소송, 정정·반론 보도 청구 소송을 비롯한 온갖 법정 싸움이 지리하게 이어졌고 보수 단체와 언론의 색깔론 공세도 줄기차게 계속됐다.

"소송이 시작된 2008년 5월부터 모든 게 끝난 2011년 9월까지 박상표 국장이 보내준 이메일만 거의 천 통쯤 될 거예요. 정치 검사들에게 기소를 당한 제작진은 3~4주에 한 번씩 법정에 출석해야 했는데, 그때마다 검사들이 일부 신문사의 기사와 관변 학자들을 동원해서 던지는 온갖 질문에 대해 의견서를 제출하고 그 논리를 반박해야 했어요. 정부 관리를 역임한 교수나 의사 등 스스로 전문가를 자처하는 검찰 측 증인들이 꽤 있었는데, 변호사나 피디가 그들의 논리를 과학적으로 반박하기란 어려웠죠. 전문 지식에 한계가 있으니까.

그래서 서울대 수의학과 우희종 교수 등 여러 전문가의 도움을 받았지만, 누구보다 박상표 국장의 도움이 컸어요. 이메일이 오면 본문이 오고 첨부 파일이 오잖아요. 그 첨부 파일을 일일이 열어보기 힘들어서 하나의 파일로 만들려다가 포기했어요. 양이 너무 많아서요. 외교통상부, 국회, 전 세계 관련 사이트에서 찾아낸 엄청난 자료들이었죠. 그에게 부탁하면 나오지 않는 자료가 없었어요. 최신 이론이나 통계 수치도 찾아서 일일이 표로 정리하거나 자료집 형태로 만들어서 보내주었죠. 우리는 그런 그를 '자료 대마왕'이라고 불렀어요. 박상표 국장은 대충 검색한 자료를 보내준 것이 아니라 일일이 찾아서 읽고 분석해서 확실한 것만 우리에게 보내주었어요. 그 노력이 얼마겠어요. 어떤 때는 토요일이나 일요일 밤늦게 왔어요. 휴일에도 일을 했다는 거지요."

조능희 책임피디의 말이다. 방송이 나가고 난 다음 여론이 움직이기 시작하자 정부와 보수 언론의 '대응'이 시작됐다. 하지만 「PD수첩」 제작진은 정운천 당시 농림수산식품부 장관과 민동석 쇠고기 협상 수석대표의 명예훼손 건으로 기소된 형사 소송뿐 아니라, 쇠고기 수입 판매업자와 여당 국회의원 그리고 보수 단체로부터 당한 손해배상 소송에서도 모두 승소했다.

「PD수첩」은 《동아일보》 등에서 이미 보도한 바 있는 "한국인 등 동양인에게 특히 많은 메티오닌-메티오닌(MM형) 유전자가 광우병에 더 취약하다"는 내용을 방송했다가 공격을 받기도 했는데, 박상표는 같은 내용이 담긴 논문을 발표한 대만 과학자와, 보도된 논문의 출처를 찾아내 「PD수첩」의 주장에 힘을 실어주었다. 또 소의 다우너(downer, 기립 불능) 증상과 광우병은 관계없다는 억지에는 스웨덴의 다우너 광우병 사례(수의사가 다우너 소를 일반 질병으로 진단했으나 나중에 광우병으로 판명됨)를 찾아와서 반박하기도 했다. 그는 과거 농식품부에서 허술하게 만든 광우병 예방법 자료를 찾아내 정부 관료들 앞에 제시하기도 하고, 검찰 측 증인으로 나온 자칭 광우병 전문가인 관변 의사가 일본에서 프리온 질병에 대해 잘못 강의한 내용을 찾아내기도 했다. 대체 이런 걸 어떻게 찾았느냐는 물음에 박상표는 "그냥 찾았다"며 씩 웃고 마는 게 전부였다.

"한번은 제가 궁금해서 물어본 적이 있어요. 그 많은 자료들을 어떻게 그렇게 잘 찾아내느냐고. 그랬더니 자기는 TV를 전혀 보지 않는다, 집에서도 인터넷으로 미국 농무부나 유럽 기관들 사이트에 가서 최신 자료들을 찾아 분석하는 게 취미라고 그러더군요. 그게 그렇게 재미있대요."

이호중 전 강기갑 의원 보좌관은 "생각이나 의지에 비해 '실력'이 부족한 진보 진영에 박상표는 가치관과 실력을 모두 갖춘 보기 드문 인재였다"고 말했다.

광우병 정국에서 박상표와 '국건수'가 한 역할은 시민사회 진영에는 핵심적인 것이었지만, 반면 수의사계 내부에서는 대단한 논쟁거리였다. '국건수'가 광우병 정국에 뛰어들면서 의견이 다른 많은 수의사 단체들이 등을 돌리기도 했다. 그래서 처음에는 수의사 단체들의 후원을 받아 활동하던 '국건수'에 점점 지원이 줄어들었고, 나중에는 일 년 가까이 급여도 지급되지 않을 만큼 살림이 어려워졌다.

처음에 '국건수'에 많은 기대를 하고 후원에 나섰던 수의사 단체들은 '국건수'가 수의사들의 이해관계가 아니라 더 큰 원론적인 이야기를 하고 나서는 것이 부담스럽기도 했다. 더구나 광우병 문제는 한미 관계라는 민감한 정치적 사안에 대한 의견 차이로 갈등을 야기할 수 있는 주제였다. 인터넷 기사에 소위 '악플'이 달리고 '국건수'가 정치적인 공격과 논란에 휘말리면서, 설령 '국건수'의 활동에 동의한다 하더라도 대놓고 지원하기는 힘들었다.

여러 어려움 속에서도 '국건수'는 계속 유지됐지만《VetNews》는 광우병 정국이 끝난 뒤 자금 문제 등으로 문을 닫고 말았다. 그래도 광우병 정국에서 활약한 '국건수' 덕분에 한국 사회에서 그 위치나 역할이 애매했던 '수의사'의 존재가 사람들의 뇌리에 각인됐다. 이명박 정부 때 가축에게 항생제를 투여하려면 반드시 수의사의 처방을 받아야 하는 것으로 수의사법이 개정된 것도 '국건수' 활동이 이루어낸 성과다. 애초에 '국건수' 설립 계기가 됐던 숙원 사업이 결실을 본 것이다. '국건수'가 주도적으로 제기한 광우병 논란 이후, 검역 문제에 대한 우려 때문에 국립수의과학검역원의 검역 인원도 대폭 보강됐다.

손목을 비트는 골리앗에 맞선 다윗

미국의 광우병 발생과 박상표의 등장

　미국산 쇠고기의 광우병 문제는 2003년부터 시작됐다. 2003년 12월 말 미국 워싱턴 주에서 첫 번째 광우병이 발생했고, 우리 정부는 미국과 맺은 쇠고기 수입 위생 조건에 따라 미국산 쇠고기 수입을 중단했다. (1998년 12월 7일 농림부 고시 「미국산 우제류 동물 및 그 생산물 수입 위생 조건」에 따르면, "광우병은 5년간 발생 사실이 없어야 하고 수출 후 5년 내에 광우병이 발생하면 수입을 중단한다.")

　당시 쇠고기 수입 중단 조치는 국민의 건강권을 보호하기 위한 우리나라의 당연한 권리였다. 그러나 미국은 바로 다음 날부터 수입을 재개하라고 압력을 행사했다. 2004년 1월 초에는 척 램버트(Chuck Lambert) 미국 농무부차관보가 동아시아 국가들을 직접 찾아와서 쇠고기 수입을 촉구했다. 미국의 압력은 어느 정도 성공을 거두어 그해부터 미국산 쇠고기 수입 재개를 위한 협상이 물밑에서 재개됐다.

하지만 계속되는 광우병 발병이 문제였다. 2004년에도 미국에서 광우병 의심 소들이 몇 건 발견됐고, 마침내 2005년 텍사스 주에서 두 번째 광우병 판정이 내려졌다. 이리하여 교착 상태에 빠진 쇠고기 수입 협상을 타결하기 위해 미국 정부가 꺼내든 카드가 바로 '한미 FTA 4대 선결 조건'이었다.

2005년 6월 20일 제18차 한미재계회의에서 로버트 포트먼(Robert Portman) 미국무역대표부(USTR) 대표는 "스크린 쿼터 폐지, 미국산 쇠고기 금수 해제, 자동차 배출 가스 규제 완화, 의약품 가격 재조정 금지"라는 한미 FTA 협상을 위한 4대 선결 조건을 제시했다. 이후 노무현 정부는 같은 해 9월 12일 대외경제장관회의를 열고 "4대 선결 조건 및 미측 요구" 중에서 "스크린 쿼터 축소와 쇠고기 수입 재개는 완전 해결"하기로 결정했고, "자동차 배출 가스 허용 기준과 의약품 관련 투명성 재고는 상당한 진전"이 있었음을 보고했다. 이 사실은 2006년 민주노동당 심상정 의원이 해당 문건을 입수해 공개하면서 드러났다.

정부는 '한미 FTA 4대 선결 조건'의 존재를 공식적으로는 부인했지만, 문서로 드러난 증거까지 없앨 수는 없었다. 2006년 2월 9일에 발표된 미국 의회조사국의 보고서에도 "4대 선결 조건에 대해 한국이 양보하지 않았다면 한미 FTA 협상은 시작될 수 없었다"는 로버트 포트먼 대표의 발언이 실려 있다. 미국산 쇠고기 수입이 한미 FTA를 체결하기 위한 선결 조건이었다는 사실은 두고두고 비난 거리가 됐다. 자동차를 수출하는 대기업의 이익을 보장해 주기 위해 국민의 건강권을 팔아넘긴 정부라는 오명을 피할 수 없게 된 것이다.

　악재는 여기서 끝나지 않았다. 2006년 2월 말 앨라배마 주에서 세 번째 광우병 소가 발견됐다. 2006년 1월 미국산 쇠고기 수입 협상이 타결되고 나서 3월에 수입 위생 조건을 고시하기 바로 직전이었다. 박상표가 미국산 쇠고기 수입 관련 정국에 등장한 것은 바로 이 시점이다. 앨라배마 광우병 소의 '나이 판정'을 둘러싼 논쟁이 그 시작이었다.

소 나이는 이빨에게 물어보세요?

　한미간 쇠고기 수입 위생 조건에서 1998년 이후 태어난 소에 광우병이 발생하면 수입을 중단하기로 합의했기 때문에, 당시 앨라배마 주 광우병 소의 나이가 핵심 문제로 떠올랐다. 미국은 1997년부터 사료 규제 조치를 실시했는데, 제대로 시행되기 시작한 것을 1998년으로 간주하여, 그 이후 태어난 소에서 광우병이 발생하면 쇠고기 수입을 중단하기로 했기 때문이다. 따라서 만약 이 소가 8세 이하일 경우 쇠고기 수입이 전면 중단되어야 하는 상황이었다.

하지만 앨라배마 주 광우병 소는 출생 증명 기록이 없었기 때문에 정확한 나이를 알 수 없었다. 미국 정부는 치아 검사를 통해 소의 나이가 10세 이상이라고 주장했고, 우리 정부도 미국에 현지 조사단을 파견하여 역시 치아 검사로 8세 이상이라고 판정했다. 그러나 일본 정부가 2006년 국제수역사무국(國際獸疫事務局, OIE)에 보낸 공식 문서에 따르면, 치아 검사로는 8세 미만인지 그 이상인지 판별할 수 없다는 견해가 명시되어 있다.

당시 현지 조사에 참여했던 농림부 김창섭 가축방역과장은 처음에는 "소의 이빨로는 5세인지 8세인지 10세인지 알 수 없다"고 진실에 가까운 이야기를 하기도 했다. 하지만 정부가 한미 FTA 협상 개시일로 발표해 놓은 6월 초가 점점 다가왔고, 미국 정부는 주미한국대사관에 한미 FTA를 원활하게 진행하기 위해서는 이 문제를 빨리 처리하는 것이 좋을 거라는 요지의 공문을 보냈다. 이후 미국산 쇠고기 수입 절차는 구렁이 담 넘어가듯 슬그머니 진행됐고, 앨라배마 주 광우병 소의 나이에 대한 논란은 세간에서 잊히는 듯했다.

소도 사람처럼 젖니가 빠지고 영구치가 나는 이갈이를 하는데, 치아감별법은 이 영구치가 나는 시기에 따라 상대적인 나이를 판정하는 방법이다. 미국 농무부의 지침에서는 세 번째 영구치가 난 경우를 30개월 이상으로 간주하고 있다. 그러나 이 같은 나이 판정은 오차범위가 3~6개월이나 되는 부정확한 방법이다. 미국 네브래스카 대학교의 그리핀(Dicky D. Griffin) 교수와 스미스(David R. Smith) 교수의 2004년 발표에 따르면 "치아감별법은 출생증명서가 존재하지 않을 때 사용할 수 있지만, 유감스럽게도 대략적인 나이를 결정할 수 있을 뿐"이라고 되어 있다.

당시 박상표는 한 기고문에서 "소의 치아 상태(dentition)는 품종, 지역적 위치, 유전적 특성, 먹이, 질병 유무 등에 따라 다양한 개체 차이가 존재하기 때문에 상대적 나이를 추정하는 통계 자료로 이용할 수 있을 뿐이다. 그러므로 출생 기록이 담긴 문서(documentation)가 없을 경우 절대적 나이를 판정하는 지표로 사용할 수 없다"고 하면서, "미국 농무부는 역학 조사도 끝나지 않은 상태에서 객관적, 과학적, 합리적 근거도 제시하지 않고 해당 소가 열 살 이상이라고 주장하고 있으며 이 소가 1997년 사료 규제 조치 이전에 광우병에 감염됐을 가능성이 높다는 어처구니없는 주장을 하고 있다"고 분개했다(「내 나이 묻지 마! 미친 소 그냥 먹어?」,《오마이뉴스》, 2006. 6. 1.).

농림부는 이 기사가 발표된 바로 다음 날 보도 자료를 내서 "정부는 국민의 안전을 최우선으로 고려하여 미국산 쇠고기의 안전성 확보를 위한 최선의 노력을 다해 왔다"며 "미국 BSE(광우병) 감염 소의 나이가 최소 8년 이상이라고 판단하는 것은 전문가가 아니라도 어렵지 않게 알 수 있다"고 적극 해명했다. 녹색연합, 보건의료단체연합, 전국학교급식네트워크, 민주사회를위한변호사모임, 참여연대, 환경운동연합, 환경정의 등 많은 시민사회 단체들이 기자 회견을 열고 "광우병 위험으로부터 안전하지 못한 미국산 쇠고기 수입 재개를 즉각 중단하라"고 주장하며 비판의 목소리를 높여도 꿈쩍 않던 정부가 이 기사에는 왜 이렇게 발 빠르게 대응했을까? 풍부하고 객관적인 자료와 수의학적 지식에 기반한 정확한 근거를 들어가며 설득력 있게 논박하는 글의 파급력이 그만큼 컸던 것이다.

사실 이전에도 보건의료단체연합 같은 국민 건강권 관련 시민사회 단체들의 활동이 없었던 것은 아니다. 한정된 자원과 인력으로 모든 사안에 대응하기에는 시민 단체의 힘이 부족했을 뿐이다. 최규진 '건강과 대안' 운영위원은 "당시 수준 높은 전문 지식과 판세를 읽는 능력을 모두 갖춘 박상표 국장의 등장은 시민사회 운동 진영 모두를 놀라게 했다"고 말했다.

"당시 한미 FTA 4대 선결 조건과 주요 협상 내용에 의약품 문제가 포함되어 있었기 때문에 보건의료단체연합은 이 사안에 집중하느라 광우병 위험이 있는 미국산 쇠고기 수입 문제까지 대응하기에는 버거운 상황이었죠. 하지만 여론은 의약품 문제 못지않게 미국산 쇠고기 문제에 민감하게 반응하고 있었고, 이에 발맞춰 대응하기 위해서는 전문 지식과 판세를 읽는 눈을 겸비한 누군가가 절실한 상황이었어요. 이 타이밍에 등장한 사람이 바로 박상표 국장이었지요. 건강권과 관련 있는 운동 진영에서 십 년 넘게 잔뼈가 굵은 활동가들조차 이런 보석 같은 존재가 어디서 갑자기 나타났는지 많이 놀라고 고마워했지요."

광우병, 인간의 탐욕이 불러온 식탁 위의 재앙

흔히 광우병(狂牛病)이라고 하는 소해면상뇌증(BSE)은 소에게 생기는 치명적인 신경 퇴행성 질환이다. 이 병에 걸린 소는 뇌와 척수에 스펀지처럼 구멍이 숭숭 뚫리면서 제대로 걷지 못하고 주저앉는 증상을 보이다가 결국 죽음에 이르게 된다. 사람에게 발병하는 변형 크로이츠펠트-야코프병(vCJD) 또는 인간광우병은 광우병에 걸린 소의 고기나 부산물(뇌, 척수, 내장, 뼈 등)을 먹고 걸리는 것으로 알려져 있다. 지금까지 광우병이 제일 많이 발생한 나라는 영국으로, 2008년 4월까지 총 183,256마리의 소가 광우병에 걸렸고, 163명이 인간광우병으로 사망했다.

우리는 소가 풀을 먹고 되새김질을 하는 초식동물이라고 학교에서 배우지만, 공장식 대량 축산 시대인 오늘날에는 이것이 사실인지 의심할 수밖에 없다. 세계의 대규모 공장식 축산 농장에서는 소가 초식동물이 아니라 잡식동물로 사육되고 있다.

미국의 대규모 축산 농장에서 태어난 소는 잠깐 동안만 어미젖을 뺀 다음 곧바로 분유 가루와 소의 피로 만든 이유식을 먹어야 한다. 그 다음에는 유전자변형농산물(GMO)과 돼지, 닭, 말, 개, 물고기 등을 갈아서 만든 육골분 사료를 먹는다. 빨리 살쪄야 하므로 수시로 성장호르몬을 맞고, 움직일 수 없을 정도로 좁은 공간에 갇혀서 자란다. 이렇게 사육되는 소는 당연히 많은 질병에 시달린다. 그러므로 엄청난 양의 항생제와 신경안정제를 투입할 수밖에 없다.

광우병은 바로 이러한 공장식 축산업이 불러온 재앙이라고 할 수 있다. 현대 과학은 아직까지 광우병의 발병 원인을 확실히 규명하지 못하고 있다. 모든 동물이 지닌 핵산 없는 단백질인 프리온이 일부 '변형'되어 광우병 원인 물질이 된다는 설이 유력할 뿐이다. 변형 프리온은 단백분해효소에 분해되지 않고, 360도의 고온에서도 병원성이 전혀 소실되지 않으며, 강력한 포름알데히드나 클로로포름 그리고 자외선에도 불활성화되지 않는다(Deslys & Picot, *Mad Cow Disease*, 2001, p.46). 광우병은 치료약이 없으며, 잠복기가 아주 길기 때문에(10년에서 길게는 수십 년) 진단하기도 어렵다.

노무현 정부부터 이명박 정부까지 이어진 광우병 논란 중에 정부와 일부 보수 언론들이 "아직까지 미국산 쇠고기를 먹고 광우병으로 사망한 한국인이 없지 않느냐"며 미국산 쇠고기의 안전성을 주장한 것에 대해, 국내 광우병 전문 학자들은 "10~15년 뒤를 봐야 한다"고 경고한 적도 있다. 광우병과 같은 질병은 인간뿐만 아니라 염소, 양, 사슴, 영양, 고양이, 치타, 호랑이, 생쥐, 다람쥐, 원숭이, 밍크, 돼지, 닭, 타조에서도 확인됐다.

광우병 특정위험물질(Specified Risk Material: SRM)은 뇌와 안구를 포함한 머리뼈, 척수, 등뼈, 배근신경절, 장 전체, 편도, 장간막에 전체의 95.44퍼센트가 들어 있다. 미국산 쇠고기 수입 논란 당시 언론에 SRM이라는 단어가 자주 오르내린 이유, 그리고 갈비뼈와 등뼈에 대한 수입 금지 논란이 일었던 이유는 바로 이것 때문이다. 게다가 근육과 혈액, 우유 등에도 저농도의 광우병 유발 물질이 들어 있다는 주장을 뒷받침하는 연구 결과들도 나오고 있다.

당시 박상표는 돼지가죽 지갑, 닭의 분변을 이용해 만드는 유기농 비료, 수술용 봉합사, 크로이츠펠트-야콥병(CJD) 환자의 조직 이식과 치료에 사용된 수술 기구, 크로이츠펠트-야콥병 환자로부터 추출해서 만든 호르몬제, 도축장의 작업용 전기톱과 칼, 그리고 음식물 쓰레기 등을 통해서도 인간광우병 감염이 일어날 수 있다고 밝혔다.

"이래서 미국산 쇠고기는 위험하다"

2006년 1월 미국과 맺은 새로운 수입 위생 조건에 따라 30개월 미만의 살코기에 한해 미국산 쇠고기를 다시 수입하기로 한 상황에서, 박상표는 미국산 쇠고기가 위험한 이유에 대해 다음과 같이 설명했다. ('30개월 미만의 살코기'는 OIE의 기준을 따른 것인데, 이 OIE 기준이 어떤 것인지는 나중에 설명한다.)

첫째, 30개월 미만의 쇠고기도 광우병 위험에서 안전하지 않기 때문이다. 2006년 당시 노무현 정부는 "OIE의 국제 기준"임을 들어, "30개월 미만의 살코기는 안전하다"고 홍보하며 수입 절차를 강행했다. 하지만 그때는 이미 세계적으로 30개월 미만에서 100건 이상의 광우병이 확인된 시점이었다.

영국에서는 전체 광우병 사례의 0.05퍼센트에 해당하는 84건이 30개월 미만에서 발생했다. 영국에서 발병한 가장 어린 광우병 소는 20개월이었다. EU(유럽연합)에서도 표본 추출 프로그램을 통해 30개월 미만에서 광우병이 확인된 사례가 20건 이상으로 보고됐다. 일본에서는 2003년에 21개월 홀스타인 거세우와 24개월 홀스타인 거세우에서 각각 광우병이 발견됐다. 그나마 이 두 건이 발견된 것도 20개월 이상의 모든 도축 소에 대해 광우병 검사를 하는 '전수 검사'를 실시했기 때문이다. 일본은 이 같은 자국의 전수 검사를 근거로, 미국과의 쇠고기 협상에서 20개월 미만을 수입 조건으로 관철시켰다.

둘째, 살코기에도 광우병 특정위험물질이 들어 있을 가능성이 높기 때문이다. 일본 정부는 2006년 국제수역사무국(OIE)에 보낸 공식 문서에서 살코기에 광우병 특정위험물질이 들어 있을 가능성을 언급했다. 일본에서는 살아 있는 상태에서 광우병 임상 증상이 전혀 확인되지 않았는데도 불구하고 변형 프리온 단백질이 말초 신경조직에서 검출된 사례가 두 건이나 있었으며, 광우병 감염 소의 근육을 접종한 10마리의 쥐 중 1마리에서 광우병 병원체의 축적이 확인됐다. 요시후미 이와마루 등 일본인 학자들은 94개월과 95개월인 소에서 변형 프리온 단백질이 좌골신경, 경골신경, 미주신경 같은 말초신경조직에 분포한다는 사실을 밝혀냈다(International Symposium of Prion Diseases, 2004). 광우병 특정위험물질이 말초신경조직에 분포한다는 말은 과학적으로 살코기(근육)에 병원성 변형 프리온 단백질이 존재한다는 뜻이다.

셋째, 미국의 광우병 검사 정책에 구멍이 너무 많기 때문이다. 미국은 2005년 텍사스에서 두 번째 광우병이 발생한 후 전체 도축 소 가운데 1퍼센트를 대상으로 광우병 검사를 실시했는데, 2006년 8월부터는 이마저도 10분의 1로 줄여 0.1퍼센트만 검사하고 있다(연간 도축 소 약 3500만 마리 중 4만 마리). 하지만 2005년 EU 25개국에서 광우병 증상이 전혀 나타나지 않은 정상 소를 도축해 검사한 결과, 광우병 양성으로 판명된 사례가 무려 113건이나 됐다. 그러니 99.9퍼센트의 소에 대해 광우병 검사를 하지 않는 미국산 쇠고기가 과연 안전하다고 할 수 있을까?

2006년 2월 1일자 미국 농무부 감사 보고서에는 도축장 두 곳에서 29마리의 주저앉는 소를 광우병 검사도 하지 않은 채 식육 처리한 사실이 지적돼 있다. 2004년 8월의 감사 보고서는 더욱 충격적이다. 중추신경계 이상을 보이는 소 680마리 중 162마리만 광우병 검사를 실시한 사실이 감사에서 적발됐다. 광우병 위험이 높은 소들을 오히려 검사에서 제외시킨 까닭이 무엇일까? 공식적인 광우병 발생 사례가 늘어나면 미국 내 쇠고기 판매는 물론 해외 수출이 어려워지므로, 광우병 발생 숫자를 의도적으로 축소, 은폐한 것이다.

넷째, 1997년부터 실시한 미국의 사료 규제 조치는 교차오염 (cross contamination)이 발생할 수 있는 불완전한 법이기 때문이다. 미국의 이 규제 조치는 소, 양, 염소, 사슴 등 되새김질(반추) 동물에게 같은 되새김질 동물의 고기와 뼈로 만든 사료를 먹이지 못하도록 금지했을 뿐이다. 소에게 소뼈와 쇠고기를 갈아 먹이지 않을 뿐, 돼지나 닭이나 개, 말, 생선 등의 내장, 살코기, 뼈로 만든 육골분 사료는 여전히 소에게 먹이고 있고, 돼지, 닭, 칠면조, 오리, 개에게도 소의 뼈와 내장 및 살코기로 만든 동물성 사료를 먹이고 있다. 이러한 사료 정책은 교차오염으로 인한 엄청나게 많은 광우병 발생을 야기할 수 있다. 또 미국은 송아지에게 소의 피로 만든 영양제를 먹이는 것도 허용하고 있기 때문에 영양제 제조 과정에서 '금지 물질'이 혼입될 가능성도 높다. 이 같은 미국의 사료 정책은 영국에서 1988년부터 1990년까지 실시했다가 무려 27,000마리의 소에서 광우병이 발생한 전례가 있는 이미 실패한 정책이다.

다섯째, 미국 내 도축장의 위생 상태가 보장되지 않기 때문이다. 2004년에 일본을 방문한 미국 육가공업체 타이슨 푸드(Tyson Foods)의 노조 지도부 일행은 "식육 처리 공장의 생산 라인은 회사의 이익 추구 때문에 노동이나 식품 안전을 고려할 수 없을 정도로 빠르게 돌아간다"며 "이러한 혹독한 작업 환경 때문에 광우병 특정 위험물질을 적절히 제거하기란 불가능하다"고 증언했다. 미국의 도축장들에는 쇠고기 절단용 톱날이나 칼에 묻은 광우병 특정위험물질을 소독할 수 있는 시설이 전혀 없기 때문에 작업 도구를 통해서 광우병이 전파될 가능성이 높다.

위의 사실들은 박상표가 직접 일본 정부 문서, 영국 정부의 광우병 지침서, 미국 농무부 감사 보고서, 광우병 학회지, 국제 토론회 자료, 미국 시민 단체의 연구 보고서 등을 일일이 찾아서 대조하고 분석해 발표한 내용들이다.

물론 정부나 보수 언론의 주장처럼, 미국산 쇠고기를 먹는다고 모두가 광우병에 걸리는 것은 아니다. 3억 명의 미국인들이 모두 미국산 쇠고기를 먹고 있지 않느냐는 말에도 일리가 있다. 그러나 안전성이 의심되는 식품을 거부하는 것은 자국 국민의 건강과 생명을 보호할 국가의 당연한 의무이자 주권 행사이다.

위험성이 있다면 먹지 말아야 한다. 이것을 '사전 예방의 원칙(Precautionary Principle)'이라 한다. 국가가 나서서 국민에게 '이 음식을 먹으면 광우병에 걸릴지도 모르지만, 확률은 좀 낮으니까 그냥 눈 딱 감고 먹어라' 하는 것이 말이 되는가? 대기업들이 자동차를 수출해서 우리나라가 돈을 벌어야 하니까 국민의 생명과 건강은 뒷전으로 미뤄도 된단 말인가? 이것이 바로 당시 미국산 쇠고기 수입을 반대한 박상표와 시민사회 쪽의 논지였다. 2008년 여름, 광장에 쏟아져 나와 100만 촛불의 물결을 이룬 국민의 목소리였다.

"OIE 기준을 가지고 쇠고기 검역 기준을 세우는 나라는 없다"

하지만 박상표를 비롯한 시민사회의 적극적인 문제 제기도 이미 벌어진 상황을 되돌리지는 못했다. 미국의 쇠고기 시장 재개방 압력은 한국 정부가 무시할 수 있는 것이 아니었다. 게다가 당시 노무현 정부는 소위 '경제 활성화'를 위해 한미 FTA라는 열매를 꼭 따내고 싶어 했다.

이런 연유로 많은 논란에도 불구하고 미국산 쇠고기 수입 절차는 예정대로 진행됐다. 수입 재개를 위한 수입 조건 협상에서도 우리 정부는 미국의 쇠고기 수출 대상 아시아 국가들 중에서 가장 부실한 조건밖에 얻어내지 못했다. 당시 우리나라와 함께 미국산 쇠고기 주요 수입국 중 하나였던 일본은 2005년 말에 우리보다 먼저 미국과 쇠고기 수입 재개 협상을 벌여 '20개월 미만'의 살코기만 수입하기로 합의했는데, 이듬해 1월에 한국이 얻어낸 조건은 '30개월 미만의 뼈 없는 살코기'밖에 되지 않았다.

이런 협상을 하고 난 정부가 국민을 설득하기 위해 제시한 것이 바로 'OIE(국제수역사무국) 기준'이다. OIE에서 광우병 안전 기준으로 정한 것이 '30개월 미만의 뼈 없는 살코기'였던 것이다. 한국은 왜 일본처럼 20개월 미만으로 협상하지 못했느냐는 물음에 대해,

협상 전 가축방역협의회 위원이자 전문가 위원으로 미국 현지 조사까지 수행했던 이중복 교수는 훗날 국회 토론회에서 "일본이 미리 협상을 한 이후라 그 조건에 맞는 미국산 쇠고기 물량을 확보하기 힘들다고 봤고, 또 그러면 쇠고기 값이 올라갈까 봐 30개월로 했다"는 무책임한 답변을 해서 비판을 받기도 했다.

어쨌든 이렇게 해서 노무현 정부는 2006년 1월에 '30개월 미만의 뼈 없는 살코기'만 수입하기로 미국과 합의했고, 2006년 3월에는 이 내용을 '미국산 쇠고기 수입 위생 조건'이란 제목 하에 농림부장관 명의로 고시했다. 정부는 이후에도 이 OIE 기준이 국제 기구의 규정이라는 점을 들어 두고두고 국민을 설득하는 근거로 삼았다. 하지만 이 OIE는 미국의 강력한 영향력 아래에 있는 기관이다.

미국은 2003년 광우병이 발생한 이후 OIE의 광우병 가이드라인을 자국에 유리하도록 바꾸기 위해, 광우병 관련 위생 규약이 포함된 'OIE 육상동물 위생 규약'의 변경을 시도했다. 5등급으로 세분화되어 있는 국가별 광우병 등급을 자국에 유리하게 3등급으로 축소하는 안을 만들어 총회에 상정했는데, 2004년에는 일부 국가들의 반발에 부딪혀 실패했지만 2005년에는 통과시켰다.

기존 5등급에서는 미국이 광우병 발생국으로 분류됐지만, 변경된 3등급에서는 그렇지 않았다. 광우병 위험을 무시할 수 있는 국가(Negligible, 1등급), 광우병 위험을 통제할 수 있는 국가(Controlled, 2등급), 광우병 위험도를 판정할 수 없는 국가(Undetermined, 3등급) 가운데 2등급으로 분류됐다. 영국, 캐나다, 프랑스, 독일 등 다른 광우병 발생 국가들도 모두 2등급이 됐다. (2014년 현재 미국은 1등급인 '광우병 위험을 무시할 수 있는 국가'로 분류되어 있다.) 이렇게 해서 미국이 OIE에서 공식적으로 '광우병 위험 통제 국가'로 분류된 것이 2007년 5월이다. 이후 미국은 이것을 근거로 우리나라에 쇠고기 수입 압력을 지속적으로 행사했다.

박상표는 2008년 촛불 시위의 발단이 된 MBC 「PD수첩」 "광우병 편"에 출연해 "OIE 기준이 터무니없이 낮기 때문에, OIE 기준을 가지고 쇠고기 검역 기준을 세우는 나라는 없다"고 지적한 바 있다. OIE 기준은 과학적 근거에 따른 기준이 아니라 회원국 간의 합의에 따라 언제든 바뀔 수 있는 무역 기준일 뿐이기 때문이다. 일본, 대만, 중국 등 미국산 쇠고기를 수입하는 주요 국가들도 OIE 기준을 전혀 따르고 있지 않으며, 심지어 미국도 외국산 쇠고기를 수입할 때 OIE 기준을 따르지 않아 주미 EU 대사가 미국을 공개적으로 비판하기도 했다.

한국 정부는 2005년 OIE 총회 당시 일본, 대만과 연대해 광우병 등급을 5단계에서 3단계로 축소하려는 미국의 안을 반대했다. 이 사실은 농림부 축산국의 OIE 총회 참석 보고서에 자세히 기록되어 있다. 그러나 정부는 이러한 내용을 국민에게 알리지 않았다. 오히려 'OIE 기준은 과학적, 국제적 기준이고 이에 반박할 만한 과학적 근거가 없는 한 OIE 기준 적용을 거부할 수 없다'며 미국과의 쇠고기 협상 결과를 국민에게 설득시키려 했다.

또 정부는 미국에만 OIE 기준을 적용해 주었을 뿐, EU나 아르헨티나, 캐나다에는 적용하지 않았다. 이와 관련해 WTO 위생검역회의에서 EU 대표와 아르헨티나 대표는 왜 자기네 쇠고기는 수입을 허용하지 않느냐고 한국에 항의했다. 캐나다는 미국과 똑같이 OIE에서 '광우병 위험 통제 국가'인데도 쇠고기 수입을 거부당하자 우리나라를 WTO에 제소했다.

안전한 고기만 보내야지 왜 뼈를 섞어 보내나?

2006년 5월 정해진 절차에 따라 미국 현지 출장 조사를 떠난 우리 정부 대표단은 타이슨 푸드, 카길(Cargill), 스위프트(Swift) 등 거대 축산업체의 도축장 7~8곳에서 위생상의 문제점을 발견했다. 당연히 이들 작업장은 승인이 되지 않았고. 우리 정부는 일단 승인이 난 다른 도축장들부터 수입을 재개하겠다고 미국 측에 통보했다.

그러나 시장 선점 효과를 놓칠까 봐 염려한 타이슨 푸드, 카길, 스위프트 3사는 미국 정부에 압력을 넣어 모든 도축장이 승인될 때까지 수입 재개를 미루라고 요구했고, 또다시 압력에 직면한 우리 정부는 8월에 추가로 미국에 현지 점검단을 보내 문제의 도축장들을 모두 승인해 주었다. 워싱턴과 서울에서 각각 한미 FTA 1차(2006년 6월), 2차(2006년 7월) 협상이 진행된 시기의 일이다.

이렇게 해서 결국 2006년 10월 30일 미국산 쇠고기가 다시 인천 공항으로 들어왔다. 2003년 12월 미국에서 광우병이 발생한 이후 2년 11개월 만이었다. 그러나 이때 들어온 크릭스톤 팜스(Creekstone Farms) 사의 쇠고기 9톤은 국립수의과학검역원의 엑스레이 투시 검사 중에 살치살(chuck flap tail)이 담긴 상자에서 수입 금지 물질인 뼛조각이 검출되어 전량 반송됐다. 크릭스톤 팜스는 미국의 쇠고기 수출업체 중에서 위생 상태가 가장 안전하다고 평가 받은 업체였다.

이어서 11월 23일 인천공항을 통해 또 다른 미국산 쇠고기가 수입됐다. 네브래스카 주에 위치한 프리미엄 프로테인 프로덕트(Premium Protein Products) 사의 냉장 쇠고기였다. 박상표가 조사한 바에 따르면, 이 회사는 2004~2005년에 미국 농무부 감사에서 광우병 관련 규정 위반이 3건이나 적발된 '불량 작업장'이었다. 이 회사의 쇠고기 역시 검역 과정에서 뼛조각이 발견되어 전량 반송됐다.

그러고 나서 12월 1일에 3차분 쇠고기가 들어왔다. 이 세 번째 쇠고기를 도축한 네브래스카 주의 그레이터 오마하 패킹(Greater Omaha Packing) 사는 2004~2005년에 광우병 관련 규정 위반이 무려 15건이나 적발된 작업장이었다. 이 회사는 미국 현지에서 엑스레이 검사를 실시해 뼛조각이 포함되지 않은 쇠고기만을 한국으로 보냈다고 했는데, 국내 검역 과정에서 7개의 뼛조각이 검출되어 전량 반송됐다. 더구나 이 쇠고기에서는 국내 허용 기준을 웃도는 다이옥신까지 검출됐다. 다이옥신은 청산가리보다 1만 배나 독성이 강해서, 수영장 다섯 개 분량의 물에 고작 한 컵 정도를 섞은 농도로도 인간을 죽음에 이르게 할 수 있는 1급 발암 물질이다.

이렇게 세 차례에 걸쳐 수입된 미국산 쇠고기는 모두 뼛조각 때문에 검역 불합격 판정을 받고 전량 반송됐다. 이에 따라 쇠고기 문제는 한미 FTA의 최대 '협상 결렬 요인(Deal Breaker)'으로 부상했다.

미국의 통상 압력에 맞장구친 '우리'나라 정부

미국은 계속되는 뼛조각 문제 때문에 난항을 겪자 또다시 한미 FTA를 빌미로 한국에 압력을 넣기 시작했다. 웬디 커틀러(Wendy Cutler) 한미 FTA 협상 미국 측 수석대표와 마이크 조한스(Michael "Mike" Johanns) 미국 농무부장관은 "한미 FTA가 성공적으로 체결되고 미국 의회의 비준을 받으려면 미국산 쇠고기가 완전하게 재개방돼야 한다"며 쇠고기 수입 위생 조건의 완화를 압박했고, 척 램버트 농무부차관보는 세 번째 뼛조각 쇠고기가 들어오고 난 다음인 12월 7일 "그 뼛조각이 어디서 온 것인지 의심스럽다"면서 "운송 과정에서 누군가 집어넣었을 가능성"이 있다는 황당한 발언까지 했다.

이어 12월 12일에는 찰스 그래슬리(Charles Grassley) 미국 상원 재무위원장이 수전 슈워브(Susan Schwab) 미국무역대표부 대표와 마이크 조한스 농무부장관 앞으로 편지를 보내 "한국이 미국산 쇠고기 수입 제한을 풀지 않으면, 미국 의회가 한미 FTA를 비준하지 않을 것"이라고 통보했다. 미국육류수출협회(USMEF)의 필립 셍 (Philip Seng) 회장은 한술 더 떠서 "한국은 소의 연령과 출생지를 막론하고 광우병 특정위험물질이 제거된 모든 쇠고기 제품에 대한 수입을 허용해야 한다"면서 '30개월 미만의 뼈를 발라낸 살코기'라는 한국의 미국산 쇠고기 수입 조건 자체까지 바꿀 것을 미국 정부에 요구했다.

박상표의 표현에 따르면, 미국의 "손목 비틀기식 요구"는 여기서 멈추지 않았다. 미국은 "쇠고기 수입이 없으면 한미 FTA도 없다"는 전제를 고수하며 손목 비틀기에 나섰다. 세 번째로 수입된 쇠고기가 뼛조각 때문에 반송된 후, 미국은 12월 19~20일 워싱턴에서 열기로 했던 한미 FTA 위생검역(SPS) 분과 5차 협상을 연기했다. 미국이 쇠고기 수입 문제(검역 기준 완화)와 조류독감 지역화 인정 문제 등을 협상 의제로 다루자고 요구했는데, 한국이 이를 거부하자 결국 협상이 연기된 것이다.

이어 이듬해 1월에 열린 한미 FTA 6차 협상에서도 무역구제, 자동차, 의약품, 위생검역, 원산지·통관 등 5개 분과의 실무 협상을 재개하지 않았다. 미국은 또 6차 협상 직전인 1월 8~9일 경기도 안양의 국립수의과학검역원에서 쇠고기 검역 전반을 논의하는 한미 쇠고기 전문가 기술 회의를 개최하자고 요구했다가 일방적으로 회의를 취소하기도 했다. 게다가 이 과정에서 미국은 통관 금지 사유인

'뼛조각'의 정의를 공세적으로 따지는가 하면, 엑스레이 검출기를 통한 '전수 검사' 방식이 과연 타당한지, 그리고 한국의 수입 물량 전체에 대한 반송 및 폐기 조치가 타당한 것인지를 문제 삼기도 했다.

당시 국내 일각에서는 2006년 중간선거에서 승리해 다수 의석을 차지한 미국 민주당의 '공정무역론'에 기대를 거는 목소리가 나오기도 했다. 하지만 박상표는 "미국 민주당의 공정무역론은 다국적 독점 기업의 횡포와 노동력 착취에 맞서 제3세계 민중들에게 정당한 노동의 대가를 지불하자는 시민사회 운동의 공정 무역과는 완전히 다른 개념"이라며 "민주당의 공정무역론은 1974년 통상법 201조와 301조에 근거를 둔 위장된 보호무역주의"일 뿐이라는 사실을 지적했다.

2007년 1월 4일 개원한 미국 제110대 의회의 상원 무역소위원장이 된 민주당 바이런 도건(Byron Dorgan) 의원(노스다코타 주)은 한국의 미국산 쇠고기 수입 문제와 관련해 "공정 무역을 위반하는 국가에 보복 관세를 부과해야 할 필요가 있다고 판단될 경우, 동료 의원들과 문제 해결을 위해 함께 움직일 것"이라고 밝혔다. 또한 그는 "세계에서 가장 위생적이고 안전한 미국산 쇠고기의 수입이 미세한 뼛조각 때문에 세 차례나 거부됐다"면서 "미국의 쇠고기가 한국에 수출되지 못하는데 미국이 왜 한국의 자동차와 전자 제품을 들여와야 하느냐고 묻는 축산업계의 물음에 나는 대답하지 못했다"고 했다.

상원 재무위원장인 민주당 맥스 보커스(Max Baucus) 의원(몬태나

주)도 몬태나에서 열린 한미 FTA 5차 협상 때 "미국산 쇠고기는 뼈가 있든 없든 안전하다"며, 몬태나산 쇠고기 스테이크를 직접 썰어 시식하면서 한국말로 "맛있습니다"를 연발했다. 그는 한국에 뼈가 붙어 있는 쇠고기의 수입과 함께 40퍼센트 수준인 쇠고기 관세를 완전 철폐할 것을 요구했다.

한편 하원 세입세출위원장을 새롭게 맡은 민주당 찰스 랭글(Charles Rangel) 의원(뉴욕 주)과 하원 에너지통상위원장인 민주당 존 딩겔(John Dingell) 의원(미시간 주)은 자동차업계를 대변해 한국의 자동차 관련 세제를 바꾸라고 강력하게 요구했다. 그들의 '공정무역론'에 따르면, 한국이 미국보다 더 많은 자동차를 수출하기 때문에 미국은 관세를 철폐할 필요가 없고, 한국만 자동차 관련 세제를 모두 바꿔야 했다.

이 같은 내용을 정리하며 박상표는 "미국 민주당의 공정무역론은 미국에게는 지나치게 공정하지만, 한국에게는 엄청나게 불공정한 양의 탈을 쓴 늑대의 논리에 불과하다"고 비판했다. 미국의 이익을 극대화하기 위해 약한 나라의 목을 조르는 데는 공화당이든 민주당이든 다를 바가 없었다.

노무현 정부가 아무리 쇠고기 문제는 한미 FTA와 별개라고 주장해도, 미국은 결코 그렇게 생각하지 않았다. 집요하게 이어진 미국의 밀어붙이기식 압력을 보면, 그들이 한국을 얼마나 손쉬운 무역 상대국으로 여겼는지 알 수 있다. 이 와중에 우리 정부 여당과 일부 관료들은 국민의 건강과 식품 안전을 위협하는 미국의 부당한 압력에 항의하기는커녕, 오히려 미국을 도와 우리 국민을 설득하는 데 나섰다.

[한미] 양국 정부가 서로 주고받을 이익의 균형을 위한 적극적인 노력을 해야 한다고 보고, 상대방의 의지를 꺾는 과격한 행동은 자제해야 한다고 봅니다. 예를 들어 전자 제품 707상자가 [미국에] 갔는데 전량 반송됐을 때 우리가 FTA 맺을 수 있겠어요? [협상 타결에 대한] 확실한 의지가 있다면 의지에 맞는 행동을 보여야 합니다. (열린우리당 정의용 의원이 미국산 쇠고기 뼛조각 검출 및 전량 반송에 대해 2006년 11월 29일 국회 한미 FTA 특위 회의에서 한 발언)

미국산 쇠고기에 대해 샘플 조사도 아닌 전수 검사를 하고도 작은 뼛조각이 발견돼 수입 물량 전부를 돌려보내는 것은 납득하기 어렵습니다. 국민 건강을 볼모로 국제 사회에서 통하지 않는 조치를 취하는 것은 맞지 않습니다. [우리나라 쇠고기 가격이 외국보다 5~10배 비싸다는 점을 지적하며] 국내 축산 농가의 보호도 중요하지만 소비자의 권리도 중요합니다. (재경부 김성진 국제업무정책관. 2006년 12월 22일 KBS 라디오 출연)

박상표는 2006년 계간지 《농민과 사회》에 쓴 칼럼에서 "한국 고위 관료와 정치인들의 이러한 행태를 보고 있노라면, 이들이 겉은 노랗지만 속은 하얀 바나나처럼 스스로를 한국인이 아니라 미국인 이라고 착각하고 있는 것이 아닌가 하는 의문이 든다"며 "국민의 생명과 건강이 달린 광우병 위험에 대한 안전성을 판단하는 문제를 가격과 이윤이라는 잣대로 재단하려는 경제 관료들의 태도를 통하여 한미 FTA 협상의 적나라한 본질을 확인할 수 있다"고 일갈했다.

어쨌든 이렇게 뼛조각 때문에 홍역을 치른 쇠고기 수입 협상은 다시 한미 전문가 기술 회의 결과, 한국이 전량 반송에서 후퇴해 해당 상자만 반송하는 검역 정책으로 바뀌었다.

2007년 3월 한미 FTA 협상이 막바지에 이르렀으나 여전히 한국 쇠고기 시장이 속 시원히 열리지 않자, 급기야 부시 대통령이 노무현 대통령에게 직접 전화를 걸어왔다. 소위 한미 FTA 마지막 '빅딜' 이 이루어졌다는 고위급 협상 직후였다. 나중에 밝혀진 사실이지만, 이 통화에서 노 대통령은 합리적인 수준에서 쇠고기 수입을 하겠다는 구두 약속까지 해야 했고, 나흘 후인 2007년 4월 2일 대통령 담화를 통해 한미 FTA 협상 타결을 선언했다.

한미 FTA 협상 타결로 쇠고기 수입이 재개된 이후에도 미국산 쇠고기에서 뼈가 발견됐다. 그해 7월 롯데마트에서 미국산 쇠고기의 판매가 처음으로 재개된 직후인 8월에도 등뼈가 발견되어 잠정적으로 검역이 중단됐다. 특히 광우병 특정위험물질인 등뼈가 2회 연속 발견된 것이 결정적이었다.

이런 상황에서 한국은 2007년 12월 대선을 치렀고, 이명박 후보가 당선됐다. 이명박 대통령은 2008년 4월 취임 후 첫 번째 해외 순방을 미국으로 떠났는데, 그가 미국 대통령 전용 별장인 캠프 데이비드에서 한미 정상 회담을 하기 바로 전날 한미 쇠고기 수입 위생 조건 협상이 타결됐다. 그것도 '뼈와 내장을 포함한 30개월 이상, 대부분의 광우병 특정위험물질을 포함한 30개월 미만' 등 미국의 요구를 대부분 들어주었다. 대한민국 국민이라면 다 알고 있겠지만, 진짜 일이 벌어진 것은 여기서부터다.

비프 벨트, 회전문 인사, 그리고 막강한 로비력

앞서 말한 것처럼 1998년에 맺은 한미간 쇠고기 수입 위생 조건에 따르면 2005년에 미국에서 다시 광우병이 발생했기 때문에 이후 5년간 쇠고기 수입이 중단되어야 했다. 그러나 그런 일은 일어나지 않았다. 왜 그랬을까?

한국은 소위 '경제에 활력'을 불어넣는다는 명목으로 대기업들의 수출 길을 열어주기 위한 한미 FTA 체결에 목매고 있었고, 미국은 광우병 발생으로 막대한 손실을 입은 자국의 축산업계를 살려야 했기 때문이다.

미국 정부가 한국의 쇠고기 시장 개방에 집요하게 압력을 행사한 배후에는 타이슨 푸드, 카길 등 다국적 거대 육가공업체들과 축산 자본이 있었다. 부시 대통령은 2000년과 2004년에 치른 두 차례의 대선에서 축산업계의 전폭적인 지지와 지원을 받았다. 자신이 목장주 출신인 데다, 공화당이 전통적으로 '비프 벨트(beef belt)'의 경제적 이해를 대변했기 때문이다. '비프 벨트'는 텍사스, 캘리포니아, 몬태나, 사우스다코타, 네브래스카, 캔자스, 오클라호마, 위스콘신, 아이오와, 미주리 등 쇠고기 산업이 발달한 주들을 묶어서 부르는 말이다.

2004년 대선에서 조지 부시 후보는 이들 지역 대부분에서 존 케리(John Kerry) 후보보나 앞섰나. 미국 시민 단체인 잭임징지센터(CRP)의 통계에 따르면, 2000년 대통령 선거 당시 미국의 축산업자들이 기부한 선거 자금 470만 달러 중 79퍼센트가 공화당 후보인 부시 대통령에게 제공됐다. 2004년 대선에서도 축산업자들은 기부금의 80퍼센트 이상을 공화당의 부시 대통령에게 몰아주었다.

이처럼 당시 공화당의 돈줄이자 표밭 역할을 톡톡히 한 비프 벨트의 경제적 실권을 쥐고 있는 것은 다국적 거대 육가공업체들이었다. 미국 쇠고기 시장의 80퍼센트 이상은 타이슨 푸드, 카길, 스위프트, 내셔널 비프 패킹(National Beef Packing) 등 4대 기업의 몫이었다. 그런데 광우병이 발생해 매출액이 급감하기 시작했다.

미국은 세계 최대의 축산 국가로, 2006년 7월 기준 소 사육 두수가 1억 570만 마리나 됐고, 2003년 기준 매출 규모는 1880억 달러에 이르렀으며 140만 명이 쇠고기 산업에 종사했다. 연간 3500만~4500만 마리의 소를 도축했는데, 그중 90퍼센트를 미국 내에서 소비하고 나머지 10퍼센트를 수출했다. 수출 물량의 90퍼센트는 일본, 한국, 멕시코로 팔려나갔는데, 2003년 기준으로 미국산 쇠고기 수입량은 일본이 25만 1200톤으로 1위, 한국이 21만 8100톤으로 2위, 멕시코가 19만 6000톤으로 3위였다.

2003년 당시 한국의 전체 쇠고기 수입량 29만 8000톤 중에서 미국산 쇠고기가 차지하는 비중은 73퍼센트나 됐다. 그런데 2003년 말 미국에서 광우병이 발생하여 수출이 중단되자, 미국 내 쇠고기 가격이 15퍼센트나 급락했다. 특히 타이슨 푸드나 카길 등 다국적 거대 육가공업체들의 타격이 심했다. 이 기업들은 광우병, 조류독감으로 미국 내 수요가 줄어들고 있는 상황에서 유가가 급등한 데다 수출 길까지 막히자 경영 위기에 처했다. 그래서 이들은 미국 정부를 앞세워 어떻게든 한국 쇠고기 시장을 다시 열려고 안간힘을 썼다.

하지만 한미 FTA와 쇠고기 협상에서 우리 정부는 미국의 일정에 맞춰 제대로 된 준비 없이 협상을 시작했다는 비판을 받은 데 이어, 이명박 정부 들어서는 협정문 오역 때문에 공개적으로 망신을 당하는 등 어설픈 대응으로 일관했다.

미국은 이와 정반대였다. 타이슨 푸드나 카길 같은 대기업들이 미국축산육우협회(NCBA)나 미국육류수출협회(USMEF) 같은 업계 이익 단체와 규합해서 부시 행정부와 미국 의회의 핵심 인사들을 움직여 자기네 입장을 관철시킨 과정은 더없이 집요하고 철저했다.

특히 '회전문(revolving door)' 인사를 통해 대형 육가공업체와 이익 단체, 그리고 부시 행정부의 고위직을 옮겨다닌 인물들이 핵심적인 역할을 했다. 한미 쇠고기 협상에서 중요한 역할을 한 척 램버트 농무부차관보는 비프 벨트에 속하는 캔자스 주 출신으로 미국축산육우협회에서 수석연구원으로 15년간 일한 경력이 있다. 그는 2004년 부시 대통령의 특사로 한국을 방문해 직접 쇠고기 수입 압력을 행사했다. 2006년 9월에는 주미한국대사관에 서한을 보내 쇠고기 수입 조건을 완화해 달라며 '생떼'를 쓴 사실이 강기갑 의원의 폭로로 드러나기도 했다.

미국축산육우협회의 로비력은 한미 FTA와 한미 쇠고기 협상에서 막강한 위력을 발휘했다. 이 단체는 2007년 3월 워싱턴에서 열린 한미 FTA 고위급 협상에 맞춰 봄 연례 총회를 워싱턴에서 개최했는데, 여기에는 부시 대통령과 마이크 조한스 농무장관도 참석했다. 부시 대통령은 이 자리에서 한국의 쇠고기 시장을 반드시 열겠다고 약속했다. 2007년 2월 이명박 대통령 취임식장에 카우보이 모자를 쓰고 나타나 화제를 모은 앤디 그로세타(Andy Groseta)는 바로 미국축산육우협회의 회장이다. 당시 미국축산육우협회 홈페이지에 따르면, 그로세타 회장은 이미 이때 이명박 대통령이 4월에 미국을 방문할 것임을 알고 있었다. 한국 내에서는 대외비였던 대통령의 방미 일정이 이 단체의 홈페이지에는 버젓이 공개되어 있었다.

또 그로세타는 2월 29일 미국의 한 라디오 방송과의 인터뷰에서 "쇠고기 수입 재개 협상은 시간 문제"라고 낙관한 뒤 "이명박 대통령은 4월 9일 총선에서 지지자들을 모은 뒤 [수입 재개를] 확실히 추진하기를 원한다"고 말했다. 즉 4월 9일 전에는 한국이 쇠고기 수입 확대를 주저하더라도 총선을 의식한 정치적 제스처일 뿐이고, 총선만 끝나면 된다는 뜻이었다. 실제로 이후 벌어진 일들은 그의 말과 똑같았다.

미국축산육우협회의 성화 때문에 한미 FTA 협상이 타결된 이후에도 쇠고기 문제는 한미 통상 외교의 불씨로 남았다. 2007년 11월 15일 미국축산육우협회 제이 트뤼트(Jay Truitt) 부회장은 한국과 일본의 쇠고기 수입 중단 조치로 업계가 입은 손실이 125억 달러에 이른다고 미국 국제위원회(ITC) 청문회에서 주장했다. 미국 의회는 쇠고기 문제를 평계로 한미 FTA 비준을 미뤘다.

한미 FTA 특별위원회 위원 자격으로 2007년 7월 미국 워싱턴을 방문했던 한 의원은 "어디에 가서 누구를 만나든, 축산 기업과 관련 단체 로비스트들이 어떻게 알았는지 자연스럽게 합석을 청해서 미국산 쇠고기에 대해 로비를 펼치곤 했다"며 "이들의 로비력과 정보력은 상상을 초월할 정도였다"고 말했다.

2006년 8월 노무현 대통령은 미국산 쇠고기 수입을 즉각 재개하지 않을 경우 한미 FTA가 무산될 것이라는 '경고' 서한을 받았다. 민주당 톰 하킨(Tom Harkin)을 포함한 31명의 미국 상원의원 명의로 된 편지였다. 2006년 12월 제5차 한미 FTA 협상 장소가 아예 자신의 고향인 몬태나 주 빅스카이로 결정되도록 영향력을 행사한 민주당의 맥스 보커스 상원의원은 한국 기자들과 협상단 앞에서 한국말로 "맛있습니다"를 연발하며 몬태나산 쇠고기를 열심히 씹었다.

이들을 움직인 것은 물론 로비 단체들의 대규모 정치 자금과 영향력이다. 또 그 배경에는 공장식 축산으로 엄청난 돈을 벌어들이는 카길과 타이슨 푸드, 스위프트 같은 다국적 농축산 대기업들이 있다.

박상표는 "카길투자서비스 사장을 지낸 대니얼 앰스튜츠(Daniel Amstutz)는 1980년대 우루과이라운드에서 미국 농업협상단을 직접 이끌었고, 카길의 최고경영자 미세크(Ernest S. Micek)는 클린턴 정부에서 대통령수출자문단에 임명되기도 했다"며 "이처럼 막강한 영향력을 과시하는 초국적 농축산 기업은 미국 정부를 통해 우리 쪽에 다양한 압력을 행사해 왔다"고 지적했다. 한국 정부가 결국 광우병 위험에 눈을 감고 뼈와 내장, 분쇄육을 포함한 모든 연령의 미국산 쇠고기를 수입하기로 약속한(2008년 4월 타결된 쇠고기 수입 위생 조건) 배경에는 이러한 흑막이 있었다.

박상표가 지적한 한미 FTA의 문제점

박상표가 2010년 7월에 정리한 미국산 쇠고기 주요 수입국들의 수입 조건은 아래와 같다.

구분	수입 허용 연령	특정 부위에 관한 조항
한국	30개월 미만	내장, 분쇄육, 선진회수육(ARM), 뇌, 척수, 눈, 두개골, 혀, 횡격막, 고환 등 수입 허용
일본	20개월 미만	모든 연령의 광우병 특정위험물질(SRM) 수입 금지, 수출 증명(EV) 프로그램 의무
타이완	30개월 미만	내장, 분쇄육, 뇌, 척수, 눈, 두개골, 혀, 횡격막, 고환 수입 금지
멕시코	30개월 미만	선진회수육 수입 금지, 수출 증명 프로그램 의무
중국	전면 수입 금지	전면 수입 금지
오스트레일리아	전면 수입 금지	전면 수입 금지

한국을 제외한 다른 나라들은 모두 수입 조건이 엄격하다. 한국은 왜 이렇게 '관대한' 미국산 쇠고기 수입 조건을 허용했을까? 우리 정부가 국민의 건강권과 검역 주권을 뒤로하면서까지 맺으려고 한 한미 FTA는 과연 우리에게 무슨 득이 있는 것일까?

한미 FTA는 2006년 2월에 협상을 시작해 모두 아홉 차례에 걸친 협상 끝에 2007년 4월 타결됐으나, 2010년 말 재협상을 거쳐 2011년 11월에야 대한민국 국회를 비공개, 날치기로 통과해 2012년 3월부터 발효됐다.

자동차 부품, 섬유, 항공, 해운 등 일부 업계는 수혜를 입었지만, 농업과 서비스 분야의 타격은 몹시 크다는 것이 전문가들의 공통된 의견이다. 노무현 정부 시절 청와대 경제비서관을 지낸 '새로운 사회를 여는 연구원' 정태인 원장은 "한미 FTA의 본질은 미국식 법과 제도를 한국에 이식하는 것"이라고 정의한 바 있다. 박상표는 2011년 10월 팟캐스트 「나는 꼼수다」 인터뷰에서 한미 FTA의 문제점을 조목조목 지적했는데 그중 몇 가지만 살펴보면 다음과 같다.

불평등 협정

미국은 외국과 맺은 조약이 국내법에 불합치하면 국내법이 우선하지만(미국 이행법안 102조 a항의 1 '협정과 미국 법령이 충돌할 경우 미국 법령이 우선한다'), 한국은 협정과 충돌하는 기존 국내 법률은 모두 무력화된다. 대외 통상조약을 법률로 인정하는 데다 '신법은 구법에 우선한다'는 원칙 때문이다.

게다가 미국의 기업이나 투자자는 불만이 있을 때 국내 법원을 통한 구제나 국제 중재 절차를 통한 제소권 가운데 하나를 선택할 수 있지만, 미국에 진출한 한국 기업은 그럴 수 없다. 미국 이행법안 102조 c항의 1과 2에 '미국 정부 이외의 어떠한 자도 협정을 근거로 미국 법원에 청구권이나 항변권을 갖지 못한다'고 명시되어 있기 때문이다.

이런 식의 투자자-국가 제소 제도(ISD)는 상대 국가의 법과 제도를 무력화시키는 독소 조항이다. 북미자유무역협정(NAFTA)에 따른 사례를 볼 것 같으면, 미국의 에틸(Ethyl) 사가 캐나다 내에서 판매한 망간이 함유된 휘발유 첨가제가 어린이 지능에 영향을 미친다는 우려가 제기되자, 캐나다 정부는 이 첨가제의 자국 내 판매를 금지했다. 그러자 에틸 사는 캐나다 정부를 제소했고, 심의 결과 캐나다 정부가 패소했다. 이후 캐나다 정부는 망간 함유 휘발유 첨가제를 금지할 수 없게 됐을 뿐 아니라 에틸 사에 손해배상까지 해주어야 했다. 캐나다에서는 아직도 망간이 함유된 휘발유 첨가제가 시중에 유통되고 있다.

물론 한국 기업도 미국 정부를 고소할 수는 있으나, 미국 정부는 지금까지 투자자-정부 제소 사례에서 단 한 번도 진 적이 없다.

래칫 조항(낙장불입 조항)

래칫(Ratchet)은 한쪽 방향으로만 운동하는 톱니바퀴를 말한다. 그래서 래칫 조항은 한번 개방된 수준은 어떠한 경우에도 되돌릴 수 없도록 하는 조항이다. 한번 규제를 완화하면 다시는 되돌릴 수 없고, 공기업을 일단 민영화하면 다시 공기업화 할 수 없는 이 조항은 선진국 사이의 기존 FTA들에서는 사례를 찾아볼 수 없어 한미 FTA 체결 당시 대표적인 독소 조항으로 거론됐다.

영국 런던의 히드로 공항이 마거릿 대처 정부 시절 민간에 매각

된 후 공항 이용료가 다섯 배 이상 올랐는데, 만약 인천공항을 민영화했다가 현재 1만 7000원인 공항 이용료가 10만 원 가까이로 오른다 해도 절대 되돌릴 수 없다. 철도, 가스, 의료 등 사회적 보호 장치가 필요한 공공 서비스의 민영화가 우려되는 이유다.

서비스의 포괄적 개방(네거티브 리스트 개방)

한미 FTA에서 서비스 시장은 네거티브 방식(Negative List)으로 개방했는데, 이는 개방해야 할 분야를 하나하나 정하는 포지티브 방식(Positive List)이 아니라 개방하지 않을 분야만 정한 것이다. 유보 목록에 명시되지 않은 분야는 모두 개방해야 하므로, 미처 챙기지 못한 분야나 미래에 생겨날 서비스 분야는 무조건 자동 개방해야 한다.

예를 들어 호주는 유보 목록에 혈액 공급 사업을 미처 넣지 못했는데, 미국 기업이 이 분야를 장악한 후 혈액 공급에 문제가 생겨 피가 모자라는 사태를 겪은 적이 있다.

이와 같은 한미 FTA의 구체적인 세부 항목들이 일반에 널리 알려진 것도 시민사회 단체와 일부 언론, 학자 등 소위 '대항 전문가' 들이 부속서를 포함해 1,400쪽이 넘는 방대한 협정문을 꼼꼼히 읽고 분석하고 그 내용을 쉽게 풀어서 대중에게 전달했기 때문이다.

정부는 한미 FTA가 기존의 제도와 시스템을 근본적으로 바꿔서야기할 수 있는 위험은 전혀 언급하지 않고 불확실한 장밋빛 전망만 홍보하기에 바빴다. 여론 무마용 '쇼'인 경우도 많았다. 대표적인 것이 바로 개성공단 문제다.

정부는 개성공단에서 생산한 제품도 원산지를 한국으로 인정해 한미 FTA의 관세 혜택을 받을 수 있도록 하겠다고 했다. 이 문제는 언론과 국민의 뜨거운 관심을 받았다. 2007년 노무현 대통령도 한미 FTA 협상 타결을 알리는 대국민 담화에서 개성공단 문제를 주요 성과로 꼽았다.

하지만 미국의 입장은 전혀 달랐다. 캐런 바티아(Karan Bhatia) 미국무역대표부 부대표는 2007년 협상 타결 당시 한국 언론에 "개성공단에서 생산된 제품은 현재 한미 FTA 적용을 받지 않게 돼 있다"고 잘라 말했다. 실제로 한미 FTA 협정문에는 개성공단이라는 단어가 한 번도 등장하지 않는다. 협정 발효 1년 후 한미 공동으로 한반도 역외가공위원회를 설립해 역외가공 지역 제품의 한미 FTA 적용 여부를 결정하겠다는 것이 전부다. 결정 기준도 북한 비핵화가 선결되어야 하고, 역외가공 지역의 노동 임금 조건이 맞아야 한다. 결국 개성공단 제품의 한미 FTA 포함은 미국에게 달린 것이다.

더욱 놀라운 점은 정부의 훈령을 받아 전달해야 할 협상 책임자들이 처음부터 개성공단 문제에 노력을 기울일 생각조차 하지 않았다는 것이다. 주한미국대사관의 비밀 전문에 따르면, 2007년 3월 헨리 폴슨(Henry Paulson) 미국 재무장관 방한 당시 김현종 통상교섭

본부장은 폴슨 장관에게 "개성공단 이슈는 노무현 정부의 좌익 지지자들에게 중요한 문제"라고 말했다. 그는 또 "북미 관계 개선으로 인해 내 직무가 더 어려워졌다. 국회가 개성공단 제품을 FTA에 포함하라고 더 세게 압박하기 때문"이라고도 말했다.

2006년 6월 주한미국대사관 전문에는, 개성공단 문제를 한국 측 초기 제안에 포함시키라는 정부의 확고한 훈령을 김종훈 협상 대표가 어겼다는 외교통상부 북미국장의 발언도 나와 있다. 이에 따라 미국은 개성공단을 처음부터 논의 대상으로 생각하지도 않았다. 당시 이런 내막을 알 수 없었던 기자들은 언론 브리핑 때마다 개성공단 문제를 열심히 물었고, 김종훈 협상 대표는 '개성공단 관련 진행 상황'을 천연덕스럽게 설명했다.

쌀 시장 개방 문제도 비슷했다. 협상 당시 정부는 쌀을 한미 FTA에서 제외시켰다며 마치 쌀 개방을 막아냈고 그것이 큰 성과인 것처럼 선전했다. 하지만 쌀은 원래 한미 FTA 대상이 아니었다. 2004년 세계무역기구(WTO)에서 관세화에서 제외되는(전면 수입 자유화) 품목으로 이미 결정됐기 때문이다. 그런데 김종훈 협상 대표(당시 외교통상부 통상교섭본부장)는 2007년 8월 미국 하원의원과 버시바우(Alexander Vershbow) 주한미국대사를 만난 자리에서 "쌀은 비록 한미 FTA에서 제외됐지만, WTO 쌀 쿼터 협정이 2014년에 종료되기만 하면 재협상할 수 있을 것(could be revisited)"이라고 말했다. 이같은 내용은 2011년 "위키리크스(WikiLeaks)"가 공개한 주한미국대사관 비밀 전문을 통해 세상에 드러났다. 그의 말대로 2014년 현재 정부는 쌀 시장 전면 개방을 선언했고, 미국과 개방 조건을 협의하고 있다.

박상표의 돌발 영상

국회 농림해양수산위원회(농해수위) 청문회 장면을 다룬 2008년 5월 8일자 YTN의 4분짜리 「돌발 영상」에는 당시 한나라당 국회의원이었던 전직 아나운서 출신 이모(某) 의원과 박상표가 나온다. 장소는 국회 농해수위 회의실. 미국산 쇠고기 관련 청문회장이었다.

이 의원은 청문회 참고인으로 출석한 워싱턴 한인회장에게 미국에 살고 있는 한인 교포들이 우족탕, 도가니탕, 사골국, 곱창구이, 척수를 먹느냐고 차례로 질문했고, 척수를 제외하고는 그렇다는 답변을 들었다. 여당 의원으로서 정부의 정책을 뒷받침하기 위해 미국산 쇠고기의 안전성을 강조하려고 했다. 이어 "어린 학생들까지 이용해 (광우병) 괴담을 조장하고 정치적 선동거리로 접근하려는 일부 세력이나 야당의 행태는 과유불급"이라고도 말했다. 여기까지는 '정상' 상황이었다. '돌발' 상황은 다음 참고인으로 출석한 박상표와의 질의응답 과정에서 벌어졌다.

이 의원은 박상표에게 미국의 다우너(기립 불능) 소 동영상에 대해 질문하면서 "가축을 키워 봐서 아는데 소가 한데서 잠자다 보면 그럴 수도 있다. 소가 오랫동안 앉아 있다가 일어나면 잘 못 일어날 수도 있다"며 광우병 위험이 과장된 것 아니냐는 의도를 담은 질문을 던졌다. 이에 박상표는 답변을 하면서 "작년엔 FTA에 반대하고 미국산 쇠고기 수입을 반대하시지 않았느냐, 지금과 정반대되는 이야기를 하시는데 유감이다"라고 하며 그의 달라진 태도를 꼬집었다. 박상표의 돌발 답변에 이 의원은 당황한 기색으로 "나는 그렇게 말한 적 없다. 근거도 없이 그런 소리 하지 말라"고 잡아뗐다.

다음은 농해수위 청문회가 열린 5월 7일 국회 속기록 내용이다.

이 의원: (문제의 영상이) 광우병이 아니라는 확증도 없었고 광우병이라는 확증도 없었다는 거죠, 그러니까?

박상표: 그런 의혹이 생겼기 때문에 미국 역사상 최대 규모의 리콜 조치가 있었고, 의원님께서 지금 어떤 의도로 이런 질문을 하시는지 모르겠지만 작년 청문회에서는 정반대의 입장에서 말씀하셨는데.

이 의원: 저는 그런 거 물어본 적 없습니다, 나 처음입니다.

박상표: 약간 유감스럽습니다.

이 의원: 정확히 이야기하십시오. 나한테 정말 그런 이야기 들은 적이 있습니까?

박상표: 한미 FTA도 반대하시고 미국산 쇠고기 수입도 반대하시지 않으셨습니까?

이 의원: 제가 그런 이야기를 한 적이 있다고요? 나 그런 이야기 한 적 없습니다.

박상표: 한미 FTA를 반대하는 비상시국회의에 의원으로 서명하지 않으셨습니까?

이 의원: 그런 이야기 한 적 없어요. 왜 필요 없는 이야기를 하십니까?

홍문표 위원장 대행: 참고인 말이에요, 참고인. 묻는 이야기에만 답변하세요. 그 외 이야기는 하지 마시고.

박상표: 자꾸 광우병에 대해 사실과 다른 말씀을 하시니까 그렇습니다.

이 의원: 내가 무슨 질문을 했는지 근거도 없이 반대되는 이야기를 한다고 그렇게 이야기합니까? 상당히 이상한 자신감을 가지신 분인데……. 그러면 안 됩니다. 앉으십시오. 존경합니다.

이 의원은 발언이 끝난 후에도 분을 삭이지 못하는 모습이었고, 이 장면은 그대로 TV 전파를 탔다. 그리고 1초 뒤 다음 장면엔 일 년 전인 2007년 6월 27일 '한미 FTA 체결 반대 국회-시민사회 시국 선언'에서 동료 의원들과 나란히 서서 촬영한 그의 사진이 떡하니 나왔다. 「돌발 영상」은 여기서 끝나지 않았다. 이어지는 장면에는 2007년 10월, 바로 같은 장소인 농해수위 회의실에서 열린 청문회에서 미국산 쇠고기에서 뼛조각이 검출된 것을 두고 농림부 장관을 질타하는 이 의원의 모습이 방송됐다.

"대한민국 농림부 장관인지, 미국을 대변하는 건지 헷갈릴 정도입니다. 미국 내에서도 미국 국민에게 위험하다고 생각되는 것은 전액 환수하고 난리를 치는데······ 우리가 먹어서는 안 되는 위험한 물질이 있는 광우병 소, 등뼈가 나오고 막 그러는데 장관이 그런 발언을 하면 이 상황을 보는 국민들이 이상하게 생각하지 않겠습니까?"

'그런 이야기 한 적 없다'고 잡아떼기에는 민망할 정도로 너무 확실한 증거였다. 이 의원을 주인공으로 한 이 「돌발 영상」의 제목은 "내가 언제?"였다.

TV에 나온 영상 자체도 화젯거리였지만 이 의원은 그 뒤에도 한동안 후폭풍에 시달려야 했다. 그의 홈페이지와 블로그에는 시청자와 네티즌들의 비난 댓글 공세가 이어졌고, 이 때문에 그의 미니홈피는 한때 다운되기도 했다. 인터넷 블로그와 카페, 토론방에는 이 의원이 한미 FTA 반대 투쟁에 동참해 미국산 쇠고기 수입 중단을 요구한 사진과 동영상, 기사가 올라와 그의 '거짓말'을 조롱했다.

이 증거 자료 중에는 제269회 국회 농해수위 회의록 열세 번째 안건인 '미국산 쇠고기 수입 중단 촉구 결의안'을 제출한 68명의 국회의원 중 이 의원의 이름이 표시된 사진도 있었다. 당시 이 의원은 농해수위에서 열린 한미 FTA 청문회에서 "쇠고기 시장이 전면 개방되면 국내 한우 사육 농가 중 1.1퍼센트만이 살아남을 것"이라고 주장해 주목을 받기도 했다.

한 입으로 두 말 한 이 의원은 여론의 뭇매를 맞았고, 한나라당의 이러한 180도 입장 변화는 인터넷 "위키백과 한국어판(ko.wikipedia. org)"의 '2008년 대한민국 미국산 쇠고기 수입 협상 논란' 항목에 잘 정리되어 있다.

위키리크스에서 드러난 이명박 정부의 은밀한 쇠고기 거래

한미 FTA와 미국산 쇠고기 수입 재개는 노무현 정부에서 시작했는데, 왜 정작 광장의 촛불은 이명박 정부가 들어선 후인 2008년에 타올랐을까? 이명박 정부는 이를 두고 "이전 정권이 벌인 일에 뒷설거지를 담당했을 뿐"이라고 항변하곤 했다. 언뜻 들으면 맞는 말 같지만 노무현 정부와 이명박 정부의 입장 및 방식에는 근본적인 차이가 있었다.

노무현 정부에서는 광우병 특정위험물질을 제외한 30개월 이하 살코기만을 수입하고, 수입 중단권과 도축장 취소권이 우리 정부에 있는 것으로 수입 조건을 내걸었다.

하지만 이명박 정부가 들어선 후인 2008년 4월에 타결된 미국산 쇠고기 수입 조건에서는 광우병 위험의 마지노선이었던 30개월 이상 쇠고기까지 전면 개방했고 머리뼈, 등뼈, 뇌, 척수, 배근신경절 등 광우병 특정위험물질로 분류된 부위도 수입을 허용했다. 미국에서 광우병이 발생하더라도 OIE에서 광우병 국가 등급을 하향 조정하지 않는 한 수입을 중단할 수 없도록 합의하기도 했다. 수출용 도축장의 승인권과 취소권도 미국 정부로 넘어갔다.

이명박 정부는 도대체 왜 그랬을까? 그 비밀은 2011년 9월 "위키리크스"를 통해 밝혀졌다. 위키리크스는 2011년 9월 2일 미국 국무부 외교 전문 251,287건을 공개했는데, 거기에는 주한미국대사관이 작성한 전문 1,980건도 포함되어 있었다. 주한미국대사관이 본국에 보고할 목적으로 작성한 이 비밀 전문들 중에는 이명박 대통령이 연관된 'BBK' 관련 문건 20건을 비롯해 한국의 정치와 관련있는 중요한 내용들도 들어 있었다.

폭로된 비밀 전문들에 따르면, 이명박 정부가 출범하자마자 한미 양국은 쇠고기 개방을 위한 물밑 협상을 시작했지만, 4월에 있을 총선에 영향을 끼칠까 봐 협상 내용을 은폐했다. 또 이명박 대통령이 미국 대통령 전용 별장인 캠프 데이비드에서 하룻밤 묵는 대가로 쇠고기 시장을 내주었다는 의혹도 사실로 드러났다.

2007년 12월 19일 대통령 선거가 끝나자마자, 주한미국대사관은 대통령직 인수위를 상대로 이 당선자의 취임 후 첫 미국 방문 및 한미 정상회담 선결 과제로 쇠고기 시장을 재개방해야 한다는 압력을 넣기 시작했다. 버시바우 주한미국대사는 12월 24일 이 당선자 측과 만나 대통령 취임 전에 FTA 문제와 쇠고기 시장 개방 문제에 진전이 있기를 희망한다고 말한 데 이어, 1월 16일에는 미국 상원의

원 대니얼 이노우에(Daniel Inouye)와 테드 스티븐스(Ted Stevens) 등과 함께 당선자 사무실을 방문했다. 이 당선자는 이 자리에서 쇠고기 시장을 빨리 개방하겠다는 의지를 밝히며 "여기에 기자들이 없기 때문에 프리(free)하게 말할 수 있다. 나는 미국산 쇠고기가 품질 좋고 값싸기 때문에 좋아한다. 미국 쇠고기 시장을 개방하는 것은 한국 소비자들에게도 좋은 일"이라고 말했다.

이렇게 대통령 당선자의 의사를 확인한 미국 측은 더욱 발 빠르게 움직였다. 다음 날인 1월 17일 버시바우 대사는 이 당선자의 '정치 멘토'인 최시중 대통령직 인수위원회 위원(후에 방송통신위원장), 현인택 외교분과 위원(후에 통일부장관)과 만나 이 당선자의 미국 방문과 한미 정상회담 일정을 논의했다. 이 자리에서 버시바우 대사는 미국산 쇠고기 수입이 재개되는 시점 이후인 4월이 이 당선자의 방미에 적기라고 말했고, 현인택 위원은 정상회담 장소로 캠프 데이비드가 이상적일 것이라고 제안했다.

이 만남 이후부터 이 당선자의 방미 전 쇠고기 시장 개방을 위한 본격적인 논의가 시작됐다. 이틀 뒤인 1월 19일 버시바우 대사는 이경숙 대통령직 인수위원장과 김병국 청와대 외교안보수석 내정자를 만나 "이 대통령의 성공적인 방미와 미국 의회의 FTA 비준 분위기 조성을 위해, 이명박 대통령이 미국에 도착할 때를 즈음해 한국은 쇠고기 시장 개방에 반드시 동의해야 한다"고 말했다. 노무현 정부에서는 '한미 FTA 선결 조건'이었던 것이 이명박 정부에 와서는

'한미 정상회담 선결 조건'이 됐다.

이처럼 집요한 협박에 가까운 압박 끝에 미국 대사관은 한미 정상회담 전에 쇠고기 시장을 개방하겠다는 대통령직 인수위원회의 약속을 받아냈고, 이를 즉시 본국에 보고했다. 2008년 2월 21일자 미국 대사관 전문을 보면 "이명박 당선자와 그의 팀은 쇠고기 이슈의 중요성을 이해하고 있으며, 이 당선자가 4월 17일 워싱턴을 방문하기 전에 그 문제를 해결하겠다고 우리에게 확언했다"고 쓰여 있다. 또 이어서 "그러나 그들은 쇠고기 문제의 정치적 민감성 때문에 4월 9일 총선 전까지는 어떤 합의에도 사인할 수 없다고 했다. 우리는 그 점을 이해하지만 한미 양측이 새로운 쇠고기 수입 조건 마련을 위한 비공식 대화를 3월 중에 시작하지 않는 한, 이 당선자의 방미 이전에 쇠고기 협상을 타결 짓기에는 시간이 충분지 않다는 점을 주지시켰다"고 언급했다.

이 같은 보고를 받은 라이스(Condoleezza Rice) 미국 국무장관은 나흘 뒤인 2월 25일 대통령 취임식에 미국축산육우협회 회장 앤디 그로세타 회장을 포함한 축하 사절단을 이끌고 참석했다.

이후 한미 양국은 쇠고기 수입 재개를 위한 은밀한 협상에 돌입했다. 한 달 뒤인 3월 25일 주한미국대사관은 라이스 국무장관에게 보낸 전문에서, "이명박 정부는 4월 9일 총선 전에 미국과의 쇠고기 협상 장면을 노출시키는 것은 불가능하다고 했다. 쇠고기 문제의 정치성은 농민 유권자에게 너무 민감한 문제이기 때문이다. 한국의 통상팀은 우리[미국]의 요구를 충족하는 합의를 도출해 이 대통령의 방미를 즈음해 발표할 수 있도록 뒤에서 열심히 일하고 있다"고 했다.

그리고 4·9 총선이 끝난 바로 다음날인 4월 10일 농림수산식품부는 미국산 쇠고기 수입 위생 조건 개정을 위한 한미 고위급 전문가 협의를 4월 11일부터 과천 청사 회의실에서 개최한다고 전격 발표했다. 이 발표 후 일주일 만인 4월 18일, 즉 한미 정상회담 하루 전에 30개월 이상을 포함한 미국산 쇠고기에 대한 전면 개방이 선언됐고, 당시 미국에 가 있던 이 대통령은 이 소식에 박수를 치며 환호했다.

하지만 쇠고기 협상 내용에 분노한 국민들은 인터넷 상에서 이 대통령 탄핵 서명 운동을 벌여 5월 4일에 100만 명을 돌파했으며, 이 대통령의 미니홈피는 네티즌들의 댓글이 쇄도하는 바람에 게시판을 폐쇄해야 했다. 5월 초부터는 네티즌이 중심이 된 '이명박 탄핵을 위한 범국민운동본부' 주최로 청계 광장에서 수만 명이 참가한 대규모 촛불 시위가 열렸다. 6·10 항쟁 21주년인 6월 10일에는 100만의 촛불이 모여 국민의 건강권을 미국에 내준 이명박 정부를 규탄했다.

2008년 5월 15일 코엑스에서 열린, 3,500여 명의 기독교 지도자들과 정·관계 인사들이 참석한 조찬 기도회에서 이명박 대통령은 "국민과 소통하는 겸손한 대통령이 되겠다"고 말했다.

그러나 6월 10일 서울시청 앞 광장에서 열린 '100만 촛불 대행진'을 앞두고 경찰은 광화문 사거리를 중심으로 청와대 방향으로 향하는 길목이란 길목은 모두 2층짜리 '컨테이너 바리케이드'로 차단했다. 이날 촛불 집회는 오후 7시부터 예정돼 있었지만, 경찰은 새벽부터 화물용 대형 컨테이너를 서로 붙여 용접하고, 바닥에 철심으로 고정시켜 바리케이드를 쳤다. 시위대의 청와대 접근이 두려워서 미리 차단벽을 설치한 것이다. 누리꾼들은 이 컨테이너 박스 담장에 '명박 산성'이라는 이름을 붙여 조롱거리로 삼았다.

　그리고 2년 후인 2010년 5월에 이 대통령은 미국산 쇠고기 관련 촛불 시위 2주년을 맞아 이른바 '촛불 보고서'를 만들 것을 관련 부처에 지시했다. 촛불 시위가 한창이던 2008년 5월 22일 대국민 담화와 6월 19일 특별 기자 회견을 통해 국민에게 고개를 숙였던 이 대통령이 2년 후에는 촛불 시위에 대한 재평가를 하겠다고 나섰다. 이 대통령은 당일 국무회의에서 "많은 억측들이 사실이 아닌 것으로 판명됐음에도 당시 참여했던 지식인과 의학계 인사 어느 누구도 반성하는 사람이 없다"고 말했다.

그 많은 쇠고기는 누가 다 먹었을까

2008년 6월 농림부 장관 고시가 발효되면서 미국산 쇠고기의 수입이 본격적으로 시작됐고, 매년 수만 톤의 미국산 쇠고기가 국내로 들어왔다(2015년 6월 현재 미국산 쇠고기는 국내 수입 쇠고기 시장에서 1위에 근접해 있다). 그렇다면 대체 그 많은 미국산 쇠고기를 누가 다 먹었을까? 원산지를 표시해야 하는 마트와 정육점, 식당 등에서는 미국산 쇠고기의 취급을 꺼렸다. 그럼 시민사회 단체들이 지적한 대로, 미국산 쇠고기가 병원과 학교, 군대 등지에서의 단체 급식에 대량으로 사용될 수밖에 없었을까? 의혹이 사실로 드러나는 데는 오랜 시간이 걸리지 않았다.

2008년 5월 국회 청문회에서 정운천 농림수산식품부 장관은 "쇠고기 수입 재개 후 1년 동안 정부종합청사 공무원에게 미국산 쇠고기 꼬리곰탕과 내장을 먹이겠다"고 약속했지만 이것은 결과적으로 거짓말이 됐다. 2007년 1만 4112톤에서 2010년 8만 4821톤으로 늘어날 만큼 미국산 쇠고기 수입량은 해마다 급증했지만 청와대, 정부 부처, 지자체 등 전국 주요 공공 기관의 구내식당 가운데 미국산 쇠고기를 쓴 곳은 한 군데도 없었다(2009년 1월 《서울신문》의 조사 참조).

청와대는 2008년 6월 26일 미국산 쇠고기 수입 위생 조건(개정안) 고시가 발효된 뒤 촛불 집회가 거셌던 9월까지만 광우병 우려가 없는 양지, 등심, 사태 등 특성 부위에 한해 미국산 쇠고기를 사용했다. 하지만 10월부터는 LA 갈비, 양지, 등심 등을 호주산으로 바꾸고, 선지, 사골, 잡뼈 등은 국내산을 썼다. 정부중앙청사와 과천청사에 산재한 17개 정부 부처 중 문화체육관광부는 국내산을, 나머지는 모두 호주산을 사용했다.

청와대 구내식당 관계자는 "분기별로 식재료 납품업체를 선정하는데, 미국산과 호주산 중 가격 경쟁력이 있는 것을 공급한다"면서 "지난해 10월부터 1월까지는 가격 경쟁력이 뛰어난 호주산을 공급했다"고 설명했다. 그러나 이 관계자의 말은 사실과 달랐다. 당시 수입 쇠고기 도매업체 및 대형마트에서 팔린 쇠고기 값을 보면 호주산이 미국산보다 10퍼센트 이상 비쌌다.

이에 대해서는 정부중앙청사 식당 관계자의 말이 더 솔직하다. 이 관계자는 "미국산은 불안하다는 인식을 떨칠 수 없기 때문에 미국산을 쓸 계획은 없다"고 못 박았다. 대전청사 식당 관계자도 "공무원들 사이에 미국산에 대한 불신이 높기 때문에 미국산은 원천적으로 차단하고 있다"면서 "약간 비싸더라도 안전한 호주산을 쓴다"고 말했다.

한편 2009년 10월 국회 행정안전위원회 국정감사에서 민주당 최규식 의원이 제출받은 자료에 따르면, 2008년 9월부터 2009년 9월까지 정부과천청사에 근무한 전·의경들의 급식에 100퍼센트 미국산 쇠고기만 쓴 것으로 밝혀졌다. 이명박 정부는 30개월 이상을 포함한 미국산 쇠고기를 전면 개방하면서 "소비자가 선택하면 될 문제"라고 강변했지만, '주는 대로 먹어야 하는' 단체 급식 대상자들이나 '어쩔 수 없이 먹어야 하는' 사회적 약자들에게는 선택의 여지가 없었다.

박상표, 촛불 시위의 중심에 서다

2008년 미국산 쇠고기 수입 반대 촛불 시위는 5월 2일 청계천 소라광장에서 시작됐다. 4월 17일 한미 쇠고기 협상이 타결될 때만 해도 뭐가 뭔지 잘 몰랐던 사람들은 협상의 내용과 문제점을 파헤친 4월 29일 MBC「PD수첩」을 보고 거리로 나왔다. 안티이명박카페와 미친소닷넷 등 온라인 시민 모임을 중심으로 사람들이 모였지만, 사실 맨 처음 촛불을 밝힌 것은 여고생들이었다. 정부와 일부 언론의 계속되는 '방해 공작'에도 불구하고 광장의 촛불은 지칠 줄 모르고 타올랐고, 6월 10일 '100만 촛불 대행진'은 외신을 타고 전 세계로 타전될 만큼 대한민국을 뒤흔든 사건이었다.

정치와는 가장 거리가 멀어 보이는 십대 소녀들이 시작한 촛불 집회에는 아이를 목말 태운 아빠, 유모차를 끌고 나온 엄마, 인터넷 카페 모임의 젊은이 등 평범한 일반 시민들이 대거 참여했다. "불법 집회이니 해산하라"는 경찰의 방송에는 "노래해"로 응수하고, 물대포를 쏘면 "온수"를 외친 이들은 광장의 주인이자 국가의 주권자였다.

촛불 집회에 이만 한 동력이 붙은 것은 시민사회가 그만큼 잘 싸웠기 때문이다.「PD수첩」과 TV 토론을 포함한 언론과 여론이 움직이기까지는 박상표를 비롯한 시민사회 전문가들의 끊임없는 노력이 있었다. 정부 측에서는 관변 학자들과 보수 언론을 동원해 온갖 방법으로 여론을 무마하려고 했지만, 광우병국민대책회의 등 시민단체들의 발 빠른 대응은 언제나 그 이상이었다.

정부에서 시민사회 진영의 광우병 위험성 경고를 '광우병 괴담'이라고 부르며 '광우병 괴담 10문 10답'을 내자 곧바로 이를 논리적으로 반박하는 '광우병 10문 10답'으로 응수하는가 하면, 촛불 집회에 대한 정부의 탄압이 심해진 6월에는 아예 광장에 테이블을 펼치고 세 차례에 걸친 '광장 토론회'를 열기도 했다.

광장 토론회뿐 아니라 미국산 쇠고기의 광우병 이슈를 놓고 벌어진 수많은 TV 토론회와 언론 인터뷰에서 박상표는 단골 출연자였다. 정부와 관변 학자들과 보수 언론에 맞서 시민사회 진영이 제시하는 반박 자료와 논리가 대부분 그에게서 나왔기 때문이다. 그와 함께 일을 해본 울산의대 조홍준 교수('건강과 대안' 대표)는 "전 세계 그 어떤 학자나 교수보다도 당신의 실력을 인정한다"고 말하기도 했다. 박상표는 촛불 집회가 열리는 중앙 무대에도 자주 초대를 받았는데, 그때마다 연단에 올라가 촛불을 들고 모인 시민들 앞에서 정부 주장의 허구성을 조목조목 반박해 큰 박수를 받곤 했다.

촛불 시민들 사이에 회자된 '박상표 어록'

이 시기에 박상표는 광우병에 관한 많은 글을 썼다. 인터넷에서 그의 이름을 검색하면 4만여 건의 검색 결과가 뜨는데, 그중에는 그가 직접 쓴 칼럼이나 기사도 적지 않다. 역사나 문화유산 답사에 대해 썼던 그전의 글들에 비하면 광우병 문제에 관한 글들에는 다소 '과격한' 표현이 많다.

박상표는《오마이뉴스》에 기고한 기사에서 "과연 미국 농무부와 한국의 농림부는 치아 조사만으로 소의 나이를 맞힐 수 있는, 전 세계에서 아무도 모르는 신기술을 개발했단 말인가? 한미 정부는 하루빨리 치아 조사만으로 소의 나이를 맞힐 수 있는 '특허 고무줄'을 공개해야 할 것"이라며 양국 정부를 강도 높게 비난했다.

비난의 수위도 높았지만, 치아감별법이라는 기준을 한미 정부가 각자 입맛에 맞게 멋대로 해석한 것을 두고 '고무줄'에 빗댄 말솜씨가 눈에 띈다. 그런데 이것은 이후 촛불 시민들 사이에서 두고두고 회자된 '박상표 어록'의 시작에 불과했다.

- "광우병 위험을 위험이라고 부르지 못하게 하는 '홍길동' 정부"

- "풋내기 노름꾼이 타짜에게 자기 패를 전부 다 보여주고서 판돈을 올인한 것"(노무현 정부가 한미 FTA 협상을 시작하기도 전에 미국의 4대 선결 조건을 수용한 것을 빗대어 한 말)

- "한미 FTA 강행 땐 미국산 쇠고기가 아니라 대통령이 임기를 못 채우고 반송·폐기되는 불행한 사태가 초래될 것"

- "미국산 쇠고기 못 들여와 안달 난 바나나 관료들"

- "미국 민주당의 공정무역론은 미국에게는 지나치게 공정하지만, 한국에게는 엄청나게 불공정한 양의 탈을 쓴 늑대의 논리"

- "광우병 쇠고기 너나 드세요!"(미국 정부와 미국의 다국적 기업들이 광우병 특정위험물질인 뼈 있는 쇠고기와 내장까지 수입하라고 한국을 압박하는 상황을 두고)

- (이명박 대통령이) "캠프 데이비드에 가서 골프 카트 운전하는 대가로 국민 건강과 안전을 양보"

• "경제 위기 시대를 살아가고 있는 대한민국 서민들은 한밤에 도심에서 촛불을 켜들고 '쥐잡기 놀이'를 전 국민 스포츠로 즐길 만큼 한가하지 않다."

미국산 쇠고기와 한미 FTA 관련 정부 정책에 대해 박상표는 이처럼 분개했다. 그가 광우병 정국 중에 쓴 글들은 사실상 정부와의 대치 국면에서 쓴 것이다. 학자가 연구 목적으로 쓰는 논문이나 개인의 감상적인 글과는 성질이 달랐다. 형식상으로는 글을 쓴 것이지만, 사실은 글이라는 수단을 가지고 투쟁을 했던 것이다. 많은 지인들의 증언처럼, 불의를 보면 참지 못하는 그의 천성상 고운 말이 나올 수 없었다.

정부와 보수 언론들이 미국산 쇠고기의 광우병 위험성을 지적하는 목소리를 소위 '근거 없는 괴담'이나 '이념적 선동'이라고 매도한 것과 달리, 그는 정부의 태도에서 잘못된 점이 무엇인지 구체적이고 정확하게 알고 있었다. 그는 소위 '반미 세력'의 편을 들기 위해 정부에 맞선 것이 아니었다.

2008년 4월부터 7월까지 5회에 걸쳐 '광우병 편'을 보도한 MBC 「PD수첩」에 대한 재판 과정에서 2009년 박상표가 법원에 제출한 답변서에 이것이 잘 드러나 있다.

그는 "당시 가축방역협의회나 전문가자문위원회 자료에 미국산 쇠고기의 문제점이 포괄적으로 잘 정리되어 있는데, 이는 실무자, 전문가 차원에서는 미국산 쇠고기의 문제점을 잘 알고 있었다는 뜻"이라며, "당시 정부 자료를 보면 '월령 감별이 가능한 것은 10~15퍼센트에 불과'하다는 문장이 있는데 이 수치가 바로 미국에서 이력추적제로 나이 측정이 가능한 비율"이라고 지적했다. 즉 치아감별법이 정확하지 않아 신뢰하기 어렵다는 사실을 정부 쪽에서도 잘 알고 있었다.

이 정부 자료는 미국의 사료 조치에 문제가 많다는 것을 도표까지 첨부해서 설명하고 있다. 그는 "2005년 전문가 검토 보고서 '미국 내 사료 규제 예외 품목 현황'을 보면, 미국의 사료 규제 조치는 광우병 특정위험물질의 순환으로 인한 광우병 위험을 통제하기 힘들다는 것을 알 수 있다"고 했다. 또한 "[정부는] 광우병 특정위험물질의 정의와 제거 방법에서도 미국이 EU나 일본보다 훨씬 더 예외 규정이 많아 광우병 특정위험물질의 순환으로 인한 광우병 위험도가 높다는 사실을 잘 알고 있었고, 정부 자료에 표로 정리해 놓기도 했다"고 덧붙였다. 이뿐 아니라 'EU 과학자문위원회(EC/SSC) 보고서에 따르면 30개월 미만 소에서 광우병 임상 증상 발현율은 약 0.05퍼센트이다'라는 내용까지 정부의 전문가 검토 보고서에 담겨 있었다. 농림부 장관 등 고위 관료들까지 나서서 "30개월 미만 쇠고기는 안전하다"고 역설한 것과는 정면으로 배치되는 내용이다.

하지만 물론 한미 FTA 체결에 목을 맨 정부는 이러한 사실을 국민들에게 알리지 않았다. 오히려 미국의 거대한 압력에 굴복해 미국산 쇠고기는 안전하니 염려 말고 먹으라고 선전하기에 바빴다. 그래서 박상표는 2010년에 쓴 한 칼럼에서 "쇠고기 문제를 보면 한국이 미국의 식민지라는 것을 알 수 있다"고 꼬집기도 했다(「왜 다시 한미 FTA인가」,《프레시안》, 2010. 7. 19).

지금까지 서술한 광우병 및 한미 FTA 관련 내용들은 모두 박상표가 생전에 남긴 많은 원고 중에서 핵심적인 부분들을 추려서 정리한 것이다. 미처 소개하지 못한 글들 가운데 2007년 초에 작성된 다음 글을 보면 박상표가 한미 FTA와 미국산 쇠고기 수입을 둘러싼 정국을 어떤 시선으로 바라보았는지 알 수 있다(「농업과 국민의 생명 팔아 한미 FTA를 구걸하는 정부」, 『농민과 사회』, 통권 43호).

그동안 한미 FTA 협상이 진행된 과정을 돌이켜보면, 아프리카에서 흑인들을 사냥하여 아메리카 대륙으로 팔아넘겼던 노예 무역선의 평면도가 떠오른다.

당시 노예 상인들은 흑인들의 손과 발을 굴비 엮듯이 묶어서 배 밑창부터 차곡차곡 채워 넣었다. 이윤에 눈이 먼 유럽과 아메리카 대륙의 노예 상인들은 흑인을 그저 '상품'으로만 취급했기 때문에 최대한 많이 '선적'할 수 있는 갖가지 묘안을 짜냈다. 노예들을 채워 넣은 배는 층 사이를 50센티미터가 될까 말까 하도록 설계했으며, 노예들이 몸을 움츠리거나 돌아눕지 못하도록 목과 발에 쇠사슬을 묶었다. 거대한 무덤 속의 관이나 다름없는 공간은 마치 도살장 같

앞으며, 많은 흑인들은 차라리 이런 끔찍한 상황을 벗어나고자 바다에 몸을 던져 상어 밥이 되기도 했다.

그런 흑인 '상품' 다섯 중 둘은 아프리카 내륙에서 해안으로 이동하는 과정에서 죽었다. 남은 '상품' 셋 중 하나는 서아프리카에서 잉글랜드의 리버풀을 거쳐 대서양을 횡단하여 서인도제도에 도달하는 기나긴 항해를 하는 동안 목숨을 잃었다. 살아남은 둘은 플랜테이션이라고 불리는 대농장으로 팔려가 커피, 담배, 사탕수수, 목화 따위를 재배하는 노예가 됐다. 노예들의 노동으로 플랜테이션에서 생산된 커피, 담배, 설탕, 면화는 세계적인 상품이 되어 유럽과 미국의 백인들에게 엄청난 이윤을 남겨 주었다. 이 과정에서 동족들을 사냥하여 불에 달군 인두로 낙인을 찍은 다음 백인 노예 상인들에게 팔아먹은 현지 흑인 하수인들이 약간의 떡고물을 받아먹기도 했다. 자본주의와 세계화 시대가 탄생하게 된 배경에는 산업혁명뿐만 아니라, 바로 이러한 노예 무역과 플랜테이션 농장의 어두운 과거가 숨어 있었던 것이다.

바야흐로 노예 무역선은 진화에 진화를 거듭하여 '자유무역협정(FTA)'이라는 새로운 깃발을 달고 새로운 사냥감을 찾아 나서고 있다. 이번에는 노예 대신 커다란 컨테이너 박스에 쇠고기와 의약품을 비롯한 온갖 물건들을 무역선에 차곡차곡 채워 넣었다. 게다가 특허권을 포함한 지적재산권, 투자자-국가 소송 제도, 서비스라는, 눈으로 볼 수 없지만 황금알을 낳을 수 있는 거위까지 챙겨서 더 많은 이윤을 짜내겠다고 한다. 노예 상인의 후예들은 광우병 위험에도 아랑 곳하지 않고 우리 국민들에게 쇠고기를 팔아넘기겠다고 아우성이다. 게다가 뼛조각은 덤으로 주겠다며 생색을 내고 있다.

박상표는 한미 FTA와 광우병 쇠고기 수입이 현대판 노예 무역과 다르지 않다고 보았다. 위에 인용한 부분은 12쪽에 달하는 상당히 긴 칼럼의 서두 부분인데, 박상표는 이 글의 말미에 "노무현 대통령과 정부 관료들은 같은 흑인들을 사냥하여 불에 달군 인두로 낙인을 찍은 다음 백인 노예 상인들에게 팔아먹은 흑인 하수인들의 악행을 역사가 확실하게 기록하고 있다는 사실을 반드시 명심해야 할 것"이라고 덧붙였다.

그는 이 글을 쓴 2007년 1월에 한미 FTA 6차 협상이 끝나고 양국 간 고위급 밀실 협상, 이른바 '빅딜'이 예상되고 있음을 지적하며 "이 상황에서 빅딜이란 농업과 국민의 생명을 팔아 한미 FTA를 구걸하는 것을 그럴듯하게 포장한 말에 불과하다"고 비판하기도 했다.

하지만 이것은 어느 한쪽 편을 들기 위한 감정적 편 가르기와는 무관했다. 일부 언론이 주장하는 반미나 종북 등 소위 '이념적 선동'을 하기 위한 것이 아니었다. 그는 2007년 한국사회포럼의 '식량 주권 대토론회'에 "김일성 교시에 의한 주체 농업이 북한 식량 위기의 원인 중 하나"라는 주장이 포함된 토론문을 제출했다가 행사를 주최한 전국농민회총연맹으로부터 해당 부분에 대한 삭제 요구를 받고 나서, 소수자의 의견과 다양성을 존중하는 한국사회포럼의 정신을 언급하며 이를 공개적으로 비판한 적도 있다. 미국산 쇠고기의 광우병 문제뿐 아니라 수입 사료에 의존하는 국내산 쇠고기 역시 광우병 위험에서 자유로울 수 없다는 점을 지적하기도 했다. 심지어 그는 광우병 위험성 논란이 실제보다 과장됐을 가능성도 배제해서는 안 된다고 말할 정도로, 스스로 끊임없이 옳고 그름의 문제에 대해 회의하고 질문을 던졌다.

시민사회에서는 그를 '촛불 의인' 혹은 '대항 전문가'라는 이름으로 불렀다. 항생제, 광우병, 구제역, 신종플루 등 '국건수'에 합류한 이후 관여한 모든 문제들에서 그가 보인 모습은 자기 분야에서만큼은 타의 추종을 불허하는 전문가이자 한 치의 오차도 허용하지 않는 치밀한 과학자 바로 그것이었다.

하지만 그는 차가운 이성의 언어로만 말하기에는 인간적인 감정이 용광로처럼 들끓는 너무도 뜨거운 사람이었다. 박상표를 움직인 감정은 부조리에 대한 분노였다. 부조리에 분노하는 이들이 대개 공개적으로 내놓는 글이나 말에서는 점잖게 에둘러 표현하지만, 그런 계산을 하기에 박상표의 분노는 너무 뜨겁고 순수했다.

그는 과학자인 동시에 깊은 이해와 연민의 시선으로 인간을 탐구하는 인문학자이기도 했다. 작은 절집의 초라한 부도밭과 왕릉의 화려함을 비교하면서 권력에 수탈당한 옛 민중의 역사를 떠올리던 젊은 시절 답사의 현장에서나 촛불 군중이 운집한 광장에서나 변함 없이 평범한 사람들의 삶을 애정어린 눈으로 바라보던.

광우병 촛불 집회 그 후

한미 FTA가 체결되어 발효되고 미국산 쇠고기 수입이 재개되어 광장의 촛불이 꺼진 후에도 먹을거리 안전과 건강, 의약품 문제에 대한 그의 학문적 탐구는 왕성하게 계속됐다. 2011년 9월까지 이어 진 MBC 「PD수첩」에 대한 재판에 줄곧 함께 대응했고, 2009년 신 종플루(돼지독감)나 2010년 구제역 같은 대규모 동물 전염병이 발생 할 때마다 탐구와 그 결과 공유에 열중했다. 한미 FTA를 넘어서는 시장 개방을 목적으로 하는 환태평양경제동반자협정(TPP)의 문제 점도 계속 추적했다.

2008년 10월에는 촛불 집회의 성과를 이어가기 위해 보건의료 전문가들과 사회학자, 경제학자, 여성학자들이 모인 연구 공동체 '건강과 대안'이 출범했는데, 박상표는 여기에 창립 멤버로 참여해 활동했다. '건강과 대안'은 먹을거리 불안, 지구 온난화가 초래한 기 후 변화, 시장 원리로 움직이는 보건의료 등 현대 사회의 건강 문제 가 초국적 기업이 주도하는 세계화와 관련 있다는 문제의식 하에 다양한 분야의 활발한 연구를 위해 만들어진 단체이다.

박상표는 현대동물병원을 운영하는 한편, '건강과 대안' 연구위원이자 운영위원으로 활동하며 꾸준히 연구하고 글을 썼다. '건강과 대안' 월례 포럼이나 참여연대 시민과학센터 강좌 등 시민 단체에서 주최하는 강연에 강사로 나서기도 했고, 건강 문제와 관련된 사회적 이슈가 터질 때마다 신문 기고와 언론 인터뷰를 하며 대항 전문가로서의 행보를 성실하게 이어갔다. 2009년 9월 박상표가 '건강과 대안'에서 발간한《이슈 페이퍼》에 기고한 「2009 돼지독감 유행의 정치경제학」은 그가 이 단체에서 하고자 했던 일이 무엇인지를 잘 보여준다.

2009년 3월 멕시코의 대규모 돼지 농장 인근에서 돼지독감(신종플루)이 집단으로 발병했다. 원인체에 유전자 분석을 실시한 결과, 돼지에게서 비롯된 독감 바이러스임이 확인됐다. 당연히 명칭도 돼지독감 바이러스(Swine Influenza Virus H1N1)라고 붙여졌다.

그러나 돼지 축산물의 매출 감소를 우려한 미국 축산업계와 농무부 등이 명칭 변경을 요구했고, 미국 정부와 OIE, 세계식량기구(FAO)로부터 압력을 받은 세계보건기구는 4월 30일 이 질병의 명칭을 Influenza A(H1N1)으로 바꿨다. 이에 따라, 처음에는 '돼지독감'이라고 명명했던 한국 정부도 '신종플루'로 명칭을 바꾸게 됐다. 돼지독감 바이러스는 지난 20년 동안 미국, 캐나다, 멕시코 등 북미의 공장형 돼지 농장에서 지속적으로 돌연변이를 거듭하며 진화해 [농장과 도축장의 노동자, 수의사 등과의 접촉을 통해] 인체에 전염될 수 있는 능력을 획득한 것으로 추정된다.

전 세계를 강타한 이 막강한 바이러스는 엄청난 배설물과 병원체와 스트레스에 쉽게 노출되는 공장식 축산의 집단 밀집 사육에서 생겨났다. 하지만 양돈 산업의 경제적 이해관계 때문에 돼지 농장에 대한 역학 조사는커녕, 이 병을 돼지독감으로 제대로 호명할 수도 없게 됐다. 박상표는 일련의 칼럼과 기고문에서 이 같은 사실을 낱낱이 알리며 신종플루 대신 '돼지독감'이라는 명칭을 고수했다. 정치적 이유로 왜곡된 명명이 사태의 본질을 흐리고 있다고 보았기 때문이다.

그는 또 당시 전 세계적인 독감 사태의 진정한 배후는 바로 신자유주의라는 주장이 제기됐음을 언급했다. 미네소타 대학교 지리학 교수인 로버트 월리스(Robert G. Wallace)는 독립 언론《지금 민주주의는!(Democracy Now!)》과의 대담에서 돼지독감 바이러스 유행을 "북미자유무역협정 인플루엔자(NAFTA flu)"로 명명했다. 소농이 몰락하고 공장식 다국적 대형 축산만 발달하는 신자유주의 방식으로 개편되는 과정에서 전염병도 세계화 시대를 맞은 것이다.

돼지독감의 대유행으로 가장 큰 수혜를 입은 것은 항바이러스제(타미플루, 릴렌자)와 백신을 생산하는 거대 제약회사들이다. 타미플루 원료에 대한 특허를 보유한 미국 제약회사 길리어드는 조지 부시 행정부에서 국방장관을 지낸 도널드 럼스펠드(Donald Rumsfeld)와 국무장관을 지낸 조지 슐츠(George Pratt Shultz)가 이사로 재직한 바 있으며, 미국 국방부의 타미플루 대량 주문으로 이들은 엄청난 주식 부자가 됐다. 길리어드로부터 타미플루 독점 생산 및 판매권을 사들인 스위스 제약회사 로슈는 매출이 폭발적으로 증가했고, 로슈는 타미플루 매출의 22퍼센트를 꼬박꼬박 길리어드에 바쳤다.

독감 백신 시장은 전 세계적인 경제 불황에도 불구하고 2007년부터 연평균 8.2퍼센트의 성장률을 기록하고 있으며, 증권가에서는 대유행병(pandemic) 백신 시장의 규모가 100억 달러 이상일 것으로 추정하고 있다.

이제는 북미의 공장식 축산업 때문에 지구 반대편의 우리가 타미플루를 사먹어야 하고, 미국에서 발생한 광우병 때문에 우리 식탁의 안전이 위협받는 것처럼, 신자유주의 세계화로 모든 것이 개방된 세상에서는 우리의 건강과 생명이 순전히 우리 손에만 달려 있시 않다.

박상표가 활동한 단체 '건강과 대안'은 바로 이런 문제의식에서 출발했다. 2009년 4월 회원 전체 모임에서 '건강과 대안'은 "건강 파괴 기업 감시 체계 마련을 위한 기초 연구"라는 주제를 논의했다. 우리가 마트에서 일상적으로 사먹는 음식은 대부분 대기업 상품이고 심지어 아플 때 사먹는 의약품에도 초국적 자본의 막대한 이권이 걸려 있는 상황에서 시민들의 건강권을 지키기 위해 끊임없이 연구하고 진실을 파헤치고 그 결과를 시민들과 공유하는 연구 공동체를 지향했다.

박상표는 2009년 12월 《레프트21》에 기고한 칼럼에서 "밥상의 안전과 거대 기업 감시"가 왜 서로 상관없는 문제가 아닌지 설득력 있게 이야기했다. "이제 한국에서도 우리의 밥상을 누가 지배하고 있고, 어떤 기업이 얼마나 많은 이익을 보고 있는지 지속적으로 감시하는 대중 운동을 활발하게 벌여야"하며, "국가 권력과 기업 권력을 감시하는 일상의 촛불을 밝혀야만 우리의 생명과 건강을 지킬 수 있을 것"이라고 했다.

2010년 다른 아홉 명의 저자와 공동으로 불확실성의 늪에 빠진 한국 사회를 정치, 경제, 문화, 과학 등 각 분야별로 고찰한『불확실한 세상』을 출간한 박상표는 2012년 7월에는 공장식 축산업에 대한 그간의 문제의식을 정리한 책『가축이 행복해야 인간이 건강하다』를 펴냈다.

1970년만 해도 일 년에 5.2킬로그램에 불과했던 우리나라의 일인당 고기 소비량은 2010년에 41.1킬로그램으로 무려 여덟 배로 늘어났다. 소득 증가와 더불어 이렇게 고기 소비가 크게 늘어난 이면에는 기계로 물건을 찍어내듯 가축을 생산하는 공장식 축산업이 있었다. 공장식 축산에서는 항생제와 호르몬제의 오남용, 가축 배설물로 인한 비위생과 환경 오염, 육골분을 비롯한 부적합 사료를 먹이는 비정상적 사육 같은 문제가 발생했고, 이는 결국 우리의 건강을 위협하는 요인이 되었다.

박상표는『가축이 행복해야 인간이 건강하다』에서 인간의 건강하고 행복한 삶을 위해 우리가 기르고 먹는 가축의 삶에 관심을 가

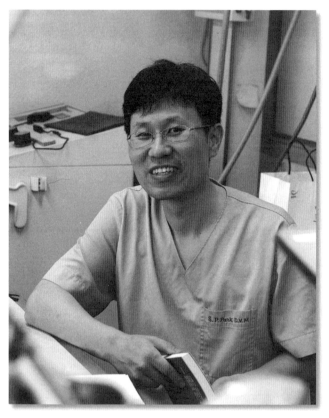

「가축이 행복해야 인간이 건강하다」를 출간하고 나서 《한국일보》와 인터뷰하고 있는 박상표.
2012년 8월 10일. ©《한국일보》

져야 한다고 주장한다. 광우병, 조류독감, 돼지독감, 구제역 등 대규모 전염병의 진원지는 바로 공장식 축산 농장들이었으며, 항생제를 써도 죽지 않는 슈퍼 박테리아가 그곳에서 진화한다. 열악한 환경에서 극심한 스트레스를 받고 자라는 가축들은 병에 잘 걸리고, 그렇게 각종 병균에 오염된 고기가 우리 입으로 들어온다. 채식이라는 급진적인 주장 대신 '어떻게 기른 고기를 먹느냐'가 더 중요하다고 하면서, 가축이 행복하고 인간도 건강해질 수 있는 길을 찾아야 한다는 것이 이 책의 요지다.

공장식 축산에서 출발한 그의 문제의식은 식품 전반으로 확대됐다. 전 세계 다국적 식품 기업들이 인간의 생명을 담보로 돈을 벌기 위해 식품 산업을 어떻게 왜곡하는지를 추적하다 유전자변형농산물(GMO) 문제에 관심을 갖고 연구하며 글을 쓰기도 했다. 외국의 최신 연구들을 부지런히 찾아 확보한 자료들에 자신의 의견을 달아 전문가와 지인들에게 꾸준히 이메일을 보내기도 했다.

먹을거리에 대한 고민은 고혈압, 당뇨병 같은 성인병을 포함한 비전염성 만성질환(Non-Communicable Disease: NCD)으로 옮겨갔고 담배와 의약품에까지 이어졌다. 그는 2013년 12월 담배 회사 내부 문건을 수집하고 분석해서, 다국적 담배 회사로부터 돈을 받고 간접흡연의 폐해를 축소한 논문을 발표한 한국인 과학자들에 대해 폭로하기도 했다. "담배 회사 내부 문건 속 한국인 과학자 분석"이라는 제목으로 다른 연구자들과 공동으로 저술한 이 논문은 2012년

11월부터 2013년 9월까지 미국 캘리포니아대학교 레거시 담배 문서 도서관에서 수집한 자료 2,042건을 분석해 한국인 청부 과학자들을 질타했다(《대한금연학회지》제5권 제1호 통권7호, 2014년 1월, pp.1-9). 이 연구가 특히 주목을 받은 이유는 자본-권력-지식인이 손잡고 소수의 기득권을 위해 대다수 시민에게 왜곡된 사실을 유포하는 '지배지식동맹'을 고발했기 때문이다.

오늘날 고도로 세분화되고 전문화된 과학기술 분야는 용어가 생소하고 내용도 이해하기 어렵기 때문에 일반 대중이 접근하기가 쉽지 않다. 그래서 정부나 대기업이 그런 분야의 전문가들과 손잡고 과학기술 관련 사안들을 정치적으로 왜곡하는 일이 우리 사회에서 흔하게 벌어져 왔다. 이들 '지배지식동맹'이 즐겨 쓰는 표현은 "과학적 인과관계가 없다"는 것이다.

예를 들면 "고압 송전탑 인근 마을 주민의 암 발병률이 높다는 주장은 과학적 근거가 없다", "반도체 공장 근무와 백혈병 발병 사이에는 과학적 인과관계가 없다"는 식이다. 사실 여부를 판단할 지식을 갖지 못한 보통 사람들은 '전문가들이 그렇다니까 그런가 보다' 할 수밖에 없다.

박상표와 같은 '대항 전문가'들의 존재는 바로 이럴 때 절실하다. 박상표가 아니었으면 30개월 이상 쇠고기가 왜 위험한지, 소의 이빨로 나이를 측정하는 것에 무슨 문제가 있는지, 미국산 쇠고기 수입 절차에서 무엇이 잘못됐는지를 일반인들이 과연 제대로 알 수 있었을까? 박상표는 정부와 주류 관변 학자들의 동맹에 맞서 '전문 지식과 정확한 증거'로 무장하고 당당히 대항했다. 주류 관변 학자들이 따라잡기 어려운 자료 수집 및 분석 능력으로 끊임없이 새롭고 적확한 사실과 과학적 증거들을 밝혀내 제시했고, 이를 최대한 쉬운 말로 풀어 시민들과 공유했다.

2008년 박상표가 참여해서 일했던 '광우병국민대책회의' 내 '전문가자문위원회'는 광우병에 관한 복잡한 전문 지식을 '광우병 10문 10답'을 통해 쉽고 빠르게 전달했고, 그 덕분에 전문 지식으로 무장한 촛불 시민들은 진실을 왜곡하는 지배지식동맹에 맞서 커다란 목소리를 낼 수 있었다. 박상표는 종종 시민사회 단체 동료들에게 "시민사회 운동은 무식하면 안 되니, 국민들을 위해 끊임없이 공부하고 또 공부해야 한다"고 역설했다.

연구자로서 그가 기울인 노력은 그가 세상을 떠난 뒤에도 빛을 발했다. 박근혜 정부가 국내 1호 외국계 영리병원으로 야심차게 제주도에 유치하려고 했던 중국계 싼얼병원(善尔医院) 투자 백지화 사태는 이미 그가 예견하고 경고한 결과였다. '피부 및 성형 서비스를 중점 제공해 중국인 의료 관광객을 유치할 계획'이라는 내용으로 2014년 8월에 박근혜 대통령이 주재한 무역투자진흥회의에서 핵심 투자 활성화 대책으로 발표됐던 싼얼병원 사업 계획은 이후 한 달만인 9월에 전면 취소됐다.

병원 설립을 추진한 차이나스템셀(CSC) 대표 자이자화(翟家華)는 사기 혐의로 2013년 7월에 이미 구속됐고, 이 회사는 조세 피난처인 버진아일랜드에 세워진 페이퍼컴퍼니라는 사실이 뒤늦게 알려진 것이다. 보건복지부도 제주도도 현장 확인조차 하지 않은 채 투자 활성화 대책 '건수' 올리기에 급급하다가 국제적인 망신을 당했다.

그런데 위에 언급된 문제는 바로 그 전해인 2013년에 박상표가 '건강과 대안' 월례 포럼에서 이미 발표한 사실들이었다. 그는 중국에서 운영된 북경 싼얼병원이 사실 '왕징신청(望京新城)'이라는 한국계 병원이 이름만 바꾼 곳이라는 것과, 인플루엔자를 제대로 관리하지 못해서 영업 정지를 받을 정도로 영세한 곳이라는 점, 모기업인 천진하업 그룹이 투기 그룹이고 그 실체가 매우 수상하다는 점을 밝혀냈다.

보건의료단체연합 등에서는 이런 내용을 기초로 해서 문제를 제기했고, 박상표가 세상을 떠난 2014년에 영리병원인 싼얼병원이 들어오는 것을 막을 수 있었다. 한국 정부도 몰랐던 사실을 이토록 구체적으로 찾을 수 있었던 것은 그가 한자와 중국어에 능통한 데다, 구체적 사실과 근거를 중시해 탐구를 멈추지 않는 학자적 치밀함과 성실함 덕분이었다.

2013년 12월에 금호동 현대동물병원을 정리한 박상표는 이듬해인 2014년 4월부터 '건강과 대안'에서 상근연구원으로 일할 계획이었다. 생각한 대로 일이 됐다면 그는 앞서 소개한 연구들에 더욱 박차를 가해 시민의 건강과 안전을 지키는 '시민과학자'로서 살았을 것이다. '건강과 대안' 사이트에서 그의 이름을 검색하면 수많은 글이 뜬다. 광우병, 구제역, 돼지독감, 조류독감 등에 대해 수년간 쓴 칼럼을 비롯해 지인들과 공유하고자 했던 많은 자료들이 보인다. 최근에는 TPP, 의료 민영화, 수도 민영화 같은 공공 서비스 분야를 비롯해 한국의 거시경제 전망까지 다뤘다. '자료 대마왕'이라는 별명에 걸맞게 전 세계의 유용한 자료들을 부지런히 소개했다.

그가 이곳에 마지막으로 남긴 흔적은 1월 17일에 올린 프랑스 칸 대학교 세라리니(Gilles-Eric Séralini) 교수팀의 GMO 연구 논문에 관한 최근 소식이다. 그 다음 게시물인 19일자 본인 부고 기사가 올라오기 이틀 전이다. 세상을 떠나기 바로 전날까지도 그는 언론 인터뷰를 했고 전문가와 동료들에게 이런저런 자료와 의견이 담긴 이메일을 보냈다. 그가 마지막으로 집을 나선 것은 신문 기자와 약속된 인터뷰를 하기 위해서였다. 그 인터뷰는 광우병 발생 국가가 많은 EU와 '한-EU FTA'를 체결할 경우의 쇠고기 수입 문제에 관한 내용이었다.

11장

성실한 가장, 그러나 늘 자유를 꿈꾸던

박상표는 참여연대 답사 모임 '우리땅'에서 만난 조미숙과 2002년 3월 11일에 결혼한 후 세상을 떠날 때까지 10여 년간 함께 살았다. 1971년생인 아내 조미숙은 박상표와 세 살 차이다. 참여연대에는 젊은 사람들이 많다 보니 '우리땅' 회원 중에도 젊은 미혼 남녀가 많았고, 가끔은 이들끼리 따로 답사 여행에 나서기도 했다. 젊은 이들끼리 종종 어울리면서 두 사람은 자연히 더 자주 만나게 됐다. 처음부터 '불꽃'이 튄 사이는 아니었다. 처음에는 박상표가 조미숙을 다른 노총각 회원과 연결시켜 주려고 만남을 주선하기도 했다. 하지만 사람마다 인연이 따로 있어서, 그 노총각은 다른 사람과 결혼했고 조미숙은 박상표의 아내가 됐다.

연애 기간은 3개월 정도로 짧은 편이었다. 함께 차를 마시자거나 같이 답사를 가자는 등 박상표가 적극적으로 다가갔고, 조미숙도 그런 그가 싫지 않았다. 답사 모임 내에서 박상표는 중요한 위치에 있었고, 워낙 박학다식하고 명석하다 보니 그것이 매력으로 느껴졌다. 두 사람 모두 혼기가 찼기에, 자연스레 박상표의 고향 여수와 조미숙의 고향 충남 서천에 가서 인사를 올리고 결혼을 하게 됐다.

3녀 1남 중 둘째인 조미숙은 사범대에서 교육학을 전공했으며 교사가 되기 위해 결혼 후 한동안 시험 준비를 한 적이 있다. 2008년에는 박상표와 공동으로 외서를 번역해서 출간하기도 했다. 하지만 그 외에는 결혼 생활 내내 다른 직업을 갖지 않고 전업 주부로 살았다. 박상표는 '아내도 직업을 갖고 돈을 벌면 내가 좀 더 하고 싶은 일에 매진할 수 있을 텐데' 하는 아쉬움을 어쩌다 동료나 친구들에게 농담처럼 던진 적은 있지만, 아내 앞에서 그것을 대놓고 말하거나 그 문제로 부담을 준 적은 없었다.

지인들은 그가 저녁에 병원 문을 닫자마자 바로 집으로 달려가는 가정적인 사람이었다고 기억했다. 친구들을 만나 술을 마시고 놀기보다는 도서관에 가서 공부하고 책이나 자료를 찾아서 글을 쓰는 것을 좋아했던 성향도 이에 한몫했다. 생계를 위해 투자하는 시간이 끝나면 집에 가서 아내와 함께 저녁 시간을 보내며 원하는 공부와 글쓰기를 했던 것이다. 글을 쓴다고 해서 아내를 소외되게 하지 않고 그는 대부분의 생활을 아내와 함께했다. 도서관에 같이 가서 함께 공부하고 답사 여행도 함께 다녔다. 박상표는 운동을 즐기는 타입은 아니었지만 등산을 좋아해서 주말에는 근교의 산에 같이 오르기도 했다. 아내는 그에 대해 "업무 외에는 밖에서 사람을 만나는 일이 적은 편이었기 때문에 친한 친구가 그리 많지 않았다"고 했다. 그렇지만 "아는 것이 많으니 같이 있으면 인터넷 지식 검색을 할 필요가 없었다"며 평소에는 유머가 넘치는 다정한 사람이었다고 기억했다.

2002년 결혼 후 박상표는 노원구 상계동의 주공아파트에서 신혼생활을 시작했다가 2년 만에 강동구 명일동에 아파트를 구입해서 이사했다. 은행 대출을 많이 받긴 했지만, 결혼 2년 만에 '내 집 마련'을 이루었다. 둘 다 지방 출신이었던 부부는 미혼 시절 각자 서울 생활을 하면서 전셋집을 전전한 기억 때문에 빨리 '내 집'을 마련해야겠다는 생각이 컸다. 박상표는 본인이 살던 전셋집이 IMF 직후 경매에 넘어가는 바람에 보증금을 돌려받지 못해 법원 판결이 날 때까지 몇 년을 기다린 적도 있다. 아이가 태어나기 전까지 몇 년 동안 둘이서 함께 살았던 이 아파트는 봄에 벚꽃이 피면 여의도 윤중로처럼 사람들이 꽃구경을 올 정도로 아름다운 곳이었다.

하이텔 고적 답사 동호회 절친인 안춘헌을 비롯해 단체 활동에서 만난 지인들이 그의 집을 오갔고, 마침 근처에 살던 안진걸 참여연대 협동사무처장과 이성규 '바로 보는 우리 문화' 대표 등 지인들과 동네에서 가끔 만나기도 했다. 상일동에 살던 안진걸은 강동구 시민 모임에 박상표를 가끔 데리고 나갔고, 그런 자리에서 박상표는 진보적 지식인으로 인기가 많았다. 「100분 토론」이나 「PD수첩」 등 TV 프로그램에 자주 출연한 시기였기 때문에 알아보는 사람이 많았고, 사람들이 아는 체를 하면 박상표는 많이 쑥스러워했다.

안진걸은 추석 때 전남 화순 고향집에 내려갔다가 역시 고향 여수에 내려와 있던 박상표를 찾아가서 만날 정도로 그와 친하게 지냈다. 하지만 박상표가 현대동물병원을 단독으로 운영하기 시작한 2007년부터는 얼굴을 자주 볼 수 없었다. 페이 닥터로 일하던 때와 달리 원장으로서 직접 동물병원을 운영하며 이것저것 챙길 게 많아졌고, 그만큼 외부 활동보다는 동물병원 일에 매달리는 시간이 늘어났던 것이다. 이 무렵 누군가가 자료를 찾아달라는 전화를 걸면 박상표는 항상 동물병원에서 전화를 받곤 했다.

2011년에는 부부에게 늦둥이 딸 주원이 태어났다. 결혼한 지 만으로 구 년, 햇수로는 십 년 만이었다. 결혼 생활 동안 아이를 원치 않은 쪽은 박상표였다. 자기가 하고자 하는 일에 방해가 된다는 것이 이유였다. 대학 시절 서울에 처음 올라와서 외삼촌댁에 잠시 머문 적이 있는데, 어린 조카가 너무 많이 우는 모습을 본 것도 그런 생각에 영향을 끼쳤다. 하지만 시간이 지나면서 아이에 대한 아쉬움을 떨칠 수 없었던 아내의 설득으로 부부는 뒤늦게 아이를 가졌다.

그런데 아이를 얻는 과정이 쉽지 않았다. 임신 기간 동안 조미숙에게 심각한 산전우울증이 찾아왔다. 밥도 못 먹고 잠도 못 자는 상태가 계속되자 한때는 아이를 없앨 생각까지 했다. 박상표는 이 시기에 동물병원 일을 제외한 바깥 활동을 모두 중단하고 아내 돌보는 일에 매달렸다. 아침에는 아내의 머리맡에 빵이나 두유, 사과 같은 것을 차려놓고 출근했고, 오전 중에 집으로 전화해서 식사를 했는지 챙겼다. 저녁에는 평소보다 30분 일찍 퇴근해서 아내와 함께 저녁 식사를 했다.

조미숙은 결혼 생활을 돌이켜볼 때 이 시기의 남편의 자상한 보살핌이 제일 기억에 남는다고 말했다. 나중에 반대의 상황이 되면 자신도 이 정도는 하리라 마음먹었을 정도로.

아내가 출산한 직후엔 집안일과 육아를 동시에 하기가 힘들어 동물병원 근처인 왕십리로 이사를 했는데, 자동차 매연과 소음이 심해서 계약 기간을 다 채우지 못하고 6개월 만에 다시 이삿짐을 싸서 이번에는 강남구 일원동으로 갔다. 지하철 3호선 일원역 바로 앞에 있는 이 동네는 서울이라고는 믿기지 않을 정도로 조용하고 쾌적했다. 나직나직한 5층짜리 아파트가 대부분인 데다 차와 사람이 적고 뒷동산엔 녹음이 우거진 산이 자리 잡고 있었다. 연고가 전혀 없는 곳이었지만 부부 모두 번잡한 도심보다 한가한 시골 분위기를 좋아했던 터라 별 고민 없이 이사를 결정했다.

아이가 태어나면서 세 식구가 됐지만 박상표는 여전히 자가용도 없이 매일 아침 아내가 싸주는 도시락을 들고 대중교통을 이용해 금호동 동물병원에 출퇴근하며 검소하게 살았다. 남들이 다 갖고 있는 휴대폰도 결혼 후 아내가 '하도 답답해서' 사주기 전까지는 사용하지 않았다. 삐삐로만 연락을 받았다. 가정 형편이 어려워서 그랬던 것은 아니다. 마지막에 문닫을 무렵을 제외하면 동물병원 운영이 크게 어려운 적도 없었다.

그냥 부부는 사치나 낭비와는 무관한 사람들이었다. 자가용이 없었던 것은 대중교통을 얼마든지 이용할 수 있는데 기름을 써가며 굳이 운전할 필요성을 못 느꼈기 때문이다. 박상표는 여느 남자들과 달리 자동차에 전혀 관심이 없었고, 평생 운전면허도 따지 않았다. 자동차뿐 아니라 기계 쪽으로는 아예 관심이 없어서 컴퓨터도 낡고 오래된 것을 바꾸지 않고 사용했다. 도시적이고 기계적인 것을 꺼리는 성향은 아내도 마찬가지였다. 부부의 생활 패턴은 서로 잘 맞았다.

하지만 아이가 태어난 후 이들은 결국 차를 한 대 마련했다. 차 없이 아이를 데리고 다니는 것이 너무 힘들었기 때문이다. 차는 아내가 구입했고 운전도 그녀가 했으며, 박상표는 이에 전혀 관여하지 않았다. 그런데 나중에 남편의 장례를 치르고 난 뒤 아내는 그의 소지품에서 운전면허 공부를 위한 CD를 발견했다. 아내를 돕기 위해 본인도 운전을 배우려고 했던 것이다. 주변에서 그렇게 운전면허를 따라고 권하고, 심지어 동물병원을 동업했던 친구가 시험 비용을 대주겠다고 했을 때도 꿈쩍 않았던 그가 말이다.

아내는 남편을 두고 '바람을 피우려야 피울 수도 없다'고 농담을 하곤 했다. 박상표에게는 세 가지가 없었는데 그것은 차와 신용카드와 보험이었다. 신용카드는 나중에 자영업(동물병원)을 하면서 어쩔 수 없이 만들긴 했지만, 초기에는 차도 카드도 없이 도시락 가방을 메고 걸어다녔다. 그러니 요즘 세상에 이런 남자를 어느 여자가 좋아해서 바람이 날까.

도시락을 싸가지고 다닌 것은 조미료투성이에 재료도 믿을 수 없는 식당 밥을 좋아하지 않았기 때문이다. 아내는 매일 점심과 저녁 도시락을 동물병원에 근무하는 직원 것까지 싸서 박상표의 손에 들려 보냈다. 식재료는 주로 생활협동조합 매장에서 구매했다. 박상표의 이 같은 생활 방식은 개인의 취향 때문이기도 했지만, 한편으로는 검소하게 살고자 하는 의지 때문이기도 했다.

동물병원을 운영하면서도 편법으로 세금을 줄이는 행위를 한 번도 한 적이 없었다. 언제나 정직하게 소득 신고를 하고 내야 할 세금을 다 냈다. 스스로 역사 공부를 하면서 양심에 어긋나는 삶을 살았던 인물들을 많이 비판하곤 했기 때문에, 자신이 혹시나 그런 인물이 될까 봐 미리 경계했던 것이다. 특히 사회운동을 하는 사람으로서 언제든 감시나 주목의 대상이 될 수 있었기 때문에 꼬투리 잡힐 만한 일은 아예 하지 않았다.

주변 동료들의 말처럼 아내 조미숙 역시 박상표를 설명하는 한마디 단어로 '원칙주의자'를 꼽았다. 하지만 이것은 일이나 자신의 신념에서 원칙주의자였다는 것이지, 개인적인 관계에서 자기 원칙을 내세워 남에게 상처를 주는 성격은 아니었다.

박상표에게 없었던 것을 하나 더 꼽는다면 그것은 물욕(物慾)이었다. 아내와 함께 살면서 그는 어떤 소유물도 자기 명의로 가지지 않았다. 전세를 구하거나 집을 살 때도, 핸드폰이나 은행 예금까지도 모두 아내의 명의로 했다. 나중에 동물병원은 본인 이름으로 임대차 계약을 해야 했기 때문에 어쩔 수 없이 갖게 된 3천만 원의 보증금이 그의 명의로 된 재산의 전부였다. 물욕이 전혀 없었던 그에게 욕심이 있었다면 그것은 여행하고 공부하려는 욕심, 궁금한 것을 알아내려는 지적 탐구욕뿐이었다.

그가 아내에게 바란 것도 그저 공부와 여행이라는 자신의 지적 탐구를 함께 해주는 것뿐이었다. 두 사람은 국내 방방곡곡을 여행한 것은 물론이고 해외 여행도 함께 많이 다녔다. 자연히 이들에게 가장 좋은 추억으로 남은 시간도 여행이 되었다. 여행을 얼마나 좋아했던지, 평소에는 그렇게 먹는 것을 중요하게 여긴 박상표도 여행할 때는 빵으로 끼니를 때우며 하루 종일 걸어 다니곤 했다. 부부는 스페인과 포르투갈을 비롯한 유럽과 아프리카, 일본 등지를 함께 여행했다. 아프리카는 시민사회 단체들과 함께 '세계사회포럼' 참석차 같이 갔는데, 일주일 정도 여행한 케냐가 좋은 추억으로 남았다.

박상표는 어디를 가든 그곳의 역사와 문화, 지리적 배경을 익히는 지적 탐구 여행을, 아내 조미숙은 자연의 아름다움을 느끼는 여행을 좋아했다. 박상표는 심지어 아내와 단둘이 여행을 갈 때도 사전 조사를 해서 자료집을 만들기도 했다. 프랑스와 이탈리아로 떠난 신혼여행에서도 박상표는 박물관 등 온갖 곳을 돌아보는 빡빡한 일정을 채우느라 분주했는데, 식사조차 앉아서 제대로 하지 않고 빵으로 때우는 바람에 결국 지쳐버린 아내와 싸운 적도 있다. 신혼여행이 곧 이혼여행이 될 뻔했다.

이것이 미안했던지 그는 몇 년 후 아내에게 같은 곳을 다시 여행하자는 제안을 하기도 했다. 조미숙은 "서로 성격을 맞추는 데 삼년쯤 걸렸다"고 하면서 연애 기간이 길지 않았기 때문에 서로에 대해서 잘 몰라 처음에는 많이 싸우기도 했다고 말했다.

부부는 2012년에 함께 번역한 책을 출간하기도 했다. 캐나다 수의사 데이비드 페린(David Perrin)이 쓴 시골 수의사의 좌충우돌 경험담인 『빨리요, 송아지가 나오려고 해요』에 공동 역자로 나란히 이름을 올렸다. 가끔 책을 써서 출간하곤 했던 박상표에게 출판사로부터 번역 의뢰가 왔는데, 자신은 시간도 없고 번역 전문가도 아니어서 아내에게 도움을 구했다. 조미숙은 집안일을 하면서 영문학과 출신 친구의 번역 일을 가끔씩 도왔기 때문에 번역 경험이 있었다. 대부분은 조미숙이 번역했고, 수술 장면 등 수의사의 전문성이 필요한 부분은 박상표가 맡았다. 그렇게 한 권의 번역서를 내고 나니 보기보다 힘든 일이어서 '다시는 하고 싶지 않다'는 생각까지 들었지만, 부부가 함께 번역한 책이 세상에 나온 것은 의미 있는 추억이 됐다고 조미숙은 말했다.

2006년 초에 '국민 건강을 위한 수의사 연대' 일을 시작하기 직전 무렵, 박상표는 서울에서의 수의사 일을 그만두고 지방으로 내려가 살 생각을 한 적이 있다. 당시 그는 페이 닥터 일을 그만두고 서울에서 직접 동물병원을 차릴 형편도 안 됐고, 그렇다고 사료 회사나 동물 약품 회사에 취직하고 싶지도 않았다. 부부 모두 도시에서 돈을 벌고 아파트 평수 늘리는 것보다 자연을 벗 삼아 지내는 것을 더 좋아했다. 사실 지방에 내려가서 살고 싶은 바람은 조미숙이 더 컸다. 나중에 아이가 태어나자 박상표는 아내에게 "아이와 둘이서 제주도 같은 데 가서 살면 자기가 서울에 남아서 돈을 벌어 생활비를 대주겠다"고 말한 적도 있다.

그러다 우연히 홍하일 위원장을 만나 '국건수'에 합류하게 됐고, 때마침 터진 광우병 사태는 그가 '임시로 잠깐' 하려고 했던 일을 본업으로 만들어 버렸다. 이후 '국건수' 살림이 어려워지자 2007년부터 현대동물병원을 인수해 본격적으로 수의사 일을 시작한 박상표는 두 가지 일을 동시에 하느라 힘에 부치는 삶을 살아야 했다.

미디어를 타고 세상에 알려진 모습은 2008년의 활동이 많았지만 사실은 2006년부터 광우병뿐 아니라 한미 FTA 문제에도 열정적으로 참여했기 때문에 맘 편히 쉰 날이 거의 없었다. 언론 인터뷰나 강연, 토론회나 기자 회견, 자료 검색이나 기고문 작성 등 자신에게 쏟아지는 온갖 요청을 소화하느라 눈코 뜰 새가 없었다.

그러면서도 동물병원 진료 역시 쉬지 않고 꾸준히 해냈다. 진료 중간에 광우병국민대책회의 등에서 기자 회견문을 써 달라고 요청이 오면 진료실 컴퓨터 앞에 앉아 급하게 회견문을 써서 보냈고, 수술을 마친 강아지가 회복실에 있는 동안 잠시 집회 현장에 달려가 자기 순서의 발언을 하고 돌아오기도 했다.「100분 토론」같은 심야 TV 토론이 있는 날에는 퇴근 후 병원 문을 닫고 방송국에 가서 프로그램에 출연했다가 새벽에 귀가했다. 물론 다음 날 아침이면 어김없이 제 시간에 출근해서 진료를 보았다.

박상표의 삶이 여느 사회운동가들과 조금 달랐던 점은, 자신의 '남다른 선택' 때문에 가족이 어려움을 분담하게 만들지 않았다는 것이다. 그는 동물병원 원장으로서 최선을 다했다. 아무리 힘들어도 출퇴근 시간을 지켰고, 아픈 동물 진료에 성실히 임했으며, 사회운동이나 본인이 좋아하는 공부는 대부분 업무 외 시간에 했다.

아내가 병원으로 전화했을 때 사실은 기자 회견 중이면서 반려동물 미용사에게 '잠깐 화장실에 갔다'고 둘러대도록 해서 다툼이 생긴 적도 있지만, 아내는 그의 사회 활동을 반대하지 않았다. 대체로 가장으로서 자신의 역할에 충실했고, 경제적으로도 가정 살림을 어렵게 한 적이 없었기 때문이다. 심지어 육아도 몸이 약한 아내를 대신해 거의 도맡다시피 했다. 전에는 좋아하는 사람들과 술자리를 가지면 밤새 이야기 나누는 것을 즐겼지만, 아이가 태어난 후로는 그런 모임에서도 일찍 일어나곤 했다. 특히 2013년 한 해 동안은 운영위원을 맡은 '건강과 대안'에도 거의 발걸음을 하지 못할 정도로 그는 병원 일과 육아에만 매달렸다.

자신에게 주어진 일은 무슨 일이 있어도 끝까지 해내려는 집요한 성실함 때문에 한때 그의 건강이 심하게 나빠지기도 했다. 한미 FTA 정국에서 한창 활동하던 2007년에 지병인 건선성 관절염이 재발했다. 군 제대 무렵에 처음 발병한 이 병은 심하게 과로를 하면 증세가 악화되곤 했다. 박상표를 진료했던 우석균 '성수의원' 원장은 그의 병이 "류머티즘과 같은 계열의 자가면역 질환"이었다면서 "완치는 어렵지만 약으로 다스리면서 평생 관리하면 생명에 지장을 주는 병은 아니다"라고 말했다. 피부 건선과 관절염이 같이 오면서 심하면 뼈의 관질이 변형되기도 하는 이 병은 자신의 면역 체계가 스스로를 공격하는 것이기 때문에 치료약으로 항암제의 일종이 사용되기도 한다.

그와 친했던 이들은 그의 남다른 주량을 잘 기억했다. 술도 좋아했지만 사람들과 이야기 나누는 것을 더 좋아했던 그는 가끔 밤새 술자리에 어울리곤 했는데, 건선성 관절염이 악화된 후로는 술 마시는 것을 많이 자제했다.

이 병이 재발하면 몸이 굉장히 피곤하고 힘들었는데, 그 와중에도 박상표는 쉬지 않고 일하느라 심하게 고생을 했고, 결국 잠깐 '휴가'를 내서 시골로 요양을 가야만 했다. 아프더라도 병원이나 약에 의존하는 것을 싫어했던 그는 자신의 병이 자연 속에서 저절로 치유되기를 바랐다. 어느 때보다 그의 사회적 역할이 중요했던 한미 FTA와 광우병 정국에서 박상표가 아프다는 소식이 전해지자, 그에게 건강을 기원하는 오십여 통의 팬레터가 도착하기도 했다. 광우병 촛불이 한창 뜨겁게 타올랐던 2008년 6월이었다. 촛불 집회에 나선 어느 소비자 모임 인터넷 카페의 회원들이 박상표의 건강이 나쁘다는 이야기를 듣고 '응원 편지 보내기 운동'을 벌였다. 편지지에 일일이 손 글씨로 쓴 정성이 고마웠는지 그는 이 편지들을 모두 사진을 찍어 보관했다.

이후 광우병 정국이 지나가면서 박상표의 병세는 일상생활에 지장이 없을 정도로 완화됐다. 아내의 권유로 서울대병원 류머티즘 내과에서 석 달에 한 번씩 정기 검진도 받았다. 비록 완치가 되지는 않았지만 피부나 건강 상태가 좋아져 나중에는 병원에 가지 않았다.

함께 사는 동안 아내는 그가 타인 위에 군림하려는 권위주의적인 모습을 보이거나 가장으로서 대접 받으려고 하는 것을 본 적이 없다. 다 같이 밥을 먹어도 먼저 나서서 설거지를 했다. 아이가 태어나고 나서는 아침에 일찍 일어나 집 청소를 하고 직접 밥을 차려 먹은 다음 다 치우고 출근할 정도로 부지런했다. 청소도 대충 하는 것이 아니라 걸레질을 한 다음 빨아서 널고 갈 정도로 꼼꼼히 했고, 아이를 씻기고 먹이고 입히는 것도 마찬가지였다.

반면 여자들만 일해야 하는 제사나 명절 같은 기념일은 전혀 챙

기지 않았다. 고향 집에서 제사가 있더라도 내려가지 않았고 명절에
도 한 번은 여수의 본가로, 한 번은 서천의 처가로 번갈아 갔다. 이
문제는 양가에 미리 자기 생각을 이야기하고 양해를 구했다. 기념일
이란 사람이 만든 이데올로기라고 생각했던 그는 생일이나 결혼기
념일도 전혀 챙기지 않았고, 평소에 아내에게도 그렇게 이야기했다.
원한다면 당신 생일은 챙겨주겠지만 내 생일은 챙기지 말라고. 장남
이었지만 부모 모시는 일도 동생에게 부탁했다. 동생이 부모님을 모
신다면 자신은 재산 같은 것은 전혀 탐하지 않겠다고 했다.

박상표는 이렇게 의무와 도리라는 속박에서 벗어나 자기가 자유
롭게 하고 싶은 일과 공부에 매진하고 싶어 했다. 하지만 이것은 어
디까지나 희망 사항이었을 뿐, 한 가족의 가장으로서 생계를 책임
져야 하는 현실은 그를 자유롭게 놓아주지 않았다. 그리고 그는 자
신의 책임을 방기하는 사람도 아니었다.

"어디 여행을 가면 항상 저기 저 방 하나만 나한테 주면 저기서
연구하면서 살고 싶다고, 입버릇처럼 그런 말을 했어요. 현실하고
동떨어진 이야기를. 자기는 그냥 자유롭게 공부하면서 살고 싶은데,
먹고 살아야 하고 가족을 책임져야 하니까 그게 버거웠던 것 같아
요."

아내 조미숙은 지나고 나서 돌이켜보니 그가 감당해야 했던 생
활의 무게가 그를 가장 힘들게 만들지 않았나 하는 생각이 든다고
했다. 세상을 떠나기 한 달 전에, 운영하던 동물병원을 정리하고 나

서 여행을 떠나고 싶어 한 그를 만류한 것이 그녀에게는 안타까운 후회로 남았다. 오랜만에 일에서 벗어나 홀가분해진 그가 마지막으로 하고 싶었던 것도 역시 여행이었다.

2013년 12월 박상표는 오랫동안 고락을 함께해 온 현대동물병원을 정리하고 타인에게 넘겼다. 바로 옆에 크고 시설 좋은 새 동물병원이 생기는 바람에 그해 내내 운영난에 시달렸기 때문이다. 그 무렵 그에게 전화를 건 지인들은 병원 운영이 어렵다는 이야기를 종종 듣곤 했다. 사업가 기질이 있거나 눈치가 빠른 사람 같았으면 병원 시설에 투자를 하든가 빨리 다른 곳으로 옮겨 새로 개업을 하는 등 해결책을 찾았겠지만, 돈 버는 쪽으로 큰 뜻이 없었던 박상표는 줄곧 해오던 대로 버티다가 적잖이 마음고생을 했다. 그래도 비교적 수월하게 다른 사람에게 넘겼다.

하지만 먹고 살 생계 수단이 없어지자 또다시 고민이 시작됐다. 이 무렵 그가 생각한 일자리는 수의사보다 적성에 맞는 연구원 같은 것이었다. 하지만 막상 선후배나 아는 사람들에게 '자리'를 부탁하기가 쉽지 않았다. 조미숙은 그가 "자존심이 센 사람이라 그런 부탁을 하면서 스트레스를 많이 받았을 것"이라고 말했다.

그러던 중 박상표는 2014년 1월 19일 오후 1시 30분경 서울 중구의 한 호텔 객실에서 숨진 채 발견됐다. 현장에는 동물용 마취제와 주사기, 그리고 '가족에게 미안하다'는 내용의 40자 안팎의 유서가 적힌 수첩이 놓여 있었다. 경찰은 그가 비닐 링거팩에다 근육 이완

제와 동물용 마취제를 혼합해 스스로 주사한 것으로 판단하고 자살로 결론을 내렸다. 외부에서의 침입 흔적이나 외상도 없었다.

그가 자신에게 주사한 약들은 한동안 집에 보관해 두었다가 마지막으로 집을 나선 18일 아침에 들고 나온 것들이다. 그 전날인 17일 밤에는 지인들을 만나 밤새 술을 마시고 만취한 채 귀가했다.

그의 갑작스런 죽음은 많은 사람들에게 큰 충격을 주었다. 특히 오랫동안 동고동락한 '건강과 대안' 동료들의 상심은 이루 말할 수가 없었다. 어떤 이들은 동물병원 운영난에 따른 경제적 어려움을 원인으로 짐작하기도 했는데, 가족과 주변 사람들의 말을 종합해 보면 이는 사실이 아닌 것 같다.

조미숙은 오히려 "결혼 생활 중에 가장 많은 재산을 갖고 있던 때"라고 말했다. 동년배들과 비교해 많은 재산은 아니었지만, 워낙 씀씀이가 적다 보니 큰 걱정 없이 생활을 꾸려나갈 수준은 됐다. 본인이 수의사로서 실력도 뛰어났고, 어디에 취직을 하든 지방에 내려가 살든 생계 수단도 얼마든지 찾을 수 있었다. 무엇보다 박상표는 경제적인 문제 때문에 좌절할 정도로 나약한 사람이 아니었다.

동료들 또한 "생계의 어려움이나 생활고로 인한 비관은 아니었다"고 말했다. 당시 박상표는 2014년 4월부터 '건강과 대안'에서 연구 프로젝트를 진행하며 재정 지원을 받는 상근 연구원으로 일하기로 되어 있었다. 본인이 하던 연구를 계속할 수 있는 이 자리에 대해 박상표는 상당히 만족해했고, 열심히 하겠다는 의욕을 여러 차례

내보이기도 했다.

그런데 그랬던 그가 갑자기 떠나버렸다. 주변 사람들이 알기로는 그가 우울증을 앓은 적도 없었다. 한 동료는 "워낙 강직한 사람이었기 때문에 자기의 삶이 어떤 원칙에서 벗어난 것을 견디지 못했던 것 같다"고 말했다. 이 무렵 마침 사회운동의 전망이 굉장히 암울했다는 점을 지적한 이도 있었다. 아내도 그에 대해 "앞으로의 희망이 보이지 않거나 자기가 하고 싶은 것이 좌절되거나, 이런 것에서 상처를 받는 사람"이라고 말했다. 언젠가 그는 "나의 신념을 지키기 위해서라면 목숨을 버릴 수도 있다"는 말을 하기도 했다.

사람에 대한 애정이 깊고 유머가 많은 그였지만, 막상 힘들 때는 누구한테 자기 속내를 시원하게 털어놓는 성격이 아니었다. 한미 FTA와 광우병 정국에서 그와 동고동락했던 한 동료는 "누구나 타인이 이해할 수 없는 자기만의 고통이 있는 것 같다"며 그의 떠남을 한없이 안타까워했다.

12장

한미 FTA와 광우병 정국에서 그와 둘도 없는 파트너였던 우석균 보건의료단체연합 정책위원장은 박상표를 한마디로 표현하는 단어로 '박람강기(博覽强記, 동서고금의 서적을 널리 읽고 그 내용을 잘 기억함)'를 꼽았다. 누구든 박상표 앞에서 이야기할 때는 일단 조심했다. 잘못 아는 척했다가 큰 코 다칠 수 있으니까.

동료들이 기억하는 박상표는 무척 박식한 사람이기도 했지만, 자신이 옳다고 생각하는 것을 주장하는 데 물러섬이 없는 사람이었다. 어지간한 일에는 타협이라는 것이 거의 없었고, '좋은 게 좋은 것'이라는 말을 제일 질색했다.

본인 스스로 역사를 매우 중시했고 기록이나 문헌에 남는 것이 어떤 것인지 잘 알았기 때문에 평소 올바르게 살아야 한다는 생각이 강했다. 심지어 그는 자기 이름을 걸고 발언한 과학적 사실에 혹시 잘못된 것이 있지 않은지 늘 되짚어 보았다. 설사 그것 때문에 중요한 논쟁에서 진다 해도 역사적으로 정확한 진실이 남는 것이 더 중요하다고 생각했다.

혹자는 결벽증이라고 부르기도 하고, 누군가는 장점이자 단점이라고 불렀던 그의 독특한 성품을, 그와 10년 가까이 한미 FTA와 광우병 정국을 함께한 동료 사회운동가들은 많이 좋아했다. 박상표는 소위 '원칙주의자'였고 그 때문에 약간 힘들고 불편한 적도 있었지만, 원칙이라는 분명한 자기 기준을 지켜야 모든 걸 제대로 볼 수 있었다.

"박상표 선생을 처음 만났을 때는 '뭐 이렇게 고집 센 사람이 있나' 싶었는데, 그분과 함께 2008년 촛불 정국을 거치면서 다른 이의 의견을 경청하고 상의하는 모습을 많이 봤어요. 운동의 방향에 대해 다 같이 의논해서 결정하면 그것을 따랐지 자기 고집을 부리지 않았어요. 본인이 밝혀낸 과학적 사실을 주장할 때는 당연히 물러서지 않았지만, 그런 주장을 하고 나서려면 그만한 의지는 필요한 것이었죠. 수의학계 전체가 그에 대해 사실상 아무런 반박을 하지 못할 정도였으니까. 2008년 촛불이라는 굉장히 큰 사회운동을 겪고 나서는 박상표 자신이 사회운동의 한 상징이 됐고, 그 속에서 자신의 위치를 충분히 자각하고 있었기 때문에 불필요한 고집을 내세우는 모습을 보인 적이 없어요."

우석균 위원장은 2008년 촛불 정국에서의 활동이 박상표에게는 사회운동가로서 자신의 모습을 발견하고 '이윤보다 생명'이라는 확고한 신념을 갖게 된 중요한 계기였을 거라고 말했다. 이후 촛불 정국의 성과를 이어받은 '건강과 대안'에서 그가 한 많은 기업 감시 활동과 연구는 이 같은 추측을 뒷받침해 준다.

그가 내놓은 엄청난 양의 연구 결과와 써낸 글들을 봐도 알 수 있지만, 그는 매사에 매우 의욕적이고 열정적인 사람이었다고 동료들은 입을 모았다. 이것은 사회운동에서도 마찬가지였다. 박상표는 어떤 사안이 생길 때마다 '제대로 근거를 대고 논박을 하면 충분히 이길 수 있다'는 긍정적인 자신감이 넘쳤다. 그의 이런 태도는 정부나 거대 자본에 맞서 공공의 이익을 옹호하는 사회운동의 길을 험난하게 느끼는 활동가와 동료들에게 큰 격려와 귀감이 되곤 했다.

'건강과 대안' 출범 초기에 운영위원과 감사를 맡았던 박상표는 '건강과 대안'이 외부의 후원을 받지 않고도 독립적으로 운영될 수 있는 방법을 찾는 데 골몰하기도 했다. 그는 이 단체가 할 수 있는 재정 사업을 열심히 알아보았다. 재정이 넉넉지 않은 사회 단체들은 대개 확보할 수 있는 인력만큼만 일하는 방식으로 운영되는데, 박상표는 할 일을 많이 만들어서 재정을 조달하고 상근자도 충원하자는 적극적인 발상으로 임했다.

2012년 5월 2일 오후 2시 서울시 중구 프레스센터에서 열린 광우병 토론회에서 정부의 주장을 비판하고 있는 박상표. ⓒ 《프레시안》(최형락)

그가 '국민 건강을 위한 수의사 연대'에 합류한 이후 사회 단체들과 함께해 온 활동, 그리고 '건강과 대안'에서 계속하려고 했던 일들은 결국 인간의 생명을 담보로 이윤을 추구하는 기업들에 대한 감시였다. 기업에 관한 자료는 숨겨진 것들이 많아서 그것을 찾아내는 일이 무척 중요한데, 박상표는 이 일에서 탁월한 능력을 발휘했다. 그는 찾아낸 자료들을 정리하고 데이터베이스를 만들어 일종의 '기업 감시 지도' 같은 것을 그릴 꿈을 꾸었다. 지금도 인터넷에서 기업 감시에 관한 내용을 검색하면 '건강과 대안'에서 발행한 보고서나 자료가 많이 나온다. 2013년에 열정적으로 연구하고 논문까지 썼던 담배 회사와 한국인 청부 과학자에 대한 내용도 이런 기업 감시의 하나였다.

"그분이 이렇게 일찍 떠난 것이 정말 안타까운 이유가 또 있습니다. 기업 감시를 통해 농업, 담배, 식품 기업에 대한 자기 영역을 한창 넓혀 가던 중이었거든요. 의료, 식품 부문에서 그가 만들어낸 자료들이 셀 수 없이 많아요. 그걸 다 집대성하지 못한 것이 안타까울 뿐입니다."

우석균 위원장은 그가 소위 '자료 대마왕'일 수 있었던 데에는 특유의 꼼꼼함과 성실함도 한몫했지만, 기본적으로 자본의 이기적 이윤 추구가 인류에 얼마나 해가 되는지에 대한 뚜렷한 인식이 있었기 때문이라고 말했다. 부조리를 꿰뚫어보는 분명한 시각과 그것을 막고자 하는 열정이 그 모든 일을 해냈다.

한미 FTA 정국에서 건강이 악화된 그가 3개월가량 쉬는 동안 검역과 농업 부문을 나누어 맡은 동료들은 그의 빈자리를 절감해야 했다. 그가 떠나고 없는 지금, TPP(환태평양경제동반자협정) 등 많은 이슈들이 산적해 있지만 검역과 농업 부문에서 박상표만큼 대응할 수 있는 사람이나 역량이 이제 사회운동권 내에 없다.

우석균 위원장은 박상표에 대해 "그 동안 시민 단체의 운동 자체가 없었던 광우병, 구제역, 조류독감, 돼지독감 같은 보건·검역 문제를 연구하고 발언하는 데 새로운 지평을 연 사람"이라고 평했다. 박상표는 자신의 연구가 결국 반자본주의 운동에 닿아 있다고 보았고, 스스로 그렇게 말하는 것을 주저하지 않았다. 지금 우리가 직면한 사회적 모순을 해결하려면 현재와 같은 생산 구조나 자본주의 시스템이 아닌, 본질적인 체제 변환이 필요하다고 보았다. 이 같은 인식은 대학 시절 사회과학을 공부하고 노동운동에 투신하기도 하고 이후 여러 시민 사회 운동을 경험하면서 자신 안에 정리되고 자리 잡혔다.

특히 2008년 광우병 촛불 정국은 그가 지식인이자 사회운동가로서 자신이 나아갈 길을 새롭게 발견한 중요한 계기였다. 광우병으로부터 시작했지만 4대강, 언론 민영화, 공기업 민영화, 언론 사유화, 교육 민주화 등 광범위한 이슈가 제기됐던 당시 촛불 운동에 대해 사회운동권 내에서는 약간의 논란이 있었다. 소위 '촛불 온건파'로 불린 진영에서 거리 투쟁을 자제하고 이슈를 확대하지 말자고 주장했다. 이들 중 일부는 광장에 사람들이 가득 모인 동안 따로 청와대와의 면담을 추진하는 등 대중의 요구를 수용하지 않고 정부와 협상을 시도했고, 박상표는 이를 신랄하게 비판했다.

촛불 운동에서 겉으로 드러난 그의 역할은 과학적 근거를 제공하는 시민과학자였지만, 한편으로는 사회운동가로서 그릇된 정부에 맞서 강력하게 투쟁해야 한다는 생각도 갖고 있었다. 그는 단지 시민과학자에 그치지 않고 거리에서 이명박 정권의 책임을 묻는 시민들과 마음으로 함께한 사회운동가이자 2008년 촛불 운동의 상징이었다. 이때의 경험은 이후 반자본주의 운동에 대해 고민하고 '건강과 대안'에 합류해 시민과학자이자 대항 전문가로서 꾸준한 연구를 계속한 그의 삶의 행보를 설명할 수 있는 중요한 실마리이기도 하다.

그의 연구 여정을 바로 옆에서 함께한 또 다른 동료인 변혜진 보건의료단체연합 기획실장은 박상표를 이탈리아의 사상가 안토니오 그람시(Antonio Gramsci)가 말한 '유기적 지식인(organic intellectual)'의 전형으로 묘사했다. 자기의 지식을 다른 평범한 사람들의 삶과 생계의 문제를 대변하는 데 적극적으로 사용한 선도적 지식인. 다수에게 혜택이 고르게 돌아가는 공정한 세상을 만드는 데 이 같은 지식인의 역할이 얼마나 중요한지를 박상표는 여실히 보여주었다.

일각에서는 이것을 '대항 전문가'라는 용어로 표현하기도 한다. 우리나라에서 '대항 전문가' 운동이 처음 시작된 것은 한미 FTA 정국에서 '전문가자문위원회'가 등장하면서부터였다. 권력과 자본은 소위 '전문가'들을 얼굴 마담처럼 내세워 국정을 좌지우지하려 했고, 그럴수록 '전문가'가 아닌 '비전문가' 일반인들은 그에 대해 발언하거나 반대할 수 없는 분위기로 흘러갔다. 그래서 대중의 이해를 대변하는 연구와 발언을 하는 '전문가자문위원회'가 등장했고, 그중 한 사람이 박상표였다.

박상표는 당시 수십 개의 시민사회 단체가 모인 광우병국민대책회의의 회의에 들어가 전문가자문위원회의 입장을 강력하게 전달했다. 대정부 투쟁이 어떤 방향으로 가야 할지, 광우병 쇠고기를 막으려면 어떻게 해야 할지를 이야기하면서 필요할 경우 '싸우자'며 적극적으로 나서기도 했다. 박상표는 단지 광우병의 진실만 알린 것이 아니라, 당시 촛불 운동이 크게 확장되는 데 지도자적 역할을 한 '유기적 지식인'이었다. 촛불 운동이 일어나는 데 중심 역할을 하고, 자본주의 체제에서의 공장식 축산업과 그 뒤에 숨은 기업의 탐욕을 고발한 '대항 전문가'였다. 박상표 본인 역시 그렇게 불리는 것을 좋아할 거라고 하면서 변혜진 실장은 고개를 끄덕였다.

민들레처럼 살다 떠난 시민과학자

장지인 용인 로뎀파크에 그를 묻고 돌아오던 날, 무언가에 관해 한참 이야기를 나누던 사람들이 탄식을 내뱉았다.

"이런 것은 박상표가 있어야 결론이 나는데!"

의도치 않게 시대적 요구와 시기가 맞아떨어져 사회적 이슈의 전면에 나서서 얼굴을 알리게 됐지만, 사실 그는 유명해지거나 논란의 중심에 서는 일에 큰 관심이 없었다. '국민 건강을 위한 수의사 연대' 일을 시작한 것도 선배의 부탁으로 잠시 웹진 만드는 것만 돕겠다는 생각이었을 뿐, 그 즈음 그는 수의사 일을 그만두고 지역으로 내려가 이름 없는 지식인으로 조용히 살 생각이었다. 우연히 국회도서관에 들렀다가 홍하일 위원장을 만나지 않았더라면, 그리고 '국건수' 합류 직후부터 공교롭게도 광우병 이슈가 터지지 않았더라면 그렇게 살았을 것이다.

2008년 한 인터뷰에서 그는 "저 개인적으로는 사회적 논란의 중심에 서는 것을 바라지 않습니다. 여행 다니고, 역사와 문화 공부를 하면서 조용하게 살고 싶은데, 이런 삶을 살 수 있도록 우리 사회가 건강해지면 좋겠습니다"라는 바람을 피력하기도 했다.

2008년은 광우병 촛불 집회 때문에 가장 바빴던 데다 그의 저서 『조선의 과학기술』이 출간된 해이기도 하다. 광우병 문제로 활동하지 않았더라면 그는 그 무렵 한국, 일본, 중국의 근대 공간에서 서양의 용어들이 어떻게 번역되어 들어왔는지에 대한 연구를 진행시켜 《인물과 사상》 같은 매체에 기고할 원고를 썼을 것이다. 의학사와 고지도에도 관심이 많았던 그는 18세기 일본에서 처음으로 네덜란드 해부학 책이 번역되면서 '신경'이나 '맹장'이라는 개념이 우리나라로 들어오게 된 과정이나, 아프리카와 유럽까지 묘사되어 있는 혼일강리역대국도(混一疆理歷代國都之圖)가 만들어진 조선 태종 시절에 유럽이나 이슬람의 지리 지식이 어떻게 유입됐는지 연구하느라 여념이 없었을 것이다. 혼일강리역대국도 연구는 10여 년 전부터 관련 자료를 수집해서 진행하고 있었는데, 그는 이 모든 것을 뒤로 미루고 광우병 문제에 매달렸다.

변혜진 실장은 2013년 12월 '건강과 대안' 송년회에 참석한 박상표가 앞으로 상근 연구위원으로 일하게 됐다며 인사말을 건네던 모습을 생생히 기억했다. 두 사람은 늘 '누가 성격이 더 안 좋은지'를 놓고 장난기 어린 다툼을 벌이곤 했는데 박상표는 그때도 자기 성격이 더 좋다고 우기면서 한바탕 사람들을 웃겼다. 그가 떠나기 불과 한 딜 전의 일이다.

그는 자기가 보기에 올바르지 않다 싶은 사람하고는 자리를 같이하는 것도 싫어했지만, 가까운 사람들에게는 거리낌 없이 농담을 던지는 유머러스한 사람이었다. 언뜻 보면 까칠했지만, 실은 동료들에 대한 애정이 깊었다. 한미 FTA 전문가자문위원으로 활동할 때나 '건강과 대안' 정책위원으로 일할 때에도 동료들 중에 힘들어하거나 아픈 사람이 있으면 꼭 먼저 연락해서 챙겨주었다. 한창 바쁠 때는 다들 누군가의 경조사가 생겨도 가보지 못하기 일쑤였는데, 박상표는 그런 자리에 빠지는 일이 거의 없었다.

그는 저녁 8시에 동물병원 진료를 마치고 나서 별다른 일이 없으면 꼭 집에 전화를 하고 바로 귀가했다. 집에서도 그랬지만, 오랜만에 여수 고향집에 내려가서도 연로한 부모님을 위해 설거지를 도맡아 했다. 늦은 나이에 얻은 외동딸에게 얼마나 정성을 쏟았는지는 주변에 모르는 사람이 없을 정도였다. 새벽에 무거운 몸을 일으켜 어린 딸을 씻기고 먹였고, 배변량과 분유 먹는 양까지 꼼꼼히 기록했다.

수많은 사람들이 그를 만났고, 그의 강연을 들었고, 그의 글을 읽었다. 어떤 이들은 그가 제공하는 직접적인 도움을 받기도 했다. 하지만 그는 이제 가고 없다. 그래도 그를 '답사'하는 이 긴 여정의 종착지에서 알 수 있는 바가 하나 있다. 박상표는 내면의 부름을 따라 자신이 원하는 삶을 선택해 열심히 살았고, 그 속에서 많이 행복했다는 것이다.

대학 졸업 후 결혼 전까지 참여연대를 비롯한 시민 단체 활동을 할 때는 상근자가 아니었음에도 불구하고 사실상 상근자 못지않은 열정과 역량을 가지고 적극 참여했다. 그것은 누가 시켜서 한 일이 아니었다. '우리땅'을 비롯한 답사 활동도 마찬가지였다. 아직 젊고 여러 가지 책임이나 고뇌가 생기기 전에, 본인이 너무도 좋아하는 문화유산 답사와 여행을 다니면서 마음껏 공부하고 말이 통하는 사람들과 아무 격의 없이 어울리던 행복한 시기가 그때였다.

그의 학생운동은 노동운동을 거쳐 진보적 시민운동으로 자연스레 이어졌다. 그러다 그는 운명 같은 시대의 부름에 따라 광우병 정국에 나서게 되면서 수의사라는 직업에 기반한 지식인이자 전문가로 활동하게 됐다. 비록 당시 정국의 흐름이 워낙 급박해 매일매일 터지는 이슈에 대응해야 했고, 그가 나서지 않으면 다른 대안이 없었기에 너무도 무리한 일정을 소화해야 했지만, 당시의 활동들은 늘 진보적 지식인으로서 자신의 역할을 고민하던 박상표에게 해답과도 같은 것이었다. 몸에 무리가 갈 정도로 많은 일을 해야 했던 상황을 잠시 접어놓고 보면, 그 일 자체는 그에게 진정한 보람과 기쁨을 주는 것이었다. 안진걸 참여연대 협동사무처장은 이렇게 말했다.

"2008년 참여연대 광우병국민대책회의 활동이 한창일 때 상표형이 시청 앞 촛불 집회에서 몇 번 마이크를 잡으셨어요. 그분이 무대에서 발언하는 체질이 아닌데 수천, 수만 명 앞에 나서서 연설을 하시더라고요. 정말 열정적으로 하셨죠. 그때가 상표 형이 가장 빛났던 시절이었어요. 우리가 보기에도 참 행복해 보였어요."

그의 장례식장에는 수많은 사람들이 찾아와 줄을 서서 조문했다. 장례식장에 모인 그의 친구와 선후배들 사이에서 겨우 만 세 살인 그의 어린 딸을 양육하는 문제가 거론됐다. 발인 이틀 후부터 시작된 후원회 준비 사업은 신속히 진행되어 49재 겸 추모 모임에서 후원회가 공식적으로 발족했고, 서울대 수의대 동문들과 수의계 단체들, 그 밖에 그가 활동했던 단체와 지인들의 성금 모금이 이어졌다. 이 성금은 일면 그에게서 받기만 하고 갚은 것이 없다는 부채 의식에서 나온 것이기도 했다. 어떤 이들은 '우리 모두가 그에게서 받은 것의 100분의 1도 보답하지 못하고 그를 떠나보냈다'고 탄식하기도 했다.

평전 발간과는 별도로 '건강과 대안'을 비롯한 사회 단체들이 '박상표 유고 문집 출간 위원회'를 결성해 그의 유고집을 출간하기로 했다. 그의 활동이 우리 사회에 끼친 영향을 잘 이해하고 있는 일부 지인들은 그에게 '시민과학자'라는 영예로운 이름을 부여함과 동시에, 그의 이름을 딴 '시민과학자상'을 제정해야 하는 것 아니냐는 의견을 내기도 했다. 자본과 국가 권력에 의해 과학기술이 왜곡되어 이용되기 일쑤인 요즘 세상에서는, 일반 시민들을 위해서 과학기술을 제대로 비판하고 쉽게 알리는 전문가의 역할이 너무나 중요하기 때문이다. 하지만 박상표처럼 그 험난한 길로 선뜻 나서는 사람을 찾아보기 어렵다.

광우병 정국에서 그와 좋은 파트너였던 《프레시안》의 강양구 기자는 박상표가 "한국에서 주류 전문가에 맞서 시민의 이익을 옹호한 대항 전문가의 한 전범을 보여줬다"며 "한국 사회에서 대항 전문가로 나설 용기를 내는 후배에게 박상표 국장은 끊임없는 영감의 원천이 될 것"이라고 말했다.

박상표는 대학 시절부터 인터넷 카페나 게시판을 비롯한 사이버상에서 언제나 '민들레처럼'이라는 아이디를 썼다. 이메일 아이디도 '민들레처럼'이다. 그가 한 그루 나무 아래 영면한 용인 로뎀파크에서 열린 49재에는 그를 추모하는 많은 이들이 모인 가운데「민들레처럼」이라는 제목의 노래가 울려퍼졌다.

민들레처럼

민들레 꽃처럼 살아야 한다
내 가슴에 새긴 불타는 투혼
무수한 발길에 짓밟힌 대도
민들레처럼
모질고 모진 이 생존의 땅에
내가 가야 할 저 투쟁의 길에
온몸 부딪히며 살아야 한다
민들레처럼

특별하지 않을지라도
결코 빛나지 않을지라도
흔하고 너른 들풀과 어우러져
거침없이 피어나는 민들레
아, 민들레 뜨거운 가슴
수천 수백의 꽃씨가 되어
아, 해방의 봄을 부른다
민들레의 투혼으로

지난 19일 밤늦게 지인들로부터 급한 문자 혹은 전화 몇 통이 왔다. 충격적인 내용이었다.

"국민 건강을 위한 수의사 연대 박상표 정책국장 별세."

순간 머릿속이 하얘졌다. 수년째 박 국장이 일종의 희귀병을 앓으며 고통을 받아온 사실은 알고 있었지만, 이렇게 갑작스럽게 세상을 떠나다니. 그런데 이어서 전해지는 소식은 더욱더 놀라웠다. 박상표 국장이 서울의 한 호텔에서 오후에 숨진 채 발견되었고, 스

* 이 글은 2014년 1월 24일《프레시안》에 실렸다.

스로 목숨을 끊은 것으로 추정된다는 것.

크게 한 번 심호흡을 하고도 놀란 가슴이 진정되지 않았다. 연말에 받아놓고선 아직 답장을 보내지 못한 박상표 국장의 메일도 생각이 나고, 이제 세 살 정도가 되었을 딸아이 생각도 났다.

도대체 왜?

박상표 국장과《프레시안》과의 인연은 2006년으로 거슬러 올라간다. 당시 노무현 정부는 한미 FTA(자유무역협정)의 이른바 '4대 선결 조건'의 하나로 광우병 위험이 있는 미국산 쇠고기의 수입 재개를 추진했었다. 그때 노무현 정부는 '소의 치아로 나이를 감별해서 30개월 미만의 쇠고기를 수입하면 광우병 위험으로부터 안전하다'는 논리를 폈었다.

노무현 정부의 선동에 "그건 아냐"를 외치며 등장한 전문가가 바로 박상표 국장이었다. 수의사였던 박 국장은 꼼꼼한 자료 검토와 치밀한 논리 전개로 노무현 정부에서 이명박 정부로 이어지는 통상 관료의 혹세무민을 폭로했다. 고백하건대, 그가 없었다면《프레시안》을 비롯한 일부 언론이 정부의 미국산 쇠고기 개방 움직임에 비판적으로 개입하는 일은 불가능했다.

촛불이 '독'이 되었다

수년간 박상표 국장이 여론을 환기해 온 덕분에, 결국 수많은 시민이 2008년 촛불을 들고서 거리로 나섰다. 그 여름, 그는 거리에서 방송에서 시민들과 만나면서 미국산 쇠고기 수입 개방이 왜 심각한 위험을 야기할 수 있는지를 외치고 또 외쳤다. 시민들이 그에게 붙여준 '촛불 의인'이라는 별명은 참으로 적절했다.

돌이켜 보면, 그 여름의 촛불은 박상표 국장에게는 심각한 독이었다. 우선 그때 그의 몸 상태가 엉망이 되었다. 희귀병을 치료하느라 요양을 해도 모자랄 상황에서 미국산 쇠고기 수입 개방을 막느라 동분서주했으니 그럴 만했다. 그 즈음부터 그가 보낸 메일에서는 항상 다음과 같은 호소가 빠지지 않았다.

"심신이 지쳐서 쉬고 싶습니다."

이뿐만이 아니었다. 그 여름 촛불 '덕분'에, 서울시 금호동에 개원한 작은 동물병원이 안정적으로 자리를 잡을 기회도 놓쳤다. 만사를 제치고 동물병원에만 매달려도 형편이 빠듯한 상황에서, 오히려 제 돈을 쓰면서 하루 시간의 대부분을 운동에 쏟아부었으니……. 동물병원 운영이 엉망이 된 것은 당연한 일이었다.

재주가 많았던 박상표 국장은 가벼운 호주머니 사정을 타개하고자 바쁜 시간을 쪼개서 번역과 집필에 나섰다. 캐나다 수의사 데이비드 페린의 『빨리요, 송아지가 나오려고 해요』나 『조선의 과학기술』 같은 책이 바로 그것들이다. (그랬다! 그는 수의사면서도 과학사, 의학사, 지역사 등 역사에 관심이 많았다.)

하지만 하나같이 경제적으로는 성공하지 못했다. 그런데 그는 그

와중에도 자기보다는 타인을 걱정했다. 박상표 국장은 자신의 문제의식을 중간 정리한 『가축이 행복해야 인간이 건강하다』를 펴내고 난 후 주고받은 메일에서 이런 말을 한 적이 있다.

"생각보다 책이 안 팔려서 출판사에게 많이 미안합니다."

그는 이런 사람이었다.

회의하는 과학자

2008년 촛불 집회 와중에 박상표 국장이 보였던 강경한 모습 때문에, 그를 고집불통으로 보는 경향이 있다. 물론 그는 뚝심 있는 사회운동가였다. 그는 2008년 촛불의 열기가 꺼진 뒤에도, 광우병을 둘러싼 과학 연구나 규제 정책에 대한 관심의 끈을 놓지 않았다. 사회운동도 유행을 좇는 어떤 이들과도 달랐던 것이다.

그 와중에 박상표 국장은 가끔씩 이런 고백을 한 적이 있다.

"우리는 생각보다 광우병의 위험이 과장되었을 가능성도 배제하지 말아야 합니다."

수년간 자기 활동의 근간을 뿌리째 흔들 수 있는 이런 질문을 서슴지 않고 던질 수 있는 사람이 몇이나 될까? 그의 정체성은 바로 끊임없이 회의하는 과학자였다.

사실 박상표 국장이 적당히 타협했더라면 대학에 자리를 잡는 것도 가능했다. 실제로 수의과대학의 몇몇 교수들이 그에게 공동

연구도 제안했다. 하지만 그는 주류로 편입되는 대신에 끝까지 시민의 편에서 '대항 전문가(counter expert)'로 남았다. 양심뿐만 아니라 (그가 그토록 옹호했던) 과학까지 배신하는 주류 전문가의 모습을 그는 절대로 용납할 수 없었던 것이다.

최근에 박상표 국장의 관심이 이른바 '청부 과학자' 비판으로 이어진 것도 이 때문이었다. 그는 담배 회사 내부 문건 2,042건을 분석한 「담배 회사 내부 문건 속 한국인 과학자 분석」 등의 논문을 통해서 담배 회사의 '컨설턴트'로 활동한 한국인 과학자를 폭로해서 여론의 주목을 받았다.

'대항 전문가' 박상표는 영원하다

박상표 국장은 떠났다. 한국 사회는 그에게 받은 것의 100분의 1도 보답하지 못하고 그를 보냈다. 정작 그를 보내는 한국 사회의 마지막 대접은 고작 "호텔에서 숨진 채 발견" 따위의 기사 몇 건뿐이었다. (그에게 큰 신세를 졌던 진보 언론을 자처하는 일부 언론도 다르지 않았다.) 개인적으로 이 점이 제일 속상하다.

하지만 박상표 국장은 앞으로 오랫동안 기억될 것이다. 그는 한국에서 주류 전문가에 맞서 시민의 이익을 옹호한 대항 전문가의 한 전범을 보여줬다. 한국 사회에서 대항 전문가로 나설 용기를 내는 후배에게 박 국장은 끊임없는 영감의 원천이 될 것이다. 그리고 그런 대항 전문가를 격려하는 상이 제정된다면, 그 상의 이름은 당연히 '박상표 상'이 되어야 한다.

차일피일 미루다 연말에 받은 안부 메일의 답장을 보내지 못했다. 그때 따뜻한 격려의 인사를 전하지 못한 것이 죄송하고 또 죄송하다. 고인의 명복을 빈다.

《프레시안》편집부국장

강양구